政府与公共管理教材系列

# 城市管理学新编

王枫云　编著

高等教育出版社　·北京·
中山大学出版社　·广州·

版权所有　翻印必究

图书在版编目（CIP）数据

城市管理学新编/王枫云编著. —广州：中山大学出版社. —北京：高等教育出版社，2010.6
ISBN 978-7-306-03677-3

Ⅰ. 城… Ⅱ. 王… Ⅲ. 城市管理 Ⅳ. F293

中国版本图书馆 CIP 数据核字（2010）第 098648 号

| 出 版 人：祁　军
| 策划编辑：阁　声
| 责任编辑：施国胜
| 封面设计：贾　萌
| 责任校对：施国胜
| 责任技编：黄少伟
| 出版发行：中山大学出版社
| 电　　话：编辑部 020-84111996，84111997，84113349，84110779
|              发行部 020-84111998，84111981，84111160
| 地　　址：广州市新港西路 135 号
| 邮　　编：510275　　传　真：020-84036565
| 网　　址：http://www.zsup.com.cn　E-mail: zdcbs@mail.sysu.edu.cn
| 印　刷　者：佛山市南海印刷厂有限公司
| 规　　格：787mm×1092mm　1/16　21.375 印张　350 千字
| 版次印次：2010 年 6 月第 1 版　2010 年 6 月第 1 次印刷
| 印　　数：1－5000 册　　定　价：38.00 元

如发现本书因印装质量影响阅读，请与出版社发行部联系调换

# 内 容 提 要

本书以"城市管理学总论"、"城市管理学分论"和"城市管理的新方法与新领域"三大部分共十九章的篇幅，分别论述了城市管理学这门应用学科的主要内容。其编写"思路、设计、观点、内容和总体要求等方面都有相应的新意"。

其新颖性特点主要表现在：一是对该学科的学科定位和研究方法进行了专门阐述，从而有助于该学科的独立、健康发展；二是在国际化的大视野下，研究我国城市问题，书中的多个章节都有对当前我国城市发展或城市管理存在的问题进行了探讨，力求凸显问题，引导思考；三是对以往同类教材中很少出现的新的城市管理领域进行了阐述，例如城市更新管理、网络化城市管理、城市外交管理以及和谐城市管理等。

本书是我国高校行政管理学（公共管理学）、政治学、城市科学相关学科等专业的必修基础教材，或经济学、管理学、社会学等专业的选修教材，也适合相关公务员及领导者、管理者阅读。

# 目 录

序 …………………………………………………… 夏书章 (1)

## 第一部分 城市管理学总论

### 第一章 城市的基本问题 ………………………………………… (1)
第一节 城市的内涵 …………………………………………… (1)
第二节 城市的形成：过程、动力与标准 ………………… (3)
第三节 城市的类型划分 ……………………………………… (9)
第四节 当代世界城市发展的总体态势与基本格局 ……… (13)
第五节 我国城市发展的未来走向 ………………………… (17)
第六节 我国城市发展中的城乡关系 ……………………… (20)
第七节 我国城市发展中的"城市病" ……………………… (26)

### 第二章 城市管理的基本问题 ………………………………… (30)
第一节 城市管理的内涵、功能及意义 …………………… (30)
第二节 城市管理的理论基础 ……………………………… (34)
第三节 城市管理的基本原则 ……………………………… (39)
第四节 城市管理的模式 …………………………………… (42)
第五节 现代城市管理的发展趋势 ………………………… (58)
第六节 现代城市管理应注意的问题 ……………………… (60)
第七节 城市管理学的学科定位 …………………………… (62)
第八节 城市管理学的研究方法 …………………………… (64)

## 第二部分　城市管理学分论

### 第三章　城市规划管理 ……………………………………（67）
第一节　城市规划管理的基本问题 ………………………（67）
第二节　城市规划、城市建设与城市管理关系 …………（71）
第三节　当前我国城市规划管理存在的问题 ……………（73）
第四节　未来我国城市规划管理的创新方向 ……………（82）

### 第四章　城市基础设施管理 ………………………………（84）
第一节　城市基础设施的内涵与特征 ……………………（84）
第二节　城市基础设施在城市发展中的作用 ……………（87）
第三节　当前我国城市基础设施管理中存在的问题 ……（90）
第四节　未来我国城市基础设施管理的创新路径 ………（92）

### 第五章　城市交通管理 ……………………………………（95）
第一节　城市交通管理的内涵与意义 ……………………（95）
第二节　当前我国城市交通运行及交通管理存在的问题 …（96）
第三节　未来我国城市交通管理的创新路径 ……………（99）

### 第六章　城市经济管理 ……………………………………（105）
第一节　城市经济的特征与功能 …………………………（105）
第二节　我国城市经济发展中存在的矛盾与问题 ………（109）
第三节　未来我国城市经济管理的创新路径 ……………（112）

### 第七章　城市社区管理 ……………………………………（116）
第一节　城市社区管理的内涵、模式及意义 ……………（116）
第二节　我国城市社区管理改革的历程与内容 …………（120）
第三节　当前我国城市社区管理存在的问题及
　　　　其原因分析 ………………………………………（126）

第四节　我国城市社区管理的创新 …………………… (132)

**第八章　城市人力资源管理与社会保障管理** ……………… (135)
　　第一节　城市人力资源管理 …………………………… (135)
　　第二节　城市流动人口管理 …………………………… (138)
　　第三节　城市社会保障与我国城市社会保障 ………… (142)
　　第四节　完善我国城市社会保障管理的原则与对策 …… (144)

**第九章　城市文化管理** ……………………………………… (151)
　　第一节　城市文化的内涵、特征与功能 ……………… (151)
　　第二节　城市文化的系统结构 ………………………… (157)
　　第三节　我国城市文化管理存在的问题与未来路径 …… (163)

**第十章　城市教育管理** ……………………………………… (169)
　　第一节　城市教育的内涵与特征 ……………………… (169)
　　第二节　我国城市教育管理的现状 …………………… (171)
　　第三节　我国城市教育管理的创新路径 ……………… (172)

**第十一章　城市旅游管理** …………………………………… (176)
　　第一节　城市旅游的概念、特征与功能 ……………… (176)
　　第二节　我国城市旅游的发展趋势与存在的问题 …… (182)
　　第三节　未来我国城市的旅游管理 …………………… (187)

**第十二章　城市环境管理** …………………………………… (190)
　　第一节　城市环境的内涵与特征 ……………………… (190)
　　第二节　当前我国城市环境污染的现状及其原因分析 … (191)
　　第三节　我国城市环境污染治理的现行做法 ………… (196)
　　第四节　未来我国城市环境治理的创新路径 ………… (197)

**第十三章　城市危机管理** …………………………………… (209)
　　第一节　城市危机的内涵、特征与发展趋势 ………… (209)

第二节 城市危机管理的内涵与我国城市危机管理的
　　　　现状 ………………………………………………… (213)
第三节 我国城市危机管理的创新 ……………………… (214)

## 第三部分　城市管理的新方法与新领域

**第十四章 传统城市管理的当代转型：城市治理与城市
　　　　　经营** ……………………………………………… (221)
　　第一节 传统城市管理的特征及缺陷 …………………… (221)
　　第二节 城市治理的产生及其理论基础 ………………… (222)
　　第三节 走向现代城市治理的基本路径 ………………… (226)
　　第四节 城市经营管理的内涵 …………………………… (232)
　　第五节 城市经营管理的特征 …………………………… (235)

**第十五章 城市形象管理与城市更新管理** …………………… (237)
　　第一节 城市形象的内涵与层次 ………………………… (237)
　　第二节 城市形象管理及其原则 ………………………… (238)
　　第三节 城市形象管理的程序与设计的步骤 …………… (241)
　　第四节 当前我国的城市更新管理 ……………………… (243)
　　第五节 完善我国城市更新管理的对策 ………………… (246)

**第十六章 创新型城市管理** …………………………………… (250)
　　第一节 创新型城市的基本问题 ………………………… (250)
　　第二节 国外创新型城市的理论与实践 ………………… (256)
　　第三节 我国创新型城市建设与管理的未来路径 ……… (260)
　　第四节 城市数字化管理 ………………………………… (268)
　　第五节 城市网络化管理 ………………………………… (272)

**第十七章 生态城市管理与宜居城市管理** …………………… (279)
　　第一节 生态城市的内涵与模式 ………………………… (279)

第二节　我国生态城市管理的未来路径 …………………（287）
　　第三节　宜居城市的内涵与构成要素 …………………（290）
　　第四节　宜居城市的发展规律 …………………………（295）
　　第五节　宜居城市管理主要环节 ………………………（298）

**第十八章　城市外交管理** …………………………………（304）
　　第一节　城市外交的产生及其内涵界定 ………………（304）
　　第二节　当前我国城市外交发展面临的问题 …………（307）
　　第三节　未来我国城市外交管理的策略 ………………（308）

**第十九章　现代城市管理的最终目标：和谐城市** ………（311）
　　第一节　和谐城市的内涵及其评价指标体系 …………（311）
　　第二节　当前我国城市发展中的不和谐现象 …………（315）
　　第三节　未来我国和谐城市的管理策略 ………………（317）

**后记** …………………………………………………………（319）
**主要参考文献** ………………………………………………（320）

# 序

## 夏书章[*]

  面对王枫云教授最近编著的这本《城市管理学新编》书稿,欣闻其即将付梓。在初步粗读之余,根据大体印象,乐于略抒浅见,以表贺忱。

  我所要谈的,可以相对集中于关于该书名中"新"字比较切合实际的理解。原因是这里的"新"并非如通常一般意义上的即仅仅按出书时间先后的区分而言,它所指的,主要和更重要的是有关编写思路、设计、观点、内容和总体要求等方面都有相应的新意。简单归纳一下,试以八点为例:

  第一,作为一门学科,"城市管理学"从"市政学"演进而来,久已见诸公认的专业目录和成为流行的课程名称。但是,与此同时,基于公共管理实践和研究领域的大大拓宽和城市发展的最新形势,以"城市治理"取代"城市管理"的说法也日益增多和渐趋普遍。本书的编著者没有无视这一崭新的现实,而采用新的学科名称又尚非其时,所以尽管已大谈"治理",而书名仍用"管理",但借"新编"来处理,似属可行。

  第二,本学科作为一门必须理论密切结合实际的应用学科,教学研究人员和实际工作者都切忌固执、保守。当时代在前进、环境在变

---

  [*] 现任教育部人文社会科学百所重点研究基地中山大学行政管理研究中心名誉主任、教授、博士生导师,中山大学政治与公共事务管理学院名誉院长,中国行政管理学会名誉会长等。

化、新情况、新问题不断出现以后，便需要有愈及时有效愈好的新对策和新方案。学科有待认真研究和讨论的内容，也相应地随之不断更新，而万万不可一切仍率由旧章，按"老规矩"办事，或正如俗话所谓"不能一本通书读到老"和看"老皇历"（亦作"黄历"）过日子。在这一点上，"新编"注意到了。

第三，这是一门在中国应用和发展的学科，一定要准确针对中国的国情（和省情、区情、市情）去思考和运作。对于其他国家和地区的先进理论观点和成功、有益的实践经验当然要学习研究和参考借鉴，还要适当地进行某些需要和正确的"国际接轨"和按"国际惯例"行事。但须保持清醒，而非简单和轻率照搬照套。原则是坚持以我为主，实行"洋为中用"是一个经过本土化后为我所用的过程。"新编"在这方面的努力明显可见。

第四，中国举国上下正在全神贯注和全力以赴地建设中国特色社会主义。这是最现实、最重要和最根本的中国国情。不言而喻，所有在建设和发展中的各类大中小城市，便无一不是这一伟大共同事业的不可或缺的重要组成部分。"新编"对此十分明确：我们正在实行的城市化是中国特色社会主义的城市化。无论是在城市规划、建设和治理的全过程和诸环节中，都要考虑到例如工农、城乡关系等有关要点的正确对待和处理。

第五，在建设中国特色社会主义的理论和实践方面，进行以经济建设为中心的改革开放过程中，应充分体现"三个代表"重要思想和坚定不移地贯彻落实和发挥科学发展观对经济社会发展全局的统领作用，已经成为全国人民的共识和已经深入人心。在城市治理中，尤其要重视和牢记"发展是硬道理"，发展要以人为本，注意全面协调、统筹兼顾，保证可持续发展，以最终达到经济社会进步和人的全面发展的目的。"新编"没有淡忘这些。

第六，我国已经庄重地宣布将建设创新型国家。从城市发展战略角度来考察，顺理成章和首当其冲的是我们所建设的城市就必然也是创新型的。否则，创新型国家的建设岂不成了空话？对此，"新编"既安排了专门章节集中讨论"建设创新型城市"的问题，又在全书内容中随时和高度注意到必须和可能有所创新的方方面面，如理论、政策、措施、制度、方法、技术、人才、环境、等等，以及特别强调创新能力的重要性。

第七，现在，距离建成中国特色社会主义现代化小康社会已经不是遥不可及的将来而是为期不远了。城市工作更必须加油、鼓劲。但是，前进的道路并不经常和完全平坦，还会不时发生各种意料不到的新情况和出现许多反常怪异的新问题。例如，最近一个时期以来爆发的全球性金融危机和环境更趋恶化、能源逐渐枯竭之类，"新编"也提供了相当的篇幅，对诸如应急治理、环境保护、生态平衡等问题加以论述。

第八，一项引起举世瞩目和普遍共鸣的崭新历史任务是构建和谐社会，并从而联想和延伸到构建和谐世界。那么，正如要建创新型国家必须建设创新型城市一样，构建和谐城市也是构建和谐社会中的应有之义。因此，城市治理和服务水平和质量，便直接关系和影响到能否有利于、有助于促进和保持和谐以及共享和谐的程度。"新编"认为，这是对城市工作人员素质衡量和城市治理绩效评估的一项全新的重要标准。

总之，"新编"求新的努力应予肯定。但仍难免不足之处，如限于篇幅，面广量大的城市问题不可能无微不至地面面俱到；在课题的选择上可能有不同意见或议题已提出而展开不够等，均有待广大城市工作者和从事本学科教学研究的专家学者们在共勉之余，各抒所见，一起为城市化和城市治理的进入佳境出谋献策。

2010 年 4 月于中山大学

# 第一部分 城市管理学总论

# 第一章 城市的基本问题

城市的出现是人类文明史上的里程碑式的事件,是社会生产力发展进步的标志,体现着经济社会发展的巨大飞跃。那么,城市是什么?

## 第一节 城市的内涵

美国城市学理论家刘易斯·芒福德指出:"人类用了500多年的时间,才对城市的本质和演变过程获得了一个局部的认识,也许要用更长的时间才能完全弄清它那些尚未被认识的潜在特性。"[1]

迄今为止,人类对于城市的认识还有待进一步深化,要给城市下一个精准确切的定义,仍然是一件比较困难的事情。

城市既是一个历史的范畴和空间的范畴,又是一个涉及政治、经济、文化等社会方方面面的综合的泛舟,因而对于城市的研究就涉及到了多种学科,成为多种学科的研究对象,各个学科也对城市形成了各种各样的定义。

但要对城市作出较为科学的界定,就必须突破已有的各种学科对城市的定义的框架限制,抽象出城市所具有的最为一般的特征。对于

---

[1] [美] 刘易斯·芒福德:《城市发展史——起源、演变和前景》,倪文彦、宋俊岭译,中国建筑工业出版社1989年版。

城市的界定应该把握住城市的本质性特点，具体说来，有3个方面：①

（1）集聚性。马克思指出："城市本身表明了人口、生产工具、资本、享乐和需求的集中；而在乡村里所看到的却是完全相反的情况：孤立和分散。"② 城市是人口、资本、消费、文化等的集聚之地，集聚是城市的本质性特点之一。

（2）中心性。列宁认为："城市是经济、政治和人民精神生活的中心，是前进的主要动力。"③ 我国学者进一步提出："城市是人类文明的产物，是国家或地区的政治、经济、文化、教育、交通、金融、信息中心，是人类社会前进的动力。"④可以说，城市是某一或大或小区域范围内政治、经济、文化等方面综合的中心或某一方面的中心，中心性是城市的又一本质性特点。

（3）有别于乡村的高级聚居群落性。聚居群落属于地理空间概念，聚居群落可划分为农村型聚居群落和城市型聚居群落两大类。⑤城市聚居群落是有别于乡村的高级聚落，这是城市的又一本质性特点。

基于以上3个方面的城市本质性特点，理解城市的基本含义，即应把握以下基本要素：⑥

第一，城市是相对应于农村的一个经济与社会学概念，城市是一个在空间结构上明显区别于农村的社区系统。

第二，城市是非农业人口集中居住为主的空间区域。正因为非农业人口多，因此，与农村不同；而且是集中居住在一起，从事非农产业为主，即以从事工业、商业、服务业及其社会事业为主，这是城市产业属性明显不同于农村区域的标志。

第三，城市是一定时期内各个国家或地区各种先进生产力要素密集度高的区域，即在城市中相对集中了文化程度较高的劳动者、管理者及其他较先进的生产力要素。

第四，城市是一定区域内的政治、军事、文化活动中心，即大量

---

①⑥ 毛曦：《试论城市的起源和形成》，《天津师范大学学报》（社会科学版）2004年第5期。

② 《马克思恩格斯全集》（第3卷），人民出版社1972年版。

③ 《列宁全集》（第19卷），人民出版社1972年版。

④ 隗瀛涛：《重庆城市研究》，四川大学出版社1989年版，前言。

⑤ 罗澍伟：《城市、城市理论与城市史》，《城市史研究》（第17～18辑）。

的政治活动、军事文化教育活动都集中在城市发生。特别是各种类型的商贸活动集中在城市，带来了城市的繁荣与活力，也使城市具有吸引各种生活要素的能力和对四周进行经济辐射的能量。

第五，城市是一定时期内各种社会供给与各种需求（包括商品市场及生产要素市场）集中的场所，是市场集中的交易枢纽与商业活动中心，是市场体系的基础性载体，这一点对于现代城市尤为重要。①

根据以上对城市的本质性特征和基本要素的认识，我们可将城市定义为：城市是一定区域范围内政治、经济、文化、人口基础设施等的聚居之地和中心所在，是伴随着人类社会的不断演进而产生的一种有别于乡村而又领先于乡村的高级聚居聚落。

## 第二节 城市的形成：过程、动力与标准

### 一、城市形成的历史进程

综观城市发展史，"城"和"市"最早是两个不同的概念，而且也是先后产生于不同时期的经济范畴。"城"先于"市"产生，最早的城是在原始社会末期氏族部落聚居的基础上发展起来的。"城"在中国古汉语中是指一定地域内的居民用作防卫而围起的墙垣，是一种防御性的堡垒，是为社会的政治、军事等目的而兴建的，也可称城垣、城堡、城池、城廓（城：内城的墙，廓：外城的墙）。

"市"则是指城中特定的交换场所，是贸易、交易的概念，是生产活动、经济活动所需要的，其形态是开放的、外向的。《易·系辞下》记载："疱牺氏设，神农氏作，日中为市，致天下之民，聚天下之物，交易而退，各得其所。"《孟子·公孙丑》中亦指出："古之市也，以其所有，易其所无，有司者治之耳。"市的存在，便于人口的流动、货物的集散、交易的集中，满足了人们出卖劳动产品和购买所需生产、生活用品的需要。

---

① 肖建乐：《中国传统城市发展动力研究》，《云南民族大学学报》（哲学社会科学版）2009 年第 3 期。

随着生产力的进步和社会分工的发展，商品交换也成为城堡中居民必不可少的内容，商品交换必然进入城市，城市才有活力；同时，商品交易活动的经常化，也客观上要求给商品交易活动提供一个安全、方便、固定的市场环境。这样"城"与"市"必然在区域上形成为一个整体。①

"城"与"市"这两种初始的空间形态随着社会的进步和经济的发展变得丰富和扩大，并相互渗透，界限模糊，杂存在一种新的环境形态之中，最终形成了内容多样、结构复杂的聚居形式——城市。②城与市的结合就形成了一体化的城市，具有完整经济意义的城市最终形成。城与市的融合是城市进化的产物，也是社会生产力和商品经济发展的必然结果。③

可见，城市的形成是一个漫长的历史过程。在这个过程中，"城"与"市"随着社会的发展与进步，通过不断的"量变"积累到"质变"的飞跃，即从萌芽到形成，由各自独立、分离的个体发展成合二为一的复合体。④

## 二、城市形成的多元动力

目前，关于城市形成的动力纷纭复杂，主要有以下代表性的观点。

（1）城市形成于人类自身安全防御的需求。在古代农业社会，为了生存，人类需要群居以增强自身的抗风险能力；为了自我保护，人类将自身与自然中危险因素隔离，从树上安家（有巢氏）、洞穴为室（山顶洞人），到后来的筑城墙、扎篱笆、围栅栏，都在极力避开自然界中的危险。人类的灾难不仅来源于自然，还来源于人类本身。在战争过程中，为了掠夺他人的财产，同时避免自己的财产被掠夺，需要相当多的集中人口，还需要必要的防护设施，人们自愿或不自愿地相对集中居住，并在居民点外围挖濠沟、夯土墙、砌石墙，修筑防

---

①③ 柳思维：《论城市内涵、起源及中国古代城市发展第一个高峰期》，《求索》2003年第3期。

② 罗丽：《中国古代城市起源动力及类型》，《延边大学学报》（社会科学版）2007年第2期。

④ 肖建乐：《中国传统城市发展动力研究》，《云南民族大学学报》（哲学社会科学版）2009年第3期。

御设施。在工业革命以前,判断城市的重要标准是"具备完整的城墙"。由此可见,安全防御需求对人类原始聚集乃至古代城市形成具有重要的意义。①

(2) 城市形成于国家政治和行政管理运行的需求。当农业生产力发展到一定水平,农业剩余形成人口剩余,他们游弋于区域的各个角落,将这些人口集中起来,需要一定的契机。如果在一个区域内,没有已形成的城市,那么被农业生产有限吸附能力推出的人口,就缺乏明确的统一的流动方向,就不可能形成较大规模的人口集中,而国家政治机构恰好能承担这种聚合因子的作用。在这些机构之外,还可以吸收和供养一批与国家政治机构相应的社会性人员,从事文化、政治、宗教及生活服务,可见,国家政权的确立对古代城市形成、发展的推动作用。

(3) 土地资源承载能力的有限性与手工业、商业的发展推动了城市的形成。比如,古代西方许多国家由于缺乏充分的土地资源和自然生产条件,使农业产品总供给不能满足总需求,土地的有限性使大量的人口被挤出农村,这些人为了生存,必须从事脱离土地之外的其他物品的生产,并且用这些物品换回自己所需要的农产品。因此,手工业和商业得到了空前的发展,并在这种发展的基础上,发展了工贸化城市,推进了西方古代文明的发展。从古希腊到古罗马,西方城市的繁荣一度曾达到巅峰。这表明了土地的有限性与手工业和商业的发展曾经在城市形成过程中的作用。

对于上述各种观点,可以认为,虽然城市是一个错综复杂的综合体,主宰城市形成与发展的因素有很多,如经济、政治、文化、军事等,但是经济才是决定城市产生和发展的重要因素。因为,只有经济发展了,尤其是农业发展了,才能提供剩余产品,才使一部分人脱离农业生产和农业生活成为可能。尤其是商品经济的发展和城市经济的发展,商品货币与城市的关系日益密切并成为城市内在的、有机的组成部分,城市的发展与生产力发展二者关系尤为密切。②

---

① 张全明:《中国古代城市形成的三个阶段》,《华中师范大学学报》(人文社会科学版) 1998 年第 1 期。

② 肖建乐:《中国传统城市发展动力研究》,《云南民族大学学报》(哲学社会科学版) 2009 年第 3 期。

## 三、城市形成的标准①

关于城市形成的标准，长期以来，国内外学术界进行了广泛的讨论，提出了各种各样的观点，但至今尚难形成共识。

英国考古学家柴尔德从考古学的角度提出了城市形成的 10 项标准：一是可容纳更为稠密人口的大型聚落的形成；二是人口构成与功能呈现多样化；三是纳税及其剩余财富的集中化；四是巨大的公共建筑的出现；五是出现了从事非体力劳动的统治阶级；六是发明了文字及精确的、实用的科学；七是几何学与天文学进一步精确化；八是形成了专职的艺术家；九是对外贸易已经出现；十是以地域而非以血缘为基础的政治经济共同体形成。②

前苏联学者古梁耶夫根据古代东方和中美洲的相关材料概括出城市形成的 8 项标准：一是出现了统治者及其王室居住的宫殿群；二是出现了宏大的寺庙和宗教区域；三是最重要的宫殿、寺庙建筑群与平民的房舍相隔离；四是宗教区域与住宅区明显不同；五是具有奢华的王陵和墓葬；六是产生了大型的艺术品；七是形成了文字（碑铭石刻）；八是数量上的标志：大型广场、大量住宅和公用房屋，较密集的居民等。③

日本学者狩野千秋将古代城市形成的标准归纳为 7 个方面：一是原始的国家组织和王权的确立；二是稠密的人口；三是社会阶级的分化与职业的专门化；四是大型纪念性建筑物的出现；五是文字、金属器物的发明和科学技术的发达；六是由于剩余产品的生产而出现了有余暇从事的知识性的活动；七是商业的出现和贸易组织的发达。④

国内学术界就此也进行了长期的讨论，特别是近年来形成了许多更为深入的见解，如许宏将中国早期城市与乡村相比较，提出了城市形成的标准：

其一，作为邦国的权力中心而出现，具有一定地域内的政治、经

---

① 毛曦：《试论城市的起源和形成》，《天津师范大学学报》（社会科学版）2004 年第 5 期。
② ［英］柴尔德：《城市革命》，陈星灿译，三秦出版社 1991 年版。
③ 刘文鹏：《古埃及的早期城市》，《历史研究》1988 年第 3 期。
④ 陈桥驿：《中国历史名城》，中国青年出版社 1987 年版，序言。

济和文化中心的职能;王者作为权力的象征产生于其中,在考古学上表现为大型夯土建筑工程遗迹(包括宫庙基址、祭坛等礼仪性建筑和城垣、壕)的存在。

其二,因社会阶层分化和产业分工而具有居民构成复杂化特征,非农业生产活动的展开使城市成为人类历史上第一个非自给自足的社会;政治性城市的特点和商业贸易欠发达,又使城市主要表现为社会物质财富的聚敛中心和消费中心。

其三,人口相对集中,但处于城乡分化不甚鲜明的初始阶段的城市,其人口的密集程度不够成为判别城市与否的绝对指标。[1]

依据中外早期城市发展的历史实际情况,总结学术界关于城市形成标准的相关讨论及其观点,从城市的要素、本质和定义出发,通过归纳、概括和抽象,我们可对城市形成的标准进行新的更为全面的把握:

(1)区域范围内政治、宗教、文化等的中心聚落的形成。城市一出现就充当了一定区域内政治权力的中心场所,同时在人类早期崇尚宗教祭祀的社会氛围中,城市又有可能是区域范围内宗教祭祀和地方文化的中心所在。区域范围内政治权力、宗教祭祀、地方文化等的综合的或者某一方面的中心聚落的出现,是城市形成的标志之一。

(2)军事防御功能得到加强的聚落的出现,其中许多以城墙的兴建为标志。随着社会历史的进步,城市聚落开始形成。城市聚落是作为区域政治、宗教、文化等的中心而存在的,在社会剧变、战事频繁的时代,出于保卫政权和其他利益的需要,加强防御外来侵略的能力,就成为新建的城市聚落的必然要求。城市聚落适应了这种社会变化的需求,其军事防御功能得到了进一步的加强。城墙是作为新兴聚落军事防御能力不断加强的防御设施而出现的,城墙在中国城市和中国社会的历史发展中发挥了重要的作用,具有独特的历史地位。"对中国人的城市观念来说,城墙一直极为重要,以至城市和城墙的传统用词是合一的,'城'这个汉字既代表城市,又代表城垣"。[2]

(3)国家和文明的形成。城市、国家、文明的起源、形成的历

---

[1] 许宏:《先秦城市考古学研究》,北京燕山出版社2000年版。
[2] [美]施坚雅:《中国帝国晚期的城市》,叶光庭等译,中华书局2000年版。

史进程具有同步性的特点，因而，城市、国家、文明等的形成标准就可以相互借用或互为参照。城市的形成可以作为国家、文明形成的标准或参照，同样，国家、文明等的出现也可以作为城市形成的重要标志之一。①

（4）人口的聚集数量和密度要大于所在区域内的乡村。从乡村与城市的差异来看，城市是人口更为集中的地方，人口的数量一般也要多于所在区域内的乡村，人口的密度一般也要高于所在区域范围内的乡村。人口的数量和密度不仅是城市形成与否的重要标准之一，而且也是衡量和判断城市发展规模与水平的重要指标。

（5）人口构成有别于乡村。与乡村聚落的人口构成有所不同，城市的人口构成要更为复杂。从社会生产角度来说，城市中已聚集有一定数量的非农业人口和非生产人口；从职业构成来看，城市人口有农业人口、手工业人口和管理人口等的区分；从社会地位来讲，城市人口有社会阶层和阶级的明显划分。人口构成的渐趋复杂是城市形成的重要标准之一。

（6）财富聚集与消费中心。城市是区域空间范围内人类社会活动的中心，"城市本身表明了人口、生产工具、资本、享乐和需求的集中"。② 与乡村不同，城市是资本和财富的聚集之地，也是享乐和消费的中心。城市的经济中心职能除了表现为商贸中心外，也表现为财富与消费的中心。③ 可以说，财富的聚集、消费中心的出现是城市聚落形成的标志之一。

（7）大型聚落和建筑物的出现。与乡村聚落有所差异，新兴的城市聚落在规模上一般要大于所在区域内的乡村聚落；在城市聚落范围内，大型建筑开始出现，有些甚至是典型的标志性建筑。城市聚落中这些新的现象的出现，是城市作为区域范围内政治权力、宗教祭祀、经济发展、人口聚集等的中心的必然要求，反映了人类社会的巨大进步。大型聚落和建筑物的建造，是判断城市形成与否的标准之一。

（8）金属器物的出现。从石器过渡到金属器物（铜器）时代，不

---

① 史念海：《中国古都研究》（第十辑），天津人民出版社1997年版。
② 《马克思恩格斯全集》（第3卷），人民出版社1972年版。
③ 许宏：《先秦城市考古学研究》，北京燕山出版社2000年版。

仅反映了人类技术水平的提高，更反映了由技术水平的巨大发展而引起的深层次的社会性质的变革。正因如此，金属器物的出现便被作为社会发展的重要标志。城市的形成也是随着技术的革新以及由此带来的社会的剧变而完成的，正是从这一角度考虑，金属器物的出现便被列入了城市形成的诸多标准中。

（9）文字的发明和科学的形成。文字的出现和科学的形成是以技术的进步和生产的发展为基础的，是与人类社会的发展进步和文明时代的到来相伴随的，因此，文字的创造和科学的产生便也可以作为在社会整体发展基础上出现的城市聚落形成的标准之一。

（10）市场和贸易的形成。市场和贸易是构成城市空间和社会经济的重要方面，市场的出现和贸易的形成是判断城市形成与否的又一重要标准之一。

在不同国家和地区以及不同的相对独立的地理区域单元内，由于地理环境的差异、民族的不同以及历史发展道路的不同，使得城市的起源、形成和发展也有所不同。因而，不可刻板地用统一的、固定的、没有变化的标准模式去判断城市的形成与否，否则，将抹煞不同地域城市发展的独特个性。以上所列判断城市形成的10项标准，在某一个案的具体应用中不必要求全部达到，只要符合大部分标准，就可以断定该聚落已属于城市。只有这样，才可能既保证了判断城市形成的有效性，又注意到了城市形成发展的区域差异。

## 第三节　城市的类型划分

城市分类是立足于城市的特点，采用一定的标准和方法，如根据城市规模、城市形态、城市职能等方面的差异对城市进行的类别划分。

### 一、单体城市的分类[①]

单体城市的类别划分，因目的、要求的不同而有所区别。例如，

---

① 互动百科：《城市分类》，http://www.hudong.com/wiki/.

按城市职能，可分为工业城市、商业城市、港口城市、风景游览城市等；按城市规模，可分为特大城市、大城市、中等城市和小城市等；还有按反映城市外貌的形态分类，以及按照地理、交通位置或历史起源把城市分成的不同类型。其中，根据城市职能和城市规模进行的分类最能揭示城市的基本特点，受到比较广泛的重视。

1. 依据城市职能的分类

依据城市职能的分类，始于20世纪20年代，主要有一般性描述分类与统计分类两种。

（1）一般性描述分类。1921年美国的M.奥鲁索提出，城市可分为防御城市、文化城市、生产城市、交通运输城市、游览疗养城市。他认为城市虽然具有多种职能，但总以某一二种职能为主。中国城市职能分类基本上都属于一般性描述分类。目前可将中国城市分为：以几种职能为主的综合性城市，包括中央及地方政府所在地城市和城镇，它们是全国和各地的政治、经济、文化中心；以某种经济职能为主的城市，如工矿业城市和交通运输枢纽或港口城市、林业城市、渔业城镇；以特殊职能为主的城市，包括革命历史名城、风景游览城市和边境城市等。

（2）统计分类。统计分类一般使用各行业就业人口占城市就业总人数的百分比作为划分指标，当某行业就业比例超过一定的临界值，该项职能即为该城市主导职能，从而将该城市从城市体系中区分出来。统计分类的关键在于确定主导职能的临界值。统计分类方法很多，如美国的C.D.哈里斯1943年把美国城市划分为加工工业、制造业、零售商业、批发商业、多种职能、运输业、矿业、大学和游览疗养、行政等职能类型。

2. 依据城市规模的分类

城市规模分类主要以人口数量为标准，是识别城市的另一种重要标志，也有不同的分类方法。为了反映一个区域或国家大城市少、小城市多的一般规律，通常以等比办法对城市进行分级，把人口规模偏小的城市级别分得更细。各国城市人口规模分类并不一致，是按照本国特点和规划等方面要求，采用不同的划分办法和分级名称。例如，按照我国现有的规定，人口在100万以上的城市为特大城市，50万～100万人口的为大城市，20万～50万人口的为中等城市，10万～20万人口的为小城市。

## 二、城市群及其相关概念[①]

### 1. 城市群的内涵

目前,学术界对城市群并没有统一的定义,但就其本质的内涵与外延而言,城市群主要包括以下6个方面的内容:

(1)它是一个多城市的概念,独立型城市不能被称为城市群。即使地缘相近,但如果没有发达的交通做基础,或者相互之间处于"老死不相往来"的状态,那么同样不能被称为城市群;

(2)因各地自然生态环境存在着巨大差异,因而城市群形状可能呈现出多样性,如三角形、走廊形、四边形、环形、S形、月牙形、放射形和丁字形等,并且随着科学技术的发展,它的范围、形状都有可能发生巨大变化;

(3)城市群的形成和发展与市场经济的发展、社会分工以及产业聚集都天然地存在着密切的联系,离开后者,前者也将不复存在;

(4)城市群内城市之间是一种竞合关系。离心力与向心力、聚集效应与扩散效应不仅决定了单个城市的规模,而且决定了城市群的规模同时也决定了城市品牌的知名度;

(5)组成城市形成一个城市功能分工明确的系统;

(6)在一定程度上讲,城市群属于经济区域的范畴,而不应当将其划归为行政区划的范畴。

### 2. 城市群相关概念辨析

(1)都市连绵区与城市群。1988年周一星先生在国内最早提出都市连绵区概念,即以都市区为基本单元,以若干大城市为核心并与周边地区保持着强烈的交互作用和密切社会经济联系,沿一条或多条交通走廊分布的巨型城乡一体化地区。都市连绵区的形成需要5个条件:一是具有两个以上人口超过百万的特大城市作为发展极;二是有对外口岸;三是发展极和口岸之间有便利的交通干线作为发展走廊;四是交通走廊及其两侧人口稠密,有较多中小城市;五是经济发达,城乡之间有紧密的经济联系。

可见,都市连绵区和城市群虽然均是特殊的区域城镇体系概念和

---

① 张贡生:《城市群内涵、外延辨析与新城市群建设》,《城市》2008年第12期。

区域经济概念，但其强调的重点却存在着一定程度的差别：前者以都市区为基础，核心是众多都市区在空间上的毗邻和相互之间的有机联系；后者则以城镇为基础，核心是众多城镇在特定区域内的集中和功能上的网络连接。由于都市区强调的是城乡之间的紧密联系，是工业化、城镇化发展到一定阶段的产物，因此，可以把都市连绵区看做是城市群发育的高级阶段，把城市群看做是类似"企业集群"的"城镇集群"。

（2）城镇密集区与城市群。城市群的发育是社会经济集约化发展的产物和标志，是城镇密集区高层次演变的城市区域空间组织形式。城市群现象有其成长发育的过程，早期城镇密集区仅表现为一定范围内的城镇数量和空间分布程度，后来城镇间相互联系和协调关系的不断提升，集中反映了多种要素的相互作用和形成机制的逐步结合。

（3）城镇体系与城市群。城市群与城镇体系在本质特征上有许多相同之处，是一个同质的地域概念，仍属于区域城镇体系的范畴。从这种意义考虑，城市群的紧密性、系统性、动态性特征近乎于区域性的城市体系，但在初级阶段，尚未发展的城市群往往布局比较松散，动态变化比较缓慢，联系并不紧密。城镇体系是高一层次的、全面性城镇分布的地域概念，等级规模与横向联系较强；而城市群是局部地区城镇集聚的地域概念，呈有序与无序分布状态，但其分布地区经济发展水平均较高。

（4）城市集群与城市群。中国社会科学院丁晓宇先生在《中国崛起方略》中提出，城市规模分类的市民数量标准为 8 个类型：小城市为 5 万～20 万人；中等城市为 20 万～50 万人；大城市为 50 万～100 万人；特大城市为 100 万～200 万人；大都市为 200 万～500 万人；国际大都市为 500 万～2000 万人；城市群（带）为由 5 个大城市以上规模城市组成，城市人口为 2000 万～5000 万人；城市集群为至少由两个城市群（带）组成，城市人口在 5000 万人以上。

（5）城市连绵带与城市群。戈特曼以美国 1950 年人口统计数据为基础，于 1961 年在他的著作中使用了 Megalopolis 一词，借以指从美国波士顿到华盛顿的城市连绵带。我国学者最早将 Megalopolis 翻译成城市连绵带，后因城市群的用法比较普遍，故翻译成城市群。其实城市连绵带和城市群还是有细微差别的，如在空间形态上，多数情况下 Megalopolis 指的是紧密的带状城市组合体，而城市群既可以是带状的，也可以是圈状的。

（6）城市圈与城市群。所谓城市圈，其中一个比较简单的定义就是通勤圈。所谓城市群，是指被高速交通轴缩短了时空距离的大城市空间。今天，大城市群的基本概念可以认为是多个大城市圈聚合而成的一个高密度的、关联紧密的城市空间，在这个城市空间里存在着复数的大城市圈和中小城市。可见，城市圈和城市群是两个不同的概念。因此，在建设城市群时，我们的任务是设法强化各城市圈之间的关系。以长三角城市群为例，围绕上海这个区域增长极，形成了3个实力圈层，第一扩散圈层是苏州、无锡、杭州和宁波；第二扩散圈层是南京、嘉兴、绍兴、常州和镇江；第三扩散圈层是扬州、南通和舟山。

## 第四节 当代世界城市发展的总体态势与基本格局

### 一、当代世界城市发展的总体态势

1. 21世纪是城市的世纪，城市化发展速度明显加快

随着经济全球化的加速，世界城市化进程在不断加快。20世纪之初，15亿人口居住在城市聚落，占世界人口不到10%，20世纪末，全球城市人口达30多亿，增长了20倍，差不多占总人口比重的1/2。据预测到2025年，全球城市化水平进一步上升至65%，其中发展中国家上升至61%，发达国家最高至83%。1993年，联合国东京会议称"21世纪将是一个新的城市世纪"。根据诺瑟姆的"S"型曲线规律，世界城市化水平目前为50%多，正好处于加速发展阶段，发展中国家的城市化水平为45%，也处于加速发展阶段，并且会大大快于发达国家。发达国家城市化水平已达到80%左右，其发展速度会有所趋缓，低于发展中国家的发展速度，但仍呈稳步上升之势。

2. 国际大都市或国家中心城市支配世界经济

随着世界经济一体化发展步伐的加快，世界经济的重心由制造业

的生产转向服务领域,跨国公司在将其产品生产分布在世界各个角落的同时,建立起在国际中心城市严格的中央控制体系和网络服务体系以争取最好的规模效益,为这些公司服务的国际银行、金融机构的服务部门也云集在这里,这就使国际大都市或者国家中心城市在世界经济中的地位和作用越来越重要。"处于世界城市格局顶层的城市逐渐成为国际贸易、金融、科技、信息和文化的中心"。①

城市间的经济网络将会最终主宰全球经济命脉,使若干世界性的节点城市成为在空间权力上超越国家的实体,形成全球城市体系的格局。在若干城市首位度极高的国家和地区,首位城市左右该国或该地区经济社会事务的趋势已见端倪。以世界城市发展的最高层次——全球性城市为例,目前公认的全球性城市有纽约、东京和伦敦,这3个城市集中了远远超出常规比例的世界上最重要的经济机构,作为"增长极"的全球城市,通过中心城市的溢出效应和支配功能,在全球范围内发挥着重要影响作用:是全球最大的金融中心和生产要素配置中心;全球规模最大的经营决策管理中心;全球最重要的知识和技术创新中心;全球最主要的信息枢纽等。②

3. 大城市群的出现成为世界城市发展的重要趋势

城市群是伴随工业化而出现的,主要分布在先进的工业化国家和地区。城市群首先出现在美国东部大西洋沿岸和五大湖南部各州以及欧洲国家。从20世纪70年代开始,在许多发展中国家,经济发达、工业化和城市化程度高的地区也出现了向城市群发展的倾向,大城市群已是世界城市发展的一个趋势。目前,世界上的大城市群主要有:

北美大城市群:波士顿—华盛顿大城市群;芝加哥—匹兹堡大城市群;圣地亚哥—旧金山大城市群。

欧洲大城市群:英国伦敦—伯明翰—利物浦和曼彻斯特大城市群;莱茵—鲁尔大城市群。

亚洲日本大城市群:以东京、名古屋、大阪3大城市圈为核心,称为东海道大城市群。集中了近50%的全国人口,创造了日本国民经济总产值的56%,是日本城市规模最大、人口最集中的3个城市。

大城市群对区域经济发展具有极大的推动作用:其一,大城市群

---

① 段霞:《世界城市的基本格局与发展战略》,《城市问题》2002年第4期。
② 姚为群:《全球城市的经济成因》,上海人民出版社2003年版。

可以使资源在更大范围内实现优化配置，能够克服单个城市在资源、幅员等方面的不足，在更大的区域范围内调整资源配置，实现共同增长；其二，大城市群是先进生产力的主要载体。大城市群是区域内经济增长速度最快、最具活力、潜力最大的地区，是区域经济增长的主要源泉，是先进生产力水平的代表；其三，大城市群具有强烈的辐射带动作用。大城市群由于经济发展水平较高，是区域经济的增长极，通过辐射效应带动其他地区的发展，从而使整个区域都得到发展。

4. 全新的世界城市体系开始形成

在信息社会里，城市的发展潜力却取决于城市与全球其他城市的相互作用强度和协同作用强度。各城市按照它们参与经济全球化的程度以及控制、协调和管理这个过程的程度，在国际城市等级体系中寻找自己的位置。因此，未来较小的城市也可通过联系网络，利用相互作用和相互协同，在特定的更新方式中靠专业优势来获得较大的发展活力。经济全球化使城市体系内城市间的关系更加复杂化。城市体系的地理界线扩展到国家界线以外，位于不同政治制度国家的城市共同组成全球城市等级体系。

新的城市等级体系按国家与全球经济系统的密切程度形成"核心"、"半边缘"和"边缘"相交的网络结构。这种通过网络分享知识和技术的过程最终导致多极多层次世界城市网络体系的形成。"在可预见的未来，全球将出现3大组团，即以伦敦、巴黎为首的欧洲组团，以纽约、洛杉矶为首的北美组团和以东京为首的亚洲组团"。①在各自的组团中，又存在着一系列层次不同、规模各异、功能有别的国际性城市，共同构成未来世界城市体系的网络结构。②

## 二、当代世界城市的基本格局

当代世界城市格局是指在"二战"以后形成的相对稳定的世界城市等级结构。随着世界经济一体化发展步伐的加快，世界经济的重心由制造业的生产转向服务领域，跨国公司在将其产品生产分布在世界各个角落的同时，建立起在国际中心城市严格的中央控制体系和网

---

① 顾朝林：《经济全球化与中国城市发展》，商务印书馆2000年版。
② 赵庆海等：《世界城市发展的未来趋势及对我国的昭示》，《资源开发与市场》2008年第24期。

络服务体系以争取最好的规模效益，为这些公司服务的国际银行、金融机构的服务部门也云集在这里，这就使国际大都市或者国家中心城市在世界经济中的地位和作用越来越重要。处于世界城市格局顶层的城市逐渐成为国际贸易、金融、科技、信息和文化的中心。虽然一些国家的边远落后城市还未完全纳入世界城市体系，但是，我们仍然可以清晰地看到世界城市发展的3个层次：

（1）核心层——全球性城市（Global City 或 World City）。是指在世界城市格局中处于最高层次，能发挥全球性经济、政治和文化影响的国际一流城市。目前公认的全球性城市有纽约、东京和伦敦，集中了远远超出常规比例的世界上最重要的经济机构，发挥着全球性的战略作用与影响。

（2）中间层——区域性国际城市（Regional City）。是指经济实力雄厚，功能相对齐全，能够在世界上几个主要地区和国家的经济、政治、文化及社会生活中发挥主导作用的城市。处于这一层次的城市往往被看成是地区性国际城市中心或次全球性城市。它们既是国际资本和商品集散中心，国际经济、政治、文化、信息中心，同时也是国内经济与国际经济的结合点。如巴黎、柏林、罗马、悉尼、大阪、洛杉矶、香港等大约20个城市。

（3）外围层——国家或地区中心城市（Central City）。这是一些迅速发展起来的国家和地区的首要城市，经济规模和人口增长都很迅速，一般兼为各国主要海港或航空港口，多数为各自国家的首都或本国的政治、经济、文化和学术中心，联系外部世界的窗口，也是带动国内各类城市融入世界城市格局的前卫力量。在亚洲、拉丁美洲这样的巨型城市正在兴起，中国的北京和上海就属此列。

以上3个层次构成了世界城市格局最主要的层次，进入核心与中间层次的城市通常被人们称为国际城市（International City），处于世界城市发展的领先水平。中国目前除了香港外，内地尚无其他城市进入此列，北京、上海等大城市正在努力靠向中间层次，把建成国际大都市作为城市发展的目标。

此外，以上3个层次构成了世界城市格局核心的内层。它们的影响力不断延伸，一直到边远的小城镇，由此构成了一个由世界主要城市支配的世界城市系统。其在20世纪70年代以后的一个比较长的时间里形成了相对稳定的格局态势。但世界城市格局是世界经济政治格局的具体表现，无法摆脱两极格局终结后时代特征的深刻影响。1989年苏、东剧变后，世界经济政治格局发生了深刻的变化，由互联网引发的信息革命正在推动全球范围内的产业结构调整，世界经济一体化更是为各国主要城市的发展提供了广阔的发展空间和良好时机。①

## 第五节 我国城市发展的未来走向

21世纪是世界城市化高度发展的世纪。② 但我国目前的城市化水平不仅远落后于发达国家，也落后于发展中国家的平均水平，随着我国改革开放的不断推进，我国的城市发展已融入了世界城市发展的潮流中，在未来一段时期内将会出现以下趋势。

### 一、城市化进程不断加速，城市数量与规模均呈扩大趋势

就目前来说，国内外学者对城市化的概念分别从人口学、地理学、社会学、经济学等角度予以了阐述。从人口学的角度，把城市化定义为：农村人口转化为城镇人口的过程，城市化就是人口的城市化，指的是"人口向城市地区集中、或农业人口变为非农业人口的过程"；从地理学的角度，把城市化定义为：一个地区的人口在城镇和城市相对集中的过程，城市化也意味着城镇用地扩展，城市文化、城市生活方式和价值观在农村地域的扩散过程；从社会学的的角度，把城市化定义为：农村生活方式转化为城市生活方式的过程；从经济学的的角度，把城市化定义为：农村经济转化为城市化大生产的过程。

综合以上观点，我们可以发现：城市化就是一个国家或地区的人口由农村向城市转移、农村地区逐步演变成城市地区、城市人口不断增长的过程；在此过程中，城市基础设施和公共服务设施不断提高，同时城市文化和城市价值观念成为主体，并不断向农村扩散，此外农村中城市特质的增加也属于城市化。城市化就是生产力进步所引起的

---

① 段霞：《世界城市的基本格局与发展战略》，《城市问题》2002年第4期。
② 任远：《以大都市为主导的城市化战略思考》，《现代城市研究》2000年第5期。

人们的生产方式、生活方式以及价值观念的转变的过程。①

根据世界城市化进程的一般规律可以断定,中国的城市化已开始进入加快发展的初期阶段,并且呈进一步加快发展的趋势。② 城市化进程的加速,必然伴随着原有城市规模的扩大和新兴城市的增加。从改革开放以来,我国城市数量和规模都有了较大的发展。2000年百万人口以上特大城市增加到40个,比1978年增加了27个,平均每年增加1.25个;从1949年到1978年,近30年的时间增加了6个,平均每年只增加0.2个。因此,在中国未来城市化的过程中,城市的数量和规模都将会有较大的发展。

## 二、大城市发展速度尤为显著

(1) 大城市数量的增长。新中国成立以来,我国50万人口及以上的城市数量除个别年份外,都是不断增加的。"到2000年,特大城市和大城市的数量分别达到40个和54个,比1980年分别增长1.6倍和0.8倍,我国已成为世界上拥有大城市和特大城市数量最多的国家之一"。③

(2) 大城市规模的扩张。从全国排名前10位大城市人口规模的变化情况来看,1981~2000年的19年间,上海、北京、武汉、广州、南京、西安的人口增长率均在50%以上,广州市增长率达到71.7%,是增长率最快的城市。上海总人口增加了321.6万人,是人口绝对量增加最多的城市。人口增长率最低的哈尔滨市人口增长率也达到25.9%。随着大城市人口规模的增长,城市用地也迅速扩大。如上海的建成区面积由1980年的140平方公里,扩展到2000年的约550平方公里,中心城区的半径由1980年的约10公里扩大到2000年的约20公里。

## 三、若干大城市群逐步成形并高速成长

长江三角洲、珠江三角洲、京津唐和辽中南地区不论从人口和产业的集聚程度,还是从中心城市规模和总的城市数量方面都已具备大

---

① 冯云廷:《城市经济学》,东北财经大学出版社2005年版。
② 高义:《中外城市化比较研究》(增订版),南开大学出版社2004年版。
③ 谢守红、宁越敏:《中国大城市发展和都市区的形成》,《城市问题》2005年第1期。

城市群的基本特征。上述 4 个地区共集中了 11 个特大城市、18 个大城市和近 70 个中小城市，大城市和特大城市数约占全国的 31%，中小城市数约占全国的 14%。这 4 个区域共集中了 1.4 亿左右的人口，其中非农业人口约占全国城市非农业人口的 27%。

长江三角洲大城市群土地面积占全国的 1%，人口占全国的 6.25%，国民生产总值占全国的 13.1%，工农业总产值占全国的 21%。该区区位优势明显，经济基础良好，已经成为全国最具活力的地区之一。

珠江三角洲大城市群是中国改革开放以来外向型经济发展最快、最具活力的地区，"土地面积为 4.17 万平方公里，人口总数为 2365 万人（2002 年）"。① 未来 20 年该区的发展重点是："构筑现代化基础设施体系；发展亚太区主要城市集团；强化珠三角资源整合和协同发展；打造高新技术产业基地；建设高水平开放型经济密集区"。②

京津唐大城市群总面积 5.26 万平方公里，1993 年总人口为 3217 万，非农业人口占总人口的 44.2%。未来 20 年的发展主要在于推动京津翼北的经济整合，使其成为环渤海地区的核心经济区。

此外，我国形成中的大城市群还有辽中南都市连绵带、胶济沿线都市连绵带、闽东南沿海都市连绵带等。这些地区地理区位优越，拥有雄厚的高新技术研究与开发能力，是中国经济发展的龙头和核心区。

## 四、几个国际性城市将进入全球城市网络体系中的重要节点

随着我国外向型经济的飞速发展，我国目前一些城市已具备建设国际化大都市的基本条件，从主要特大城市的综合实力来看，上海、北京、广州、天津综合实力突出，是国家建设国际性城市优先选择的重点城市。京津可发展为中国政治、文化、科教中心和大型制造业中心，为中国北方城市工业发展提供技术指导；上海可作为中国综合性的国际城市，综合发展经济、技术和贸易，领导整个长江流域的城市

---

① 杨京英等：《长江三角洲与珠江三角洲经济发展的比较》，《城市经济、区域经济》（人大复印资料）2004 年第 9 期。
② 顾朝林等：《全球化与重建国家城市体系设想》，《地理科学》2005 年第 6 期。

发展；广深港可作为国际金融、贸易中心和中国外向型经济的商务人才培训中心以及消费者高新技术的生产中心，领导珠江三角洲和东南沿海的城市发展。

总之，随着我国城市化进程的加速，城市体系的逐步发展，部分小城镇将变成中小城市，农村变成中小城市的卫星社区，部分地区以超特大城市为中心形成都市连绵区。未来的城乡格局将会发展为：以特大城市为依托，大中小城市和小城镇协调发展的良好局面。[①]

## 第六节 我国城市发展中的城乡关系[②]

正确认识和处理城乡关系，始终是我国城市化和现代化进程中具有全局性和战略意义的重大课题。新中国建立60年来，我国的城乡关系经历了曲折的发展历程，城乡面貌发生了深刻变化，城乡之间的要素流动、资源整合与价值发现成为推动现代化建设的巨大动力；但与此同时，城乡二元的体制格局并没有从根本上被突破，农村的市场化改革明显滞后，"三农"难题仍然待解。进入新的世纪，我国的城乡关系战略正在经历从农业支持工业到工业反哺农业、从农村服务城市到城市带动农村的历史性转变。统筹城乡经济社会发展，构建协调发展的新型城乡关系，成为落实科学发展观的重要内容，是我国城市化、现代化进程中的重大历史任务。

### 一、当前我国城乡关系存在的主要问题

1. 城乡经济社会发展存在较大落差

中国农业以占世界7%的耕地养育着世界22%的人口，基本上保证了12亿多人口的基本生活需要，但农业生产水平仍然低下，农作物单产、劳动生产率以及农产品的人均占有量都处于较低水平，农村经济落后于城市经济的发展，农业一直是国民经济体系中的薄弱

---

[①] 胡锦涛：《高举中国特色社会主义伟大旗帜，为夺取全面建设小康社会新胜利而奋斗》，《中国教育报》2007年10月25日。

[②] 路小昆：《新中国城乡关系60年——历程、特征与启示》，《中共成都市委党校学报》2009年第5期。

领域。

改革开放以来，我国城乡居民收入比从 1978 年的 2.6:1，扩大到 2007 年的 3.33:1，2008 年又扩大到 3.36:1，而且绝对差距已超过 1 万元。①城乡居民消费水平之比（城/乡），1979 年为 2.67，1984 年下降到 2.15，但此后持续上升，2006 年已经达到 4.17，城乡居民消费水平总体上相差 10 年左右。②农村公共服务和社会建设落后于城市，城乡在教育、医疗卫生、社会保障、公共基础设施和文化事业等方面的发展水平都存在很大差距，有专家估计，如果考虑到这些方面的因素，城乡居民的实际收入差距应为 5:1 至 6:1。③城乡之间的发展差距是当代中国社会的基本矛盾之一，农业薄弱、农村落后是我国经济状况和社会结构的显著特征，对国家的可持续发展形成了巨大的压力和挑战。

2. 城乡资源要素的体制性阻隔

"农业支援工业，农村支持城市"是我国城乡关系的重要历史特征。新中国建国以后，我国在特殊的历史背景下选择了以重工业为主的计划赶超型工业化道路，通过城乡体制性分隔和计划化的资源强制动员机制，长期把农业作为向工业提供积累的重要来源。这种城乡二元体制曾经对集中力量发展经济、维持低成本的工业化以及稳定社会发挥了重要作用，但是它持续地确保资源要素的单向流动，农村向工业和城市的发展提供资金、土地和劳动力，导致的后果则是大量资金流向城市，大量土地被占用，大量人口却滞留在农村，致使农业投入一直不足，农村发展长期迟缓，农民收入普遍低下，城乡发展严重失衡。有专家指出，计划经济时期的"剪刀差"让农民付出了 6000 亿至 8000 亿元的代价，改革开放以来通过低价征用农民的土地，最少使农民蒙受了 2 万亿元的损失，农民为工业化和城市发展作出了最大的牺牲和贡献。④

尽管农村改革以后农民可以离土脱农，尽管进城务工农民已成为中国工业和服务业劳动者的主要组成部分，但他们在城市平等就业、

---

① 《2008 年城乡居民收入绝对差距首破万元》，《第一财经日报》2009 年 1 月 16 日。
② 赵保佑：《统筹城乡经济协调发展与科学评价》，社会科学文献出版社 2009 年版。
③ 张小林：《城乡统筹：挑战与抉择》，南京师范大学出版社 2009 年版。
④ 林凌：《中国农民对城市化的贡献》，《光明日报》2006 年 1 月 26 日。

选择职业、劳动报酬的基本权利却没有得到有效的法律保护,仍然难以真正融入现代都市。

3. 城乡发展中的强烈政府色彩

在新中国城乡关系60年的历程中,政府主导、行政强制是城乡发展路径的又一个特征。建国伊始,我们实行了高度集中统一的计划经济体制,政府通过严密的计划和严格的管制,统一调配城乡资源,以确保加快建立工业化体系的需要。20世纪50年代后期我们就提出"统筹兼顾"的方针,但是这种"统筹"始终是以工业为优先、以城市为本位的,是通过制定和实施一系列强制性的政策措施以农业支持工业、以农村服务城市。

近年来,在城市化快速推进的进程中,一些地方政府片面强调城市的中心地位和率先发展,以行政手段干预甚至统揽城乡资源配置,实施非市场化的资源整合与利益分配,在城市资源聚集、规模扩大、实力增强、日益光鲜和亮丽的同时,农村和农民的利益不仅没有得到切实的保障和相应的增长,反而受到侵蚀和损害。事实上,建国后我国的城乡关系一直就是由政府"统筹"的,是一种非市场化的城乡统筹,它排斥了市场机制在城乡资源配置中的基础性作用,堵塞了城乡要素互通互融的通道,把广大农民拒之于工业化进程之外,延缓了农业发展和农村进步。政府主导、排斥市场机制的城乡发展路径在铸就经济社会发展巨大成就的同时,也酿成了诸多困扰国家持续进步和长治久安的深层次问题。

4. 城乡居民发展中的不平等

城乡二元的户籍管理制度、劳动就业制度、社会保障制度、公共福利制度等等,划分了"城市居民"和"农村居民"两个不同的身份群体,并给他们以不同的经济政治待遇和社会地位,使城乡居民分属于两种不同身份待遇的社会,造成了城乡居民的社会分隔。国家对农业生产发展和农村基础设施建设投入不足,农民在占有公共物品和享有社会福利等社会资源的分配中处于劣势,由此形成了包括居住迁徙、财产物权、文化教育、劳动就业、医疗卫生和社会保障在内的诸多公民权利方面对农民的不平等,导致农民群体聚集财富、自我发展和向上流动的能力、渠道和机会总体上严重不足,虽然占总人口多数却成为低收入、低地位、低能力的弱势群体。

长期以来,"农民"不是一个职业称谓,而是成为一种制度性的社会身份，代表着某种特定的利益状态和社会地位，农民与其他社会阶层之间存在深刻的社会鸿沟，严重地影响城乡关系的走向，影响社会和谐与稳定的大局。

## 二、我国城市发展中城乡关系处理应注意的问题

1. 以科学发展观为指导，深刻认识城乡关系在国家经济社会发展中的全局性关联意义

我国是一个人口众多的农业大国，正处于工业化和城市化快速推进的发展时期，城乡关系问题可以说是中国经济社会发展的重大而恒久的主题。从世界各国的发展经验来看，在工业化初始阶段，农业支持工业、为工业提供积累是带有普遍性的趋向；但在工业化达到相当程度以后，工业反哺农业、城市支持农村，实现工业与农业、城市与农村协调发展，也是带有普遍性的趋向。

我国"以农村支持城市、以农业支援工业"的发展模式已经走过了半个世纪，建成了基本完整的工业门类和国民经济体系，完成了初期工业化的任务，由积贫积弱的落后农业国成长为世界第三大经济体，现在已经进入工业化中期，总体上已到了以工促农、以城带乡的发展阶段。一方面，工业和其他非农产业已经可以依靠自身积累实现增长；另一方面，农业是弱质产业，又面临激烈的国际竞争，需要得到足够的补贴和大力扶助。

从现实情况看，以"三农"问题为突出表现的城乡关系失调，已经成为我国可持续发展和现代化进程的重要制约因素，我们已经处在调整城乡关系的关键时期，面临重构城乡发展格局的历史性转变。从全局和战略的高度正确认识和处理城乡关系问题，实现城乡关系的正确定位和城乡发展战略的科学转型，是摆在我们面前的一项重大而紧迫的任务。

2. 深化体制改革，推进制度创新，构建基于市场经济的新型城乡关系

城市和农村是互相依存的，它们互为需求、互相补充，在互利互惠中共同发展。在市场经济条件下，城乡之间的要素流动、资源配置和产品实现是以市场信号为引导、在城乡对接的市场平台上完成的，市场机制在城乡经济运行中发挥基础性作用，以确保城乡资源的有效

整合与合理利用。

因此，确立市场经济条件下的新型城乡关系，就是要在处于不同空间的城市经济活动和农村经济活动中确立起基于市场经济"一体"的管理体制和运行方式，建立城乡之间相互贯通和融合的市场体系，实现城乡资源的市场化配置，提高城乡经济社会发展的协调性和融合度。由此我们可以认识到，确立新型城乡关系并不是单纯将资源配置从偏向城市转变为偏向农村，不是简单地增加农业和农村的投入，而是要着眼于在新型城乡关系的框架下构建合理配置全社会资源的体制和机制，协调城乡关系、实现城乡和谐的关键和根本途径是深化体制改革，这是建立新型城乡关系、实现城乡协调发展的最重要也是最基本的制度保障。

为此，必须着力改变城乡二元的管理体制，消除限制资源、要素和产品在城乡之间自由流动的各种体制性政策性障碍；按照建立统一、开放、竞争、有序的现代市场体系的要求，加快发展和培育城乡统一的商品市场和要素市场，建立健全城乡一体化的市场网络；针对农村市场化改革和市场发育滞后的实际情况，还需要着重改善农村的市场环境，确立和维护农村市场运行的规则和秩序。

3. 保障农民的社会权利，形成城乡平等的权利架构和利益格局

城乡关系的错位和失衡，其突出表现和直接后果就是广大农民的权利和利益被侵蚀、被损害。在城乡二元体制格局下，农民与城市市民处于不同的权利状态，他们的公民权利没有得到应有的保障和尊重，这从根本上制约了农民群体的自我发展和整体进步，使他们难以完成自身的现代性生成和现代化转型。

协调发展的城乡关系是以城市和乡村的不同社会权益主体的权利平等和利益均衡为基础的。统筹城乡发展不只是简单的"少取多予"，更不是仅仅在表面上改善农民的生活环境，而是要从根本上解决好农民的发展问题，其核心就是要落实和保障农民的社会权利和基本利益，通过权利回归和能力赋予，让农民获得与城市市民同等的发展能力和条件，实现城乡社会群体利益的均衡发展和共同增进。

必须保障农民在市场经济中的基本权利，让农民成长为独立的市场主体，分享工业化和城市化的发展机会和成果。要落实农民的基本财产权，深化农村土地制度改革，在推进土地使用权流转的同时，探索农村集体经济的股份制改造，实行农民土地财产权的股份化，土地

权益的货币化、债权化,通过集体资产产权制度改革,使农民的财产权利真正得到落实。要让农民享受国民待遇,在身份平等权、择业自主权、迁徙自由权、公共物品享用权上实现城乡同制,让广大农民与城镇居民拥有同等的公共物品和发展自身利益的机会。

**4. 转变政府职能,建设公共服务型政府,为城乡关系的协调发展提供有效保证**

党的十六届三中全会提出统筹城乡发展的方针,是针对我国城乡关系严重失衡和扭曲的现实,强调城乡协调发展的必要性和紧迫性,着力点在于建立以工促农、以城带乡的长效机制,这是对传统城乡发展战略的矫正。显然,统筹城乡发展作为科学发展战略的重要内容,明确地强调了政府在兼顾城乡利益、理顺城乡关系、协调城乡发展、缩小城乡差距中的主导作用,实施"统筹"的行为主体就是政府。但是,政府的主导作用不应诉诸于扩大和强化自身的权力和功能,更不是回到以前那种单一完全的行政强制性行为,而是要通过发展规划、制度建设、体制创新、政策倾斜、法规条例等宏观调控措施,在公共产品供给、财政转移支付以及防治外部性中发挥重要作用,实施对城乡经济社会建设的科学导向和正确引领,构建城乡之间互动、互融、互补、互惠的新型关系,实现城乡协调发展。

在职能定位上,要推进从建设型政府向公共服务型政府的转型,各级政府要把主要职能转变到经济调节、市场监管、社会管理、公共服务上来,致力于社会建设和社会管理,保障和改善城乡民生,形成惠及全民、水平适度、可持续发展的公共服务体系。

在工作重点上,政府应该着力于改善农村的利益环境,为农业的发展和农民利益的增进创造条件,防止农村资源的继续流失和对农民利益的损害。

在行为方式上,政府对城乡发展的推动作用应该体现在创造市场机制发挥作用的社会条件,为城乡协调发展营造有利的制度环境。通过制定城乡发展规划及实施相关政策,引导城乡资源的合理流动。推进城乡体制改革,完善制度设计,在市场运行、社会管理等各方面逐步实现城乡同制,构筑城乡资源整合的平台,建立和完善平衡城乡利益关系的体制,维护社会公正和利益均衡,保护正当的资源获得和合理的利益实现。

## 第七节 我国城市发展中的"城市病"[①]

美国著名经济学家斯蒂格利茨预言,影响未来世界经济发展的两件大事:一是美国的高科技发展,二是中国的城市化。[②] 但是,任何事物都有两面性:一方面,城市发展推动了国家或地区社会经济的进步,创造了更高的物质文明和精神文明;另一方面,城市发展也带来了一系列问题,如人口、住宅和交通的拥挤、城市环境质量的恶化、犯罪率上升等,即是通称的"城市病"。面对这些问题,必须立足国情,以更新的面貌迎接城市化过程中的种种挑战。

### 一、我国城市发展中典型城市病的现状

我国城市在发展过程中,不但未能逃避"城市病",而且此病还带有比较典型的中国特点:

#### 1. 人口拥挤引起的城市病

由于我国城市化的迅速发展,打破了原有的人口分布格局,城市人口越来越多。特别是一些大城市,已经到了人满为患的程度。2004年末,全国设市的城市661个,人口3.4亿人,城市面积39.42万平方公里,城市范围内人口密度为847人/平方公里。[③]造成城市人口如此拥挤的原因在于:随着城市工业和服务业的发展,就业机会增多,使得大批农村剩余劳动力涌入城市。

我国的现代化进程,使工业和商业贸易活动日益集中在东南沿海城市。为了适应这种发展的需要,政治、文化、教育、科学和服务设施等经济辅助部门,也不断地向沿海城市靠拢,形成了日益强大的城市化趋势。城市人口迅猛增长,使城市的社会治安恶化,犯罪率偏高,如绑架、抢劫、盗窃、贩毒、吸毒、卖淫嫖娼等犯罪案件层出不

---

[①] 曾长秋、赵剑芳:《我国现代化进程中的"城市病"及其治理》,《湖南城市学院学报》2007年第5期。

[②] 张晖明、温娜:《城市系统的复杂性与城市病的综合治理》,《上海经济研究》2000年第5期。

[③] 建设部综合财务司:《2004年城市建设统计公报》,http://newhouse.sz.house365.com/.

穷。城市人口迅速膨胀也带来了其他诸多问题，如道路拥挤、交通堵塞、就业困难、住房紧张、房价上涨、环境污染等。

2. 交通拥挤引起的城市病

近年来，随着我国机动车辆和交通需求的大幅度增加，城市道路负荷日益加重，交通堵塞、行车混乱等现象有增无减。调查表明，我国百万人口以上城市有80%的路段和90%路口的通行能力，已经接近极限。乘车环境恶化，车速降低，时间延误，燃油费用上升，排污量增加，影响人们的工作效率和身体健康。从长期来看，增加道路容量导致了更大的交通需求。[①]

造成城市交通拥堵的主要原因：其一是机动车保有量增长过快，而道路增长过慢。其二是大容量、快捷的公共交通严重不足，导致对交通工具需求越来越高的出行人选择轿车、出租车或小公交。其三是"向心发展"的趋势不减，市中心区高强度开发，导致交通流量的时空分布失调，中心区交通流量为近郊区的4~5倍。其四是路网结构不合理，虽然棋盘式、环形加放射状的路网骨架已经初步形成，但仍处于网络稀、支线和次干道少于主干道的"倒金字塔"型。其五是交通设施陈旧落后，不能适应现代交通管理的形势和要求。

3. 就业困难引起的城市病

就业困难也是城市病之一，它不仅是个经济问题，而且也是重要的社会问题。对那些涌向城市的人来说，城市意味着权利、财富、竞争、成就等。但并不是所有走进城市的人们都是幸运的，都能得到发展的机会。由于放弃土地的农民没有文化，不具备专业技能，他们只能干一些出卖劳动力的粗活。目前，我国城市本身也面临着失业群体的压力，庞大的下岗人员队伍在等待着就业。在现有城市经济发展水平不高的条件下，进一步吸纳农村富余劳动力的能力不容过分乐观。另外，随着科技的进步及市场竞争的加剧，产业结构必须不断进行调整升级，不断淘汰旧岗位、诞生新岗位，工人就得转岗，这是经济现代化过程中劳动力配置的客观规律，同时也对劳动者的适应能力提出了更高要求。

---

① 徐红罡：《在旅游节事活动中公共交通政策的执行效力研究》，《湖南城市学院学报》2007年第5期。

4. 城市环境污染引起的城市病

2005年5月25日，国家环境保护总局发布的《2004年中国环境状况公报》表明，城市比较严重的环境问题是大气污染，而汽车尾气排放构成了大气污染的主体，在交通堵塞时尤为严重。据统计，当汽车的时速从40公里降到10公里时，燃料消耗会增加1倍，环境负荷会增加2~4倍。此外，能源消耗结构不合理，加剧了环境污染。

我国能源消耗以燃煤为主，煤炭消耗比重占商品能源的73%、工业燃煤的75%、化工原料的65%、城市民用燃料的80%，造成了危害性很大的以粉尘和酸雨为主的大气污染。再者，工业排放的废气也是造成大气污染的一大原因，如2004年，二氧化硫排放量为2254.9万吨，其中工业排放量为1891.4万吨，生活排放量为363.5万吨；烟尘排放量为1095.0万吨，其中工业排放量为886.5万吨，生活排放量为208.5万吨；工业粉尘排放量为904.8万吨。

除了空气污染外，水污染问题也十分严重，我国是一个水资源十分匮乏的国家，分布也相当不平衡，淡水污染严重，使城市的饮用水资源标准不达标。

另外，我国城市的基础设施、道路广场、绿化用地严重不足（人均绿地面积尚不足4平方米）。自然的土地面积又被人工的水泥地面所替代，致使气候恶化的现象更为严重。城市垃圾处理水平低，垃圾分类工作推进迟缓，一方面造成了严重的垃圾围城现象，另一方面又造成了大量可回收利用物资的白白浪费。

## 二、我国城市发展中非典型城市病日渐突出

除了上述典型的城市病外，还有一些是由于城市问题而产生的非典型的城市病。例如：抑郁症问题、青少年犯罪问题、乞丐问题等，开始引起了专家们的重视。

（1）抑郁症问题。近年来，随着生活节奏的加快、社会变化的加剧、竞争的日益激烈、心理压力的加大，抑郁问题变得越来越普遍。抑郁症患者的增多，与现代城市问题有很大的关系，因而抑郁问题在我国是不容忽视的病态问题之一。

（2）青少年犯罪问题。改革开放以来，在我国城市经济和社会高速发展的同时，各种社会问题不断显现。其中之一是青少年违法犯罪上升较快，已成为令人瞩目的社会现象。主要表现在：一是犯罪总

量持续增长；二是青少年犯罪占刑事犯罪比率呈上升趋势。

（3）乞丐问题。在许多大城市，出现了流浪乞讨人员日渐增多的现象。主要表现为：一是规模庞大，估计在100万人以上（2003年12月18日《法制日报》上的估计数字）；二是人员构成复杂，不仅有老弱病残者、妇女儿童、青少年，而且有不少身体健康的青壮年人；三是乞讨行为日趋职业化，相当一部分人把乞讨作为一项专门的、长久性的特殊职业和挣钱门路；四是乞讨手段及花样不断翻新，强乞恶讨现象非常普遍；五是乞讨群体组织化程度较高，新的丐帮不断出现；六是乞丐群体内犯罪和群体外犯罪现象也非常严重，出现了许多专靠利用、强迫、剥削其他乞丐为生的寄生虫、吸血鬼。

城市病是21世纪我们面临的艰巨任务，我国的城市发展任重道远。

# 第二章 城市管理的基本问题

从城市发展的角度看,城市是现代产业和人口聚集的区域,是人类文明和社会进步的标志。城市的实力代表着国家的实力,城市的发展影响甚至决定着国家和地区的未来。而城市管理作为城市发展的舵手,又决定着城市发展的方向和质量。① 因此,在洞悉城市管理内涵上,展开科学的城市管理,是推进现代城市科学、健康运行的前提条件。

## 第一节 城市管理的内涵、功能及意义

### 一、城市管理的内涵

现代城市管理是一个非常复杂的系统工程,是一个从宏观到微观,从整体到局部,从外部到内部,从物质到精神,从动态到静态,多层次、分系统的纵横交错的巨大网络。②

联合国人类居住中心在《关于健全的城市管理规范:建设"包容性城市"的宣言草案》中指出:城市管理是个人和公私机构用以规划和管理城市公共事务的众多方法之总和。

《中外城市知识辞典》中关于城市管理的定义是"对城市中人们所从事的社会、经济、思想文化等方面活动进行决策、计划、组织、指挥、协调、控制等一系列活动的总和。或者说是对城市中人的因素

---

① 王志锋:《新时期我国城市管理模式创新取向及路径选择》,《经济体制改革》2005 年第 6 期。

② 杨全山、任立兵:《城市经营管理及其基础理论探析》,《大连海事大学学报》(社会科学版)2007 年第 2 期。

和物的因素进行整体管理"。

从现代世界各国城市管理的职能和范围来看，城市管理可以分为狭义的和广义的两种类型。狭义的城市管理，通常也叫做"市政管理"，主要指城市政府对城市公共事业、公共事务的管理，包括：城市规划的制定及实施；城市各种法规、制度的制定及执行；城市各种基础设施的建设和管理；城市各种公共生活服务设施的建设和管理；城市环境和卫生的管理；城市治安和公共秩序的维持和管理；城市社会福利及各种公益和救济事业的管理等。

广义的城市管理，除了狭义城市管理的内容之外，还包括对城市中各项经济活动进行科学有效的控制、调节和指导；对城市人口的增长实行严格的计划控制；对城市的精神文明建设进行指导、管理和调节；对城市居民的物质生活提供较好的服务，并进行必要的管理和调节；对城市的科学技术、文化和艺术活动进行指导、管理和调节等。

随着社会经济的发展，城市本身的发展和增长已经带来了新的城市形态，城市管理的内涵也在不断变化之中。[①]

本书认为，城市管理是指以城市这个开放的复杂巨大系统为对象，以城市基本信息流为基础，运用决策、计划、组织、指挥、协调、控制等一系列机制，采用法律、经济、行政、技术等手段，通过政府、市场与社会的互动，围绕城市运行和发展进行的决策引导、规范协调、服务和经营行为。[②]城市管理的任务，就是要通过各种有效的管理手段使城市形成经济繁荣、社会公平、生态平衡的状态，解决城市在经济、社会、环境方面存在的矛盾以及与之相关的各种各样的城市病，使城市获得可持续发展。[③]

## 二、城市管理的功能

现代城市管理理论认为，城市管理的功能主要包括：

（1）城市导引。指在认识城市发展客观规律的基础上，通过城

---

[①] 宋刚：《复杂性科学视野下的城市管理三维结构》，《城市发展研究》2007年第6期。

[②] 宋刚、陈锐：《复杂性科学与现代城市管理》，《科学对社会的影响》2006年第4期。

[③] 刘文俭：《现代城市管理论纲》，《现代城市研究》2008年第3期。

市发展战略和城市规划的制定与主流文化的培育，对城市经济、政治、社会、文化的发展进行方向性引领的城市管理职能。城市导引的主要形式有战略导引、规划导引和文化导引3个方面；其软件系统的主要载体有战略、规划、计划、指示等文件。

（2）城市规范。指根据城市导引的要求通过成文的法规、政策、条例、规章和不成文的风俗、道德、习惯等，对城市各主体的行为进行约束、校正、协调与预警的一项基础性管理职能。它为城市导引和城市治理职能的实施提供依据，为城市各类主体行为提供规则，对城市有序发展及其速度和质量至关重要。

（3）城市治理。指根据城市导引和规范的要求，采取经济的、行政的、法律的手段和方法，对城市经济、社会、环境等方面的无序现象、问题和矛盾，进行以有序化为目标的整治、矫正、调理的综合性经常性管理职能，包括城市经济运行的治理、城市社会治理、城市环境治理等。

（4）城市服务。指通过制度、政策调整和物质、文化条件的创造和改善，进行供给和帮扶的公益性管理职能。包括完善城市设施建设服务、加强为企事业发展的综合服务、加强对居民生活综合服务、加强城市科学文化普及教育卫生服务等。

（5）城市营销。指运用现代营销理论提升城市竞争力的城市经济发展与城市形象的管理职能。[①]

## 三、城市管理的意义

1. 城市管理是城市运转的原动力

城市好比一部机器，只有运转正常才能产生良好的效果，才能显示蓬勃的生命力。通过管理，充分调动城市主体——人的积极性和自觉性，把最活跃的人的因素同其他各种物的因素有机地结合起来，从而推动城市各个系统正常有效的运转。城市在运转中会出现一系列问题，如人口适度规模以及住房、交通、供水、供电、供气、通信、购物等条件的改善，市民教育、就业、治安、生态环境保护、污水和垃圾处理等社会福利保障和其他生活需求的满足，这些都需要通过加强

---

① 刘文俭：《现代城市管理论纲》，《现代城市研究》2008年第3期。

城市的综合管理和治理来解决。

现代城市管理通过充分调动城市各类主体的积极性和自觉性，把最活跃的人的因素同其他各种物的因素有机地结合起来，从而推动城市各个系统正常有效的运转。可以说，没有现代城市管理，城市就不可能正常运转，也不可能发挥其功能，不会有城市的现代化、国际化。

2. 城市管理是提高城市运行效益的助力器

城市管理涉及的面很广，城市管理得好，可以少花钱多办事，城市管理得不好，城市的建设和发展往往事倍功半，并造成财富和资源的浪费。实践证明，管理出效率，管理出效益，管理出财富，管理就是生产力。城市发展要走出"越建设、越发展、越赔钱"的怪圈，根本问题在于加强城市管理。

此外，城市的可持续发展，只有通过既关注经济增长和城市综合实力的提升，更服务于以人为本的城市可居住性和可持续性的现代城市管理才能得以实现。因此，城市管理是实现城市可持续发展的必要条件。

3. 城市管理是城市发展进程中的调节器

在城市规划、建设和管理三者之中，管理是贯穿始终的。规划、建设时离不开管理；规划、建设完成之后，仍然需要长期管理。规划是城市未来发展的蓝图，对城市建设和发展有着指导、控制和调节作用，是城市管理的基础，没有高起点、超前性的规划，就不能使城市空间结构合理化，就不能构筑起现代文明城市的格局，就不能带来城市巨大的综合效益。

而规划的作用是通过城市管理来实现的，从这个意义上讲，城市管理包括对规划的管理，它比制定规划更为重要，否则，规划就变成一纸空文。城市建设也是如此，没有严格的管理，建设质量得不到保证，例如楼还没盖起来就倒塌了；桥未通行就出现断裂；高速公路刚准备通车，隔离带的建筑物就已损坏。这些现象的根源还是在于缺乏严格的监督管理。[1]

---

[1] 朱铁臻：《现代城镇管理的原则和发展趋势》，《现代经济探讨》2005年第1期。

## 第二节 城市管理的理论基础①

了解城市管理的理论基础可使我们了解城市、城市问题及其产生的原因,洞悉城市现象背后隐藏着的各种政治、经济、社会和文化关系,从而既重视科学手段的应用和物质关系的调整,更要着力解决城市问题产生的社会根源并调整社会关系,把科学主义和人本主义相结合,把管理的自然属性和社会属性相结合。②

### 一、城市化理论

城市化理论把城市化看作是人类社会发展的必然趋势,这一理论主要研究城市化的路径、城市化的水平和程度、城市化的模式和结构、城市化的动力机制、城市化的发展方向等。这一理论,包括对城市化进程的描述性理论,也包括对城市化解释性的理论。

城市化理论认为,城市化表面上是乡村向城市的演变过程,实质上是农民、市民、政府等这些城市化的主体,在"技术、资金、制度、区位等因素的刺激下寻求交易成本和生产成本最低的经济活动和地理区位,从而决定了要素流动的方向、方式以及城市化的必然性"。③

### 二、城市竞争力理论

有关城市竞争力的理论研究始于20世纪80年代,主要集中于欧美国家,我国学者在这一领域的研究工作开始于20世纪90年代,随着我国城市化进程的加快,该领域的研究受到了越来越多的人们的重视。城市竞争力反映的是城市在科学的制度安排下集聚、整合自身及外界资源,把握区域经济定位,实现经济可持续发展和社会全面进步的能力。④

---

① 姜爱林、任志儒:《现代城市管理若干理论述评》,《成都理工大学学报》(社会科学版)2006年第3期。
② 范广垠:《城市管理学的基础理论体系》,《陕西行政学院学报》2009年第2期。
③ 周英:《城市化模式选择:理论逻辑与内容》,《生产力研究》2006年第3期。
④ 于涛方、顾朝林:《论城市竞争与竞争力的基本理论》,《城市规划汇刊》2004年第6期。

面向城市竞争力的城市管理就是将提升城市竞争力作为城市管理工作的主要任务，在分析明确内外部环境的基础上，通过对城市实力、城市能力、城市活力、城市潜力和城市魅力5个方面的发展来实现对城市竞争力的提升，促进城市的可持续发展。对实际管理工作者而言，城市竞争力这一系统概念为管理工作起到了引导作用，其较为明确的内涵和构成要素也提高了管理工作的针对性和可实施性。

## 三、城市规划理论

城市规划理论，是关于城市基础设施的部署与建设和处理城市各项基础设施内部关系的理念与方法的总称，是根据一定的社会发展目标而对城市的物质要素进行空间和时间上的调整，以获取物质功效最大化。霍华德的"田园城市理论"、格迪斯的"进化城市理论"、昂温的"卫星城市理论"、克里斯泰勒的"中心地"理论、沙里宁的"城市有机疏散理论"等就属于这类理论。随着理论的发展，城市规划也越来越重视满足人际关系的调整和市民生活幸福的因素，如贫民区和富人区如何安排，以及环境因素等。

## 四、新城市主义理论

20世纪60~80年代，伴随着美国大城市人口大批向郊区迁移而城市空心化日益严重的趋势，西方学者提出了"新城市主义"的新思想。新城市主义的特点在于强调传统、邻里感、社区性、场所精神，全面、整体、有机、持续发展，主张恢复城市人文价值以提高城市生活品质的设计观念。其设计思想内涵和原则主要体现在：尊重自然——构建完整的城市生态系统；尊重社会与个人——建设充满人情味的生态社区；保持"多样性"——维持城市生态系统的稳定；节约资源——实现城市生态系统的可持续发展。可以说，新城市主义和当今最富魅力的"生态城市"具有殊途同归的内在一致性。[①]

尽管新城市主义的本质是城市规划理论，但它对城市管理工作同样有着重要启示。基于新城市主义的城市管理思想强调在城市管理中要体现对人的尊重，注重人的感受，重视培养城市的宜居性和舒适

---

① 胡刚等：《"新城市主义"的理论与实践在我国的创新》，《规划师》2002年第4期。

性,提升城市对人的吸引力,通过对人的聚集与合理配置来保持城市的发展活力。这种管理思想一方面实现了城市环境对人的关怀,另一方面也提升了城市本身的魅力。①

## 五、城市生态学理论

20世纪六七十年代,联合国教科文组织的"人与生物圈"计划,提出了从生态学角度研究城市居住区的项目,指出城市是个以人类为活动中心的人类生态系统。此后,城市生态学便进入了大规模发展阶段。城市生态学的基本思想是以城市为对象,将城市作为一个生态系统,具体探讨其结构、功能和调节机制的生态学机理与方法,并将这些机理与方法应用到城市规划、管理工作中去的城市生态思想。其具体体现在以下城市生态学基本原理中:②

(1) 生态位原理:城市生态是指城市满足人类生存发展所提供的各种条件的完备程度。人们总是趋向生态位较高的城市地区,这种心理和行为正是城市发展的动力。

(2) 多样性导致稳定性原理:生物群落与环境之间保持动态平衡的稳定状态的能力,是同生态系统物种的多样性、复杂性呈正相关的。

(3) 食物链(网)原理:城市资源的利用、产业结构调整和产业延伸等方面都可以运用这一原理。同时,该原理更重要的启示是人类居于食物链的顶端,最终会通过食物链的作用承担自身对生存环境污染的后果。

(4) 系统整体功能最优原理。

(5) 环境承载能力原理。

基于城市生态思想的城市管理理论也是循着城市生态学的基本思想发展的,即在城市管理过程中将整个城市看做一个有机的生态系统,通过协调和疏导维持经济、社会、自然这3个亚系统内部及相互之间的稳定状态,支持整个城市生态系统的发展。

---

① 刘昌寿、沈清基:《"新城市主义"的思想内涵及其启示》,《现代城市研究》2002年第1期。

② 景星蓉等:《生态城市及城市生态系统理论》,《城市问题》2004年第6期。

## 六、城市营销理论

20世纪80年代末和90年代初,科特勒等人系统地提出了"城市营销"的理论,使之正式独立成为营销学的一个分支,并获得了进一步发展。城市营销思想强调的是通过对城市有形、无形资产的整合来满足居民、旅游者和投资者的需要,从而产生价值。在这一理念基础上,城市营销将城市的土地、基础设施、旅游资源以及依附于城市本身的某种品质、意象、文化视为"产品",为了提高城市竞争能力,对这些"产品"进行形象和服务组合设计。其营销对象是市民、外来来访者、现有和潜在的未来投资者以及外部竞争的都市;其目的是引进产业、居民,留住原有产业和鼓励原有产业的扩张。用经济学的语言来说,城市营销的思想就是通过引进投资,来增强其活力,通过引进企业和居民,来降低城市公共物品的平均成本。[①]

基于城市营销思想的城市管理就是要将城市可提供给营销对象满足感的各种有形和无形资源加以包装整合,以营销的思想促进旅游业,吸引投资,扩大原有产业,提升整个城市的经济活力,继而促进城市的发展。但是也应看到,由于城市营销本身属于营销学的一个分支,其目的与所有营销行为的目的是相同的,即追求经济效益的最大化;而城市作为一个承载着多种功能的社会经济单元,对它的管理固然要考虑经济效益,但更重要的是城市各项功能和价值的实现。

## 七、经营城市理论

经营城市这一理念是在我国诞生的,学术界至今尚未有统一的对经营城市的准确定义,但主要有3种基本观点:一种是将经营企业的观念移植到城市中来,通过与市场经济体制接轨将城市的有形和无形资源加以整合包装,作为产品来经营,实现经济效益最大化,这一观点其实与城市营销的思想差别不大;另一种观点是强调利用市场经济手段来实现对城市内资源的优化配置,充分提高现有资源的使用效率,促进城市功能的完善,提升城市竞争力并追求城市的可持续发

---

[①] 徐惠蓉:《国内经营城市观点概述》,《现代城市研究》2004年第7期;隋鹏飞等:《经营城市与城市营销研究》,《现代城市研究》2004年第9期。

展；还有一种观点认为经营城市的主要目标是要实现城市建设的投资主体和公共事业管理者的多元化，即放弃由政府大包大揽的行为，引入竞争机制，允许民间资本参与投资和管理城市公共事业建设，提高城市基础设施系统的整体运营效率。

概括来讲，经营城市就是要转变政府观念，将政府角色由事必躬亲的参与者转换为场外管理者和守夜人，确立对城市功能和区域角色的战略定位，通过市场手段引导城市资源集聚、整合与有效配置，充分发挥资源作用，实现城市价值。目前，在我国已有几十个城市提出要以经营城市的思想来发展城市，其中不乏实践成功者。因此可见，基于经营城市的城市管理思想对于促进城市发展是有积极意义的。

## 八、数字城市理论

1998年，时任美国副总统戈尔在一次公开演讲中首次提出了数字城市的概念，之后，人们在这一领域的研究逐渐深入，数字城市理论也随着数字城市建设的实践获得了进一步发展。数字城市是以计算机技术、多媒体技术和大规模存储技术为基础，以宽带网络为纽带，运用PC技术、全球定位系统、地理信息系统、遥测、仿真等虚拟技术对城市进行多分辨率、多尺度、多时空和多种类的三维描述。

从本质上讲，数字城市属于一种技术手段，它为城市建设和管理工作提供了一套崭新的解决方案。信息的全面性和及时性使得城市管理决策效率大大提高，通畅的信息流动路径使整个城市的经济、社会、生活有机地融合在一起，提高了城市整体运行效率。[1]

基于数字城市理论的城市管理较以往的管理方式来讲提高了管理的效率，但其内容主要集中在行政管理方面，且管理水平较多地停留在技术理性层面上，如果它能够与其他城市管理理论思想结合起来，则必将发挥其更大的作用。

---

[1] 段学军等：《"数字城市"的概念、框架与应用》，《现代城市研究》2001年第3期。

## 第三节 城市管理的基本原则[①]

城市管理作为一种目标指向非常明确的管理活动,就是要利用和组合现有资源,提高城市的经济力和竞争力,尽可能地满足居民对生活质量提高的要求。要达成城市管理的目标,需要城市管理者在具体的管理活动中,尊重城市发展的客观规律、尊重管理科学本身的规律和要求、尊重科学的价值取向与民主精神,也即是城市管理必须遵守一定的行为规范与准则。

### 一、人本主义原则

城市的主体是人,现代城市管理的特点是强调以人为中心的管理。现代城市管理应当把"人"放在重要地位,应当在经济发展的条件下,实现最大限度地满足人的需求:创造舒适、合理的人居环境和工作环境;在空间布局上满足人的活动要求;在生态环境上有益于人的生理健康要求;在人际关系上适应人的交往要求;在文化氛围上有助于陶冶情操的要求;在日常生活及出行上符合人的方便要求。总之,一切从人的需要出发,是城市管理应当遵循的基本原则。

### 二、协同联动原则

现代城市是一个高度复杂的社会综合体和全方位、多功能、多层次的有机体。城市各个系统相互依存、相互制约,城市功能的多样化,城市对外的开放联系,从而决定了城市管理具有协同联动的特点,即综合性。城市管理的完整概念是城市的综合管理。这种综合管理,既包括对规划、建设的管理,也包括管理内部各层次、各子系统的管理;既包括对现代城市系统整体的活动主体即个人、集体、群体的协调组织,又包括现代城市系统的活动客体即经济系统、社会系

---

[①] 朱铁臻:《21世纪现代城市管理发展新趋势》,《城市管理》2003年第1期;郝俊芳:《对城市管理的研究与思考》,《科技情报开发与经济》2005年第24期;吕德雄:《管理现代化:城市管理优化的目标选择》,《南京社会学》1999年第11期;王志锋:《新时期我国城市管理模式创新取向及路径选择》,《经济体制改革》2005年第6期。

统、市政系统和生态系统的协调管理，也包括对这些大系统的子系统的协调管理，等等。因此，要用城市系统论的观点来分析城市管理，把城市管理作为一项系统工程来抓，这是城市管理现代化的重要特点。

### 三、系统整合原则

加强系统整合，克服条块分割、分散管理的弊端，这是社会化大生产和城市现代化发展对城市管理的必然要求。所谓系统整合，并非指城市政府独揽决策和指挥城市的一切活动，而是指在城市政府的统一指挥与协调下，对城市这个分层次组织起来的大系统进行调控和综合管理，实现统一管理与分级管理的结合，条条管理与块块管理的结合，综合管理与专业管理的结合以及规划、建设与管理的统一，等等。

### 四、效率、公平与民主原则

效率是衡量城市管理水平的标志之一，效率的提高不仅能够加快物流、能流、信息流、资金流、人流的有序运动，而且可以从根本上促进城市经济增长方式的转变，提高经济效益和社会效益。

公平是判断城市管理社会效果的衡量指标，主要指同一管理措施对同类管理对象的公平性和管理者与被管理者的平等性。现代城市管理一方面要讲求效率；另一方面要强调在城市管理面前人人平等。不搞特权，不搞例外，不能只管民，不管官，执法犯法应罪加一等。城市管理只有具备公平性，才能形成权威性。城市管理中讲求效率与注重公平是相辅相成、互相促进的。

城市管理中的民主是指城市各主体作为相对自主的力量参与到公共决策中，从而发挥其参与城市公共事务和约束政府权力的作用，其特征可概括为：一是参与均等，共同决策；二是相互制约、共同决策。民主取向下城市多元主体对公共决策的参与，其实质是以参与来影响公共决策，表达自身利益的过程。民主取向下的平等"协商谈判"机制的建立，不仅弥补了政府信息与能力的不足，而且由于利益博弈已使政策成为各方接受的结果，从而大大减少了实施成本。

## 五、推进城市可持续发展原则

城市系统的可持续发展是指在一定的时空尺度上，以城市系统环境和经济、社会子系统的持续发展为基础，通过不断调整、重组、优化城市系统的结构、功能，使其物质流、能量流和信息流得以永续利用和协调统一，并借助一定的城市、经济、社会发展战略来具体体现和实施，以适度的城市规模、合理的城市容量和城市结构以及适度的超前发展来不断提高城市质量，增强城市功能，保持良好的城市环境和促进人与城市社会的全面发展，从而既满足当代人日益提高的物质和文化需求，同时又为后代人创造具有良好发展条件的城市。

对城市系统而言，环境的可持续性是基础，经济的可持续性是保障，社会的可持续性是目的，通过加强城市管理使这三者协调发展是城市系统可持续发展的关键。城市管理中坚持可持续发展的原则，才能确保其经济、社会、环境、人口协调发展，坚持经济效益、社会效益和环境效益的有机统一，使城市管理这个主体具有物质文明和精神文明的"两翼"。

## 六、接续历史文化原则

城市作为人类文明的产物，本身就承载着一定的文化和历史积淀。所以，城市规划、建设中在对旧城区进行改造时，如何把那些具有文化历史价值的东西保留下来，融入新时代的精神风貌之中，避免野蛮摧毁城市珍贵的历史文物，愚昧糟蹋城市优美的自然环境，粗暴损害城市和谐形象的发生，这是城市管理中的一项重要任务，必须贯穿于城市规划、建设与管理的始终。

## 七、"依法治城"原则

"依法治城"就是要通过制定包括法律、法令、法规等在内的法规体系，用立法的形式把管理要素确定下来，使城市管理条理化、规范化，并在城市管理活动中具体落实、实施法规。包括确定城市管理法规体系的内容、制定城市管理法规体系、实施已制定的城市管理法规等步骤。

"依法治城"是调整城市复杂社会关系的需要,是改变和克服当前城市建设中存在的无序状况的需要,也是改善和加强城市管理的需要。城市必须靠法规治理,才能井然有序,保证长治久安。而稳定、和谐的社会环境既是城市管理得以顺利实现的基础,也是城市管理所要达到的重要目标。

当前我国城市管理中的法治问题主要是立法体系不够完善,执法手段不够有力,守法教育不够深入的问题。要通过完善城市立法,加强城市执法管理,深化守法教育,并使三者环环相扣,真正做到有法可依,执法必严;有法可守,违法必纠;有法可司,司法必公,从而使民心归法,城市大治。只有当法律在城市活动和全体市民心目中具有神圣的权威性时,城市管理现代化才会有根本的保证。

## 第四节 城市管理的模式[①]

许多学者将"模式"的概念引入到城市管理领域,提出了自己关于城市管理模式的见解和思考。如林崇建等认为"城市管理模式是城市政府进行城市管理的行政组织体系及其运行机制"。[②] 尤建新等认为,城市管理模式可以视为城市政府在经验基础上形成的关于城市管理的理论图式和思维方式。[③] 叶南客则将城市管理模式定义为"对不同类型城市在各具特色的管理体制、管理机制的组合基础上,实现城市高效有序运行目标的特定方式的形态概括,是城市发展历程和管理经验的总结,有着共性和个性的统一"。[④] 城市管理模式要解决谁来管、管什么、怎么管的问题,它是管理主体、管理内容、管理机制的有机组合。不同的组合就有不同的模式。

因此,城市管理模式是对不同类型城市在各具特色的管理体

---

[①] 黄科宏:《我国现代城市管理基本理念探讨》,《广西城镇建设》2008年第10期;谭昆智:《论现代城市管理模式与体制》,《四川行政学院学报》2005年第1期;叶南客:《城市管理模式比较论》,《学海》2000年第11期。

[②] 林崇建、陈蔡志:《宁波城市管理体制的重构》,《宁波经济》2001年第4期。

[③] 尤建新、陈强:《以公众满意为导向的城市管理模式研究》,《公共管理学报》2004年第5期。

[④] 叶南客:《城市管理模式比较论》,《学海》2000年第11期。

制、管理机制组合基础上，实现城市高效有序运行目标的特定方式的形态概括。管理模式是城市发展历程和管理经验的总结，它有着共性与个性的统一。就个性而言，城市管理模式还取决于城市的文化、历史和区位、行政隶属等特质，因而每个城市管理过程都会形成别具一格的模式风格；就共性而言，现代城市不论其管理要素如何调整和优化，其管理过程的科学性、民主性都是共同原则，而其共同目的都是为了提高城市居民生活质量、促进城市管理与发展方式的现代化。

## 一、城市管理模式的理论概括

城市管理模式在不同国家、不同地域、不同历史时期有不同的特点。美国的经济学家 Alice. Rivlin 在 20 世纪 70 年代初概括了改善城市管理的 3 种模式，即分权式（decentralization）、授权式（deconcentration）以及市场式（market）。① 英国学者 E. Ferlie 等归纳了 4 种新公共管理模式：效率驱动模式、小型化与分权模式、追求卓越模式以及公共服务取向模式。在对西方发达国家的城市管理模式进行研究以后，Pierre Laconte 认为西方国家主要存在 4 种城市治理模式，即管理模式、社团模式、支持增长模式和福利模式。② B. 盖伊·彼得斯（B. Guy. Peters）提出了有别于传统治理模式的 4 种新模式：市场式（Market Model）、参与式（ParticipatoryModel）、弹性化（Flexxble Model）以及解制型（Deregulatuing Model）。③

我国学者踪家峰等对于城市管理模式的归纳与论述在国内具有一定的代表性。他们先从城市管理（治理）的内涵出发，结合城市治理的实践，将城市管理（治理）模式分为企业家化的城市治理模式、改革政府模式以及公私共同治理模式等 3 种。后又将城市管理（治理）分为企业化、国际化、顾客导向型以及城市经营模式等 4 种模式。④

---

① 张梦中：《美国公共行政学百年回顾》，《中国行政管理》2000 年第 6 期。
② 踪家峰、王志峰、郭鸿懋：《论城市治理模式》，《上海社会科学院学术季刊》2002 年第 2 期。
③ 盖伊·彼得斯：《政府未来的治理模式》，中国人民大学出版社 2001 年版。
④ 踪家峰、郝寿义、黄楠：《城市治理分析》，《河北学刊》2001 年第 11 期。

## 二、城市管理模式的实际状况

### (一) 欧洲国家的城市管理模式

欧洲各国城市的管理组织模式,都是向双重职能发展,一方面是中央代理机构;另一方面为适应市民的需要,拥有相当自治权,办理地方公共事务,为市民服务。例如欧洲不少国家城市行政体制中的"城市行政官制",对我们充分利用城市行政管理的专业人才来加强对城市的管理便颇有借鉴意义。我们也可以尝试利用行政管理专家作为市政管理的行政官对城市进行专业化的管理,且任期不定。这既有利于市政管理的科学化,也有利于市政管理工作的连续性,并使市政官及其下属有可能投入全部精力去悉心地管理所主持的事务。这种城市管理模式目前已被挪威、爱尔兰、德国、瑞典等许多国家所采用,说明这种管理组织方式是具有一定的普遍价值的。

### (二) 美国城市的管理模式

在世界各国的城市管理模式中,以美国城市管理模式最为多样化。主要有4种类型:市长议会制、市委员会制、市经理制和市行政长制。[①]

#### 1. 市长议会制

市长议会制发源很早,目前,世界许多国家的城市仍采取这种形式。市长议会制又分为弱市长制和强市长制。

所谓弱市长制,即市长空有其名,缺乏行政权,政府各部门的首长,都由市民直接选举或推派人员担任,市长只能委任少数不重要的人员,且须征求市议会的同意。市长无法对下属使用处分权。对市议会的决议,市长虽有否决权,但市议会多数议员通过的决议,可使市长的否决权无效,市长的监督权也等于零。弱市长制的缺点在于,责任划分不清,行政不统一,市政容易被政治斗争所影响,所以,弱市长制并非一种良好的市制。尽管如此,在美国仍有少数城市实行此制。

---

① 董树藩:《都市管理概论》,台湾商务印书馆1987年版。

19世纪后期,强市长制崛起,行政权集中于市长之手,政策的拟定,为市议会与市长的共同职责。强市长制的特点是,负责立法的市议会,与负责执行的市长,同为民选产生,互相制衡。市民有权任免市长,不受市议会的制约,市议会只能行使市政决策及立法大权,不能干涉市行政事务。强市长制的缺点在于,政治与行政不能密切配合、相互联系,因而不能充分发挥城市的政治功能。强市长制虽不完善,但各国多采用之,尚不失为一种良好的市制。

2. 委员会制

市委员会制是由选民选举5人组成委员会,拥有立法与行政权力,直接对选民负责。委员中一人为市长,其余委员各担任一部门工作。重大问题集体讨论、决议,如决议和法令违反市民的愿望,选民可以直接行使创制权,加以废止。如委员有贪污或失职行为,可另选他人接替。市委员会制符合精简原则,立法与行政一体化,行政决策效率高。其缺点在于,5人各行其事,争功诿过,无异于一个市政府中,有5个不同的市政首脑,没有监督的机构,无法发挥统制的作用。这种管理体制相对适宜于小城市,大城市极少采用。目前,全美国300多个采用这种管理模式的均为中小城市。

3. 市经理制

市经理制的特点是,市议会由议员若干人组成,负责决定市政方针,行政方面的工作,则由市议会聘请市经理负责。市议会如同商业团体的董事会,负责制定业务政策,市经理等于公司的经理,有权管理一切行政,并任免各部门负责人及职员。1912年美国南卡罗莱纳州的寻姆培市首先实行此制,同年俄亥俄州的戴顿市也采用此制。市议员5人,任期4年,每两年改选一次,一次选3人,一次选2人,在选3人议员时,以得票最高的一位议员为市长,作为本市的代表,同时充任市议会主席,但无实权。市经理拥有一切行政权,且无任期规定。此制在美国、加拿大50万人口以下的中小城市颇为盛行。

4. 市行政长制

市行政长制是20世纪中叶在美国出现的一种新制度,即市长由选民选举产生,为一市的行政长官,而在市长之下,设一个市行政长,协助市长处理市行政事务。但市行政长,只有协调各部门工作的权力,而不能监督人事、法律及预算等重大事宜,实际上是一般管理顾问。根据美国市政年鉴统计表明,20世纪中后期美国中小城市中的管理组织模式趋向分散多元化，而人口规模在50万人以上的大城市中80%以上实行的是市长议会制，在欧洲也是如此，而不少亚洲的国家中如日本、韩国也都采用了此类城市管理模式。

### （三）东亚国家（日本、韩国）的城市管理模式

#### 1. 日本的城市管理模式

日本城市行政组织在民主改革过程中，1947年新宪法改变了战前天皇政府那种绝对的中央集权制，制定并实施《地方自治法》，规定了各级地方城市自治机关和各级官员的职责权限和组织原则，规定地方居民的权利和义务，建立地方城市政府议会，选举管理委员会等地方自治机构。市长可按法定人数提名副市长候选人，经同级市议会同意任命。市长执行公务须遵守的法律达150多种，市长不得不受法律约束，充分表现了法治的精神，至于市组织机构，统一规定，不得随意增加，东京都在知事下设10个局：总务局、财务局、主税局、民生局、劳动局、卫生局、经济局、建设局、建筑局、港湾局。日本虽然实行地方自治，但市政府仍然受中央政府的监督和管辖，概括说来是"三分自治，七分集权"。

但20世纪80年代以来的实践表明，日本城市微观管理中社区组织的职能正日益强大，在不少城市正在出现"以社区为依托的管理"趋势。当代日本存在着多种以社区为依托的团体组织，如居民组织、妇女组织、老年组织、儿童组织、当地教区居民组织等。其中居民组织是最重要的以社区为依托的组织，它几乎遍布全国每个社区并致力于保障社区生活质量。日语中将这种居民组织称为町内会或自治会。

用"以社区为依托的管理"代替町内会参与其中的，旨在保障社区生活质量的所有活动，这对于理解町内会的社会功能极为关键，需要思考的是如何才能成功地进行"以社区为依托的管理"。领导水平、町内会与行政职能部门的伙伴关系及对居民利益的关注是进行成功管理的3大要素。①

#### 2. 韩国的城市管理模式

韩国的城市管理在行政组织上大多数采取的是市长议会制，根据

---

① ［日］黑田由彦：《日本的社区组织》，《城市导报》1999年2月2日。

其城市地方自治法的规定，地方政府有权处理不属于全国事务的各种地方性事务，每个城市政府的管理职能主要包括以下几大方面：

（1）征收赋税、编制预算、设立基金、管理地方财政、征用动产和不动产用于公共目的；

（2）经营电气、煤气、自来水、汽车运输、船舶运输等事业；

（3）管理学校、研究所、图书馆、博物馆、剧场、音乐室等文化教育设施；

（4）从事防止灾害、防止公害、美化环境、医疗卫生、救济贫病等事务；

（5）维持城市公共秩序，维护居民的安全、健康与福利，管理本市户籍；

（6）保护文化财富，奖励发明、革新和储蓄，等等。

近年来，韩国城市微观社区管理模式也得到了较为明显的发展。韩国的社区叫"洞"，是城市区以下的一级机构。一般情况下，洞管辖的面积约有两平方公里，人口在3~4万人，管辖的住房有5000~7000幢。在韩国，以社区为中心的管理层级结构大致呈"市—区—洞—统—班"等5级管理体制。这里"市""区"级结构同中国的情况是相同的，"统"是"洞"的下一级，管辖200个左右家庭，"班"比"统"更下一级，管辖10个左右家庭。每个"洞"社区辖40个左右的"统"，共计400个左右的"班"。①

### （四）我国的城市管理模式及其优化方向

**1. 我国当前的城市管理模式及其成因**

长期以来，我国逐渐形成了一种"建管不分"、"以建代管"的城市管理模式。在这种体制下，城市建设部门与城市管理部门、城市管理部门与其他相关部门（如公安、工商、房地产、环保、卫生等）之间以及建设部门内部严重存在职能交叉、职责不清、关系不顺、管理弱化等问题。就市政管理职权结构和功能关系而言，当前国内城市管理组织模式主要有以下几种：

（1）建管合一模式。在这种模式下，城市管理职能与建设职能

---

① [韩]金度均：《韩中社区管理模式职能结构比较》，《社会科学报》1999年1月28日。

混合交叉并集中配置于同一个政府职能部门即建设委员会。其特点是：城市管理职能与城市建设职能合一，单位内部关系不顺；同时由于建设委员会的工作精力大多是放在"建设"上，因此"管理"弱化。

（2）多头分散模式。这种模式不设建设委员会，城市管理职能分别由几个独立平行的政府职能部门分散行使。如建设局管规划，市政管理局管市政，环卫管理局管环境卫生，园林管理局管园林绿化等。其特点是：城市管理职能过度分散，形不成"综合管理"的拳头；同时几个部门在经费分配、业务分工上也时有扯皮现象。

（3）综合协调模式。这种模式的城市管理职能主要是由一个非常设的城市管理机构即城市管理委员会行使。城市管理委员会由市长兼主任，有关分管副市长兼副主任，下设办公室，简称"城管办"，负责日常工作。其特点是：城市管理工作缺乏常规性。城管办不是政府职能部门，有的还是临时常设机构或事业单位，很难正常行使政府职能部门的职责。

（4）管理单一模式。这种模式不设"城管办"，只设市容环境卫生管理局，主管城市环境卫生工作。其特点是：把城市管理这个庞大的系统工程局限于市容环境卫生单方面。就职能配置而言，管理内容十分单薄。

（5）实体管理模式。这种模式仍以城市管理委员会为基础，但它将市政管理、园林管理、环境卫生管理等方面的职能划由"城管办"来行使。其特点是：管理内容具体、实在，但从体制上未能摆脱临时常设机构的束缚和影响。①

上述"多种模式并存"的现象，其实质问题是"建管不分，以建代管"。它的成因集中表现为以下几点：

第一，"重建轻管"的思想认识没有从根本上得到改变。人们虽然常讲"三分建设、七分管理"，但落实到具体工作和行动中，往往出现用建设职能代替管理职能、城市建设机构凌驾于或包容了城市管理机构（大建设小管理）、建设行为重于管理行为（喜欢抓看得见摸得着的事）的现象。

第二，城市管理职能配置不到位。主要表现是，现行城市管理范

---

① 袁兴龙：《建管分开——城市管理体制初探》，《城市问题》1994年第6期。

围和区间比较狭窄，管理内容单一分散，管理机构不规范、不健全。就管理范围而言，不少地方总认为城市管理的主要工作是市容卫生，其他如规划管理、市政管理、园林管理等都是建设部门的事。即使有城市管理机构，其职能配置也不到位。

第三，交叉重复职能未划割。职能交叉重复是政府部门之间关系不顺、城市管理体制发育不良的重要原因。结果，工作中存在诸多"扯皮打架"现象，从而严重影响和限制了城市管理职能的发挥。

第四，城市管理机构设置不规范。就全国而言，城市管理体制的模式多种多样，机构设置不规范、不统一。城市管理机构有一级局，也有二级局；有建设部门代管，也有几个平行机构分管；有非常设机构统管，也有政府序列职能部门具体管。职能职责虚实不一，难以操作。

第五，管理职能弱化，建设职能也受影响，"建管不分"是影响建立科学合理的城市管理体制的关键性因素。在"建管不分"的城市管理模式中，建管主体既是建设者又是管理者，既是"运动员"又是"裁判员"。这种体制缺乏约束与被约束、监督与被监督机制，既影响建设职能的正常发挥，又影响管理职能的正常行使。

**2. 我国城市管理模式的优化方向**

根据我国城市现代化的发展目标，借鉴其他国家的先进管理经验，我们认为当前应加大改革力度，引进科学方法，在以下方面实现管理模式的不断优化，从而有效克服旧管理模式中的先天不足，推进城市的健康发展。

（1）建管整合，既重视城市的建设和美化，又注重对城市各个方面的管理工作。这与过去只注重建设而轻视甚至忽视管理的城市发展理念大相径庭。在注重城市建设的同时如果不将管理工作做好，往往会导致发展之后的城市反而比没有发展前更加不利于人们生活和居住。事实上，只有管理跟上去，城市建设的成果才能真正发挥效用。建设与管理的整合，要强调以下的内涵：综合性与系统性、人性化思想、可持续发展、实用与可计量、世界性与时代性等。

（2）将城市管理融入到城市规划与城市建设中。现代城市管理者越来越意识到，规划过程、建设过程本身就需要进行严格的管理。比如，加强城市规划、对施工影响市容问题的管理等，都是城市管理融入城市建设的表现。除此之外，管理融入的另一重要方面体现在，在城市规划以及建设过程中要充分考虑城市管理的若干问题,这将给建设之后的城市管理带来许多便利之处。现代城市管理预介的趋势,要求事先充分考虑管理上的"方便"及"易于管理"的问题。

(3) 加快推进并坚决实行政企分开,使城市政府能集中精力履行其应负的管理责职。政企职责分开的推进,必然是以经济手段为主的间接管理取代以行政手段为主的直接管理。这种间接管理的特征是用调整经济参数的办法去影响市场,调整社会发展并实现间接影响企业生产经营行为,使之符合国家计划,实现社会整体效益与企业效益的统一、短期利益与长远利益的统一。

政企分开以后,城市政府应集中精力制定城市发展的总体规划,并据此制定各个时期城市经济和社会发展的战略、计划、方针和政策;加强城市的建设和管理,加强各种公用设施的建设,进行环境的综合治理;用经济手段和其他手段促进企业的专业化协作、改组联合、技术改造和经营管理现代化,指导和促进商品和信息的流通;搞好文教、卫生、社会福利事业和各项服务事业,促进精神文明建设和创造良好的社会风气,搞好社会治安等,从而促成我国城市管理模式真正从"经济主导型"向"社会主导型"的转化。

(4) 建立市、区联动的城市管理机制。城市管理的最大特点在于市、区、街道工作的联动性、整体性。实行联动机制,有利于解决条块之间的矛盾。城区虽然是一级政府,但它和郊区以及县(市)一级政府有着本质的差异。在城市建设上,城市政府要放权给城区,并逐步推进建设业务的社会化、企业化进程。但在管理上,必须实行市区联动管理机制,管理业务和人财物走条条管理的路子。

就城市管理业务而言,规划审批,违章建筑管理,道路、路灯、下水道维护,垃圾清运处理,行道树和园林管理等等,应由城市政府统一负责。特别是城市规划,其审批管理权只能上收不能下放,过去已下放的应再收上来。通过采取有力措施,加强和完善城市规划部门,加强对规划、建设和管理部门的协调,以切实保证城市有序化管理模式的确立。

(5) 精简城市管理机构,减少管理层次,建立管理通道机制,实现市民公众参与管理,提高城区管理机构的工作效率和社会化程度。当前城市管理模式的优化中应该一方面促进机构改革,一方面促进民主决策。精简城市管理机构首先要做到各机构之间分工要合理、明确,划清职权;其次要简化层次,尽量减少中间环节,保证信息畅通,指挥灵便;第三要适当调节机构的管理幅度。

在精简管理机构的同时,着力提高城市公民素质,动员人民群众的积极参与,这也是我国现代城市管理模式优化更新的重要基础和标志。要倡导全体市民牢固树立现代城市观念和社区意识,提高市民参与社区管理的自觉性,把政府的强制性变为市民的自觉性。同时,要通过一定的途径和机制建立增进市民在城市规划、建设、管理上的知情权、参与权和管理权,广泛吸引人民参与现代城市管理。在此基础上,城市管理模式的社会化、民主化转型,将成为新世纪我国城市现代化发展的深层动力和广泛基础。

(6)引入现代企业管理的有效经验和做法。在城市管理中引入企业先进的管理工具,已成为国内外很多城市的共识。为了应对日益复杂的城市社会经济变化,城市政府可以积极借鉴学习现代企业包括私营部门的一些成功做法,努力改进自身的服务质量和服务效率,把服务对象对政府部门及其所采取的政策措施好坏的评价,作为评定政府工作质量的重要标准,力求用越来越少的资源提供越来越多的公共服务,努力构建服务型的城市管理,促使城市管理的质量不断提高。

## 三、当代我国城市管理模式的变革尝试

### (一)城市大部制改革

大部门体制改革的内涵取向一般而言,大部门体制也简称为大部制,它是指在政府的部门设置中,将那些职能相近、业务范围雷同的事项,相对集中,由一个部门统一进行管理,最大限度地避免政府职能交叉、政出多门、多头管理,从而达到提高行政效率、降低行政成本的目标。① 大部制是国外市场化程度比较高的国家普遍实行的一种政府管理模式,以英、美、法、日为代表,并在公共管理变革中有了新的发展。中国共产党的十七大报告提出"大部制"改革的思路,是对我国行政管理体制改革在新的历史条件下适应市场经济发展的一个新举措。

---

① 汪孝宗:《行政审批改革:离"大部门体制"有多远》,《中国经济周刊》2007年第47期。

从形式上看,"大部门制"主要动向是合并和调整政府机构,主要表现为部级单位的合并和人员的缩减。但从更深层意义上理解,大部门机制不是孤立的、单纯的裁撤合并机构、精简人员和整合职能,也不等于"小政府"。它是社会大转型中政府保障服务性功能突出、行政色彩淡化的必然选择;是根源于我国市场经济改革、民主政治发展以及社会转型的客观要求;是服务于完善社会主义市场经济体制、发展社会主义民主政治和构建社会主义和谐社会的伟大战略,最终落实于以人为本和科学发展的施政理念。这一转变意味着,城市政府职能将以提供公共产品和公共服务为己任,意味着城市政府官员行政理念和行为的根本转型,更意味着公众对城市政府决策的参与和监督。

1. 我国城市实行大部制的障碍

(1) 政府整体职能定位的落后。改革开放以来,我国先后进行的5次机构改革未从根本上解决现有行政机构设置的弊病,目前我国城市的行政体制改革,城市政府整体职能定位落后,主要表现在:

首先,政府职能转变不够彻底,职能范围不清,使得越位、缺位、不到位的情况仍然存在。政府过多地参与私人产品的生产和提供,直接干预微观经济活动的现象还较多,政企不分、政资不分。而迫切需要政府提供的公共服务、公共产品方面存在明显的缺位。

其次,政府机构职能划分不合理,导致多头管理、职责交叉、相互扯皮、效率低下的状况依然存在。机构设置缺乏统一原则,使得机构并立,职能重叠;缺乏统一的机构集中管理,造成职能分割、多家分管、机构膨胀。同时,政府部门职能分工权责脱节问题比较突出,权责配置不合理,有权无责、有责无权、权责不匹配,过于集中与过于分散并存。[①] 降低了行政效率。

(2) 政府职能部门的利益化导致部门职能的条块化,这是阻碍大部制建设的核心问题。它主要表现在3个方面:

首先是政府部门的利益化。以部门为主导的公共政策的制定过程,使部门利益已经凌驾于公共利益之上,从而导致公共政策的扭曲,造成了政府部门权力化、权利利益化、利益法制化的不良倾向,危害社会的公共利益。

---

① 李军鹏:《新时期推进政府职能转变与机构改革的新思路》,《行政论坛》2007年第5期。

其次是政府外在监督的形式化。我国的人民代表大会在行使监督权方面还存在流于形式、程序性的监督多,实质性的监督少和监督滞后等问题,对于不服从监督的,无法追究责任,导致监督缺乏可操作性,影响了监督效果。

再次是公民政治参与的虚无化。我国公民参与政治状况虽有所改善,但仍有很多问题,公民参与方式不够多元化,参与程度不深,质量不高,参与结果的低效,会打击公民参与的积极性,从而造成政治冷漠。

以上三者导致了部门利益超越了政府职能,政府利益高于公民权益。而大部门机制的核心就是要约束部门、约束政府,进而维护全社会的利益,效能和监督的整合才是大部门机制建设的关键。

(3) 社会自我管理机制的严重滞后。社会自我管理机制的健全和完善是建设大部门体制的充分条件,但我国长期大而全的政府管理模式导致这一要件缺失。一个发达的社会自我管理机制,应该为建设大部门体制做好准备。但是,很显然,当前我国政府长期以来都在扮演着无所不能的全能政府角色。这导致我国社会自我管理机制发展的滞后,也日益暴露出原有体制的缺陷:

首先,社会管理体系中组织机构不完善,社会矛盾的调节乏力。民主法治体系的发展不能适应市场经济的客观要求,社会管理体制的建设较为缓慢;管理监督不力,导致不公平竞争和违法现象增多,影响社会的稳定。

其次,社会组织全面依附于政府,使得基层社会组织的自我发展的动力低下。在集权的垂直控制条件下,基层社会组织缺乏独立的意志和目标,对政府负责;政府提供各种资源,组织内部的利益分配关系也由政府来确定。这样,基层社会组织丧失了相对独立性以及谋求自身利益发展的动力和根据环境自我调整、更新的能力,从而影响整体社会的进步。

**2. 我国城市推进大部制的路径**

我国城市实行大部门体制建设的发展方向:

(1) 转变政府职能,提高政府效能,全面推行政治体制改革。

首先,要按照权责一致的原则,进一步理顺部门职责关系,明确界定部门的职能分工,并根据责任赋予相应的权利,克服职能交叉、权责脱节的弊端。通过重新定位政府的职能,缩小政府行政范围,把政府不该管也管不了、管不好的事交给市场。转变政府的管理方式，实现微观管理向宏观调控的转变。

其次，继续规范行政审批制度，优化公共服务，弱化经济干预，强化社会管理，严格依法行政，最终使政府从全职全能转变为有限责任，从权威命令转变为科学决策，从人治管理转变为依法行政，从传统部门利益型政府转变为现代公共服务型政府。

再次，大部门机制中政府机构的设置，尤其是部的设置，要根据行政活动的效能性和协调性，坚持整体规划、统一部署、协调行动、试点先行的原则，在中央的统一领导下，在一些利益联系不太紧密、改革阻力相对较小的部门进行改革试点，然后总结经验，进而全面推进改革。目前各专家学者呼声最高的是包括农林牧副渔五业和农田水利等综合管理的"大农业"模式，以及整合民航、公路交通、铁路运输、航运以及管道运输五项管理职能，形成统一管理的"大交通"模式。

（2）实行决策、执行、监督职能的适当分离，完善公共治理结构。从宏观来看，大部门体制将依据中央"经济调控、市场监管、公共服务和社会管理"的政府职能和决策、执行、监督适度分离又相互协调的要求进行改革，构建由决策部门、执行部门、监督部门三大类部门组成的政府组织机构的总体框架。为此，从我国的国情出发，国务院所属机构可考虑进一步整合，拓宽主要部委的职能，完善外部监督机制，逐步向大部制过渡。例如向大交通、大文化、大农业过渡。我国许多直属机构和具有公共职能的直属事业单位，如安全、质量、食品、药品监督等，可参考美国等建立政府独立管制机构，这类机构虽不作为政府组成部门，但拥有相当独立的规制权、管理权以及行政裁决权，以凸显其专业性和独立性。

推行大部制主要是集中和综合决策，提高决策的科学性和有效性，对"三权"进行理清并使其相互制约，形成良好的权力制衡与监督的运行机制，建立决策、执行、监督分开的行政管理体制，确保决策科学、执行有力、监督有效，完善公共治理结构。当然大部制在集中一些行政职能的时候，也要防止出现权力的膨胀和监督的空位。

（3）健全和完善社会自我管理机制，建立有效的政府监督体系。建立社会协调机制是形成社会管理新格局、有效整合各种社会力量、保持社会安定有序的重要的制度化手段，也是建设大部门机制的充分条件。

从宏观角度来看，要建立新的社会管理体制格局，改变组织建设重垂直管理轻横向协调的做法，充分发挥社区、地方政府、行业协会的整合功能，建立多层次、多纽带的整合机制，健全完善城乡基层群众自治组织，大力培育发展公益服务、行业管理、经济协作类社团组织，大力发展中间组织在基层组织、公众和中央政府之间形成良性互动。① 同时有效调节社会不同方面利益关系，建立适应社会变革的利益协调模式，最大限度地发挥利益刺激产生发展动力的作用。②

### （二）由"市管县"模式到"省管县"模式

#### 1."市管县"模式的产生及其衍生的弊端

所谓"市管县"，又称"市领导县"，是指"以经济比较发达的中心地级市作为一级政权来管辖周边的一部分县、县级市的模式"。它以经济发达的城市为核心，依据行政权力关系，带动周围县域共同发展，形成城乡一体的区域整体。这种管理模式的形成，是出于我国城市带动农村经济发展的需要，是我国城乡经济一体化历史进程中的产物，是改革开放以来我国地方政府的一种管理方式。它的出台，具有相当的历史合理性，其初衷是充分发挥中心城市的作用，以城市带动农村，促进城市和农村的协调发展。从这一模式的实施效果来看，中心城市带动了周边县域经济的迅速发展，同时还缓解了省级政府管理幅度过大的问题，适应了我国改革开放初期的发展需要。③

1978年党的十一届三中全会后，随着改革开放和商品经济的发展，尤其是1982年后，党中央、国务院充分肯定了辽宁省在经济发达地区实行"市管县"体制的经验，发出《关于改革地区体制和实行市管县的通知》，并批准江苏全省实行"市管县"体制，全国各省、自治区都扩大了试点，从而出现了"市管县"的高潮。随后中央又发出《关于地市州党政机关机构改革若干问题的通知》，要求"积极试行地、市合并"，并把此作为1983年地方政府改革的一项重

---

① 曹嘉懿：《培育发展社会自我管理机制》，《现代领导》2006年第11期。
② 张蕾、陈桂生：《大部门制视角下的行政体制改革》，《辽宁行政学院学报》2009年第6期。
③ 杨连俊：《对"市管县"模式的反思》，《城乡建设》2009年第3期。

要内容。从此,"市管县"体制开始在全国范围内推行。① 到2004年底,全国332个地级行政区划单位中,已经有269个"市管县"体制下的地级市,"市管县"体制下的地级市所领导的县占全国总数的80%以上。②

尽管"市管县"模式有其积极作用,但随着我国政治、经济体制改革和市场经济体制的确立并不断完善,"市管县"模式已逐渐偏离其改革初期设想的长远目标,局限性越来越凸显,其弊端也是显而易见的。

(1)"市管县"模式缺乏法律依据,造成了城市虚化。《中华人民共和国宪法》第30条明确规定,我国行政区划划分为省(自治区、直辖市)—县(市)—乡(镇)三级。因此,依法只能是市带县、市领导县,而不是市管县。同时,宪法第30条第二款又变通规定了"直辖市和较大的市分为区、县,自治州分为县、自治县、市"。实行"市管县"体制的法律依据,大都来源于此。但究竟什么是"较大的市"呢?国务院已经批准青岛、齐齐哈尔、徐州等19个市为"较大的市",加上自然成为"较大的市"的28个省会城市,较大的市共计47个。③ 因此,只有47个"较大的市"和4个直辖市依据宪法可以实行"市管县"体制。由于混淆了"地级市"与"较大的市"的概念,实行"市管县"体制的地级市竟多达269个,并成为实际上的一级行政区化,这显然与宪法的规定相违背。

(2)"市管县"模式增加了层次,加大了行政管理成本,降低了效率。实行"市管县"体制,省县之间的层次由虚变实,行政层次变成中央—省—市—县—乡(镇)五级。为了加强对县乡的管理,地级市就必须配置专门的管理人员和管理部门,这样无形中增加了管理成本。大量的研究成果证实,行政组织每多出一个层次,信息的失真率就会成倍增加。从科学管理角度而言,信息传递的中间环节要尽可能减少,以缩短决策层和实施层的行政距离,便于上下沟通,提高工作效率。"市管县"体制人为地制造出一个中间层级,凡是县与省

---

① 王雅莉:《市政管理学》,中国财政经济出版社2002年版。
② 陈国权:《论县级政府行政改革的战略选择》,《公共管理学报》2006年第4期。
③ 孙学玉:《强县扩权与市管县体制改革的必要性分析》,《中国行政管理》2006年第5期。

之间需要上情下达或下情上达的问题，无论是政策性的还是业务性的，本来可以直接沟通，但现在却不得不经由市一级层次，与省管县时相比，信息传递增加了一套程序，影响了信息传递速度，降低了行政效率。

(3) 职能定位不清，地级市侵犯县级的各种权益，束缚了县域经济的发展。省级政府基本以宏观管理为主，多制定政策，县级政府以微观管理为主，多执行政策。地级市既不是宏观管理也不是微观管理，其职能就是两头各拉一点，即从省里下放一点，从县里上收一点。县级政府长期以来一直是拥有较高自治能力的组织，而地级市这一层次管理一旦由虚到实，便使不少县级政府的权限上收，影响和干扰了县级政府发挥其自治权能。由于市县财政体制的相对独立，市县成了两个相对独立的发展主体，在市场经济背景下，市县在经济发展中必然是竞争多于合作。其结果往往是县（县级市）被统得过死，缺乏应有活力。

(4) 实行城乡合治，违背国际惯例。随着"市管县"模式的推行和深入，我国城乡关系已由过去的城乡联盟发展到城市领导乡村，基本实现了城乡合治的地方行政管理模式。但是，由城乡合治走向城乡分治，由城乡合一走向城市自治、农村自治，是许多国家城乡治理的成功经验，也是世界行政史揭示的一个客观规律。全面推广市管县，将会使已经实行近百年的城乡分治重新回到城乡合治的老路上去，违背城乡分治的发展规律。

### 2. 从"市管县"走向"省管县"模式

针对"市管县"体制的弊端，许多地区都进行了一些针对"市管县"体制改革的有益探索，其中以浙江和湖北两省的改革最富成效。浙江省可以说是最先实行"省管县"体制改革的省份之一，2002年8月17日，浙江省委办公厅下发"浙委办 [2002] 40号"文件，将313项审批权下放给绍兴、温岭等20个县（市、区）。这份文件后来被浙江省有关部门简称为"40号文件"。浙江省把地区一级的经济管理权限直接下放给包括绍兴县在内的20个县（市、区），经济上近似"省管县"，涵盖了计划、经贸、国土资源、交通、建设等12大类扩权事项，几乎囊括省市两级政府经济管理权限的所有方面，这种"直管"还扩展到社会管理职能，如出入境管理、户籍管理、车辆管理等，重点是县财政直接对省负责。文件里用4个字表述扩权的总体原则——"能放都放"。这种改革模式成效是显著的,使全省县域经济得到快速发展,成为全国的排头兵。在第四届全国县域经济基本竞争力评价中,浙江省有 27 个县(市)进入全国经济百强县(市)行列,居全国 31 个省市区(台湾、香港、澳门除外)之首。①

湖北省自 2003 年 6 月起,决定对大冶、汉川、宜都、京山、恩施等 20 个县市"扩权",以前由市州一级掌握的大部分经济管理权限和社会管理权限下放,近似于"省管县"。从 2004 年 1 月起改革现行省管市、市管县(市)的财政体制,在全省实行省管县(市)财政管理体制。这项改革内容涉及 6 个方面:预算管理体制、转移支付及专项资金补贴、财政结算、资金报解及调度、债务偿还等。湖北省这种以财权下放为主的模式,是一种非常有益的尝试,同样取得了很大的成效。

总之,从"市管县"模式走向"省管县"模式,是一个渐进的过程,需要理性务实的分析,乃至对关键部位有周全考虑。这种体制上的大手术,牵涉到数以万计的干部,将严峻考验地级市及官员的承受度,而如何妥善处理省管县改革中的利弊关系,将考验各个省级政府、乃至中央政府的智慧。②

## 第五节 现代城市管理的发展趋势

### 一、城市管理人性化

所谓城市管理柔性化,是指从传统管理发展到文化管理,建立和实现管理的人本化。③ 传统管理以技术、生产等物的管理为中心,以行政命令、制度约束为主导管理手段,非人性化的管理变得越来越突出。从 20 世纪 80 年代开始,城市管理开始向人性化发展,即由传统

---

① 蒋荣、杨华丽:《中国省县直辖与市制创新改革方向探索》,《中共浙江省委党校学报》2006 年第 3 期。
② 朱广荣、周详、牛玉银:《关于"市管县"体制改革的构想》,《中州大学学报》2009 年第 2 期。
③ 朱铁臻:《现代城镇管理的原则和发展趋势》,《现代经济探讨》2005 年第 1 期。

管理进入文化管理阶段,以文明手段促进城市文明发展。

文化管理把人看作自我实现人和观念人,以自我控制、自查自律为管理的主要手段,将理性管理和非理性管理相结合,是一种具有人情味的管理、柔性化的管理。它是依靠思想文化的灌输、价值观的认同、感情的互动和良好风气的熏陶,是一种文化治理。这种管理纠正了传统管理见物不见人的偏向,适应了城市居民需要层次的提高、脑力劳动比重加大、知识经济兴起、第三产业的发展、经济全球化等时代变迁,从而实现了高效率与高士气的良性循环。城市管理人性化的另一个重要表现是从以人、财、物等"硬件"为重点的管理,转向以知识和学习等"软件"为重点的管理知识;激励敬业精神和创新精神,建设创新型城市成为现代城市管理的重要任务和目标。

## 二、城市管理数字化

现代城市面临着越来越多的经济社会事务、复杂纷繁的各类问题以及瞬息万变的大量信息,现代城市管理要求管理者、决策者更多的是相信数据,运用数字化管理,而不是凭主观臆断。如果城市管理仍按常规的办法处理,显然不能适应发展的需要。因此,现代城市管理必须充分利用现代信息技术,逐步走向数字化、信息化。用信息化提升城市现代化,是当今城市管理的重要命题。

城市管理信息化包括城市管理主体的信息化和城市管理物质对象的数字化。前者是指城市政府等管理主体广泛采用计算机技术、网络技术、现代通信技术建立起城市电子政务系统和城市应急联动系统。后者是指在城市管理活动中,将城市管理对象的地域特征、形象特征、属性特征等数字化并将这些数字化的特征采用计算机、网络等信息技术手段,进行存储、传输、整合、分析最终以文字、音像、图形等形式输出,作为城市管理的技术依据,以维护和拓展城市综合功能的过程。[①]

## 三、城市管理民主化

城市管理民主化,就本质而言是民主政治在城市公共管理中的实

---

① 《数字化城市管理各试点进展情况》,《中国建设信息》2007年第3期。

现。它以政府权力机关的民主为主导。随着社会转型,政府也要转型,从权力政府向责任政府、民主政府转型,从管理型政府向规范化服务型政府转型。政府建设与改革是加强现代城市管理的前提,没有政府建设与改革,就没有政府效率的提高,也谈不上城市管理的民主化。一个对外完全封闭的系统,外界无法参与,也无法对其实施民主监督,市民的民主权利也就无法得到保障。

因此,城市管理的民主化要求增加管理的开放度、政策的透明度,通过加强公众参与的制度建设,完善公众全程参与城市治理的机制。一方面是以国家整体上的民主政治来促进城市管理的民主化发展;另一方面,要加强城市管理自身的民主建设,构建城市政府、非政府组织和公民平等、合作、协商的伙伴关系。①

### 四、城市管理精细化

随着经济社会的飞速发展和人民生活水平的提高,人们对创造优美生活环境的需求越来越高。原来粗放型的城市管理模式已经不能适应现代化城市的需求。只有精细管理,才有精致的公共空间、精致的城市,出现的问题能够及时解决,市民才能满意。现代信息技术的运用,使得城市管理的精细化成为可能。

所谓城市管理的精细化,是指变粗放低效管理为精准高效管理;变突运动式管理为经常性、可持续性、深入到每个角落细节的管理;变管理主体的分散、职责的交叉扯皮为上下左右无缝拼接。精细化管理的结果是政府城管部门的处置能力从低效、迟钝变为高效、敏捷。②

## 第六节 现代城市管理应注意的问题

### 一、正确处理人性关怀与严格执法的关系

现代城市管理要求管理者确立"以人为本"的基本理念,一切

---

① 朱铁臻:《现代城镇管理的原则和发展趋势》,《现代经济探讨》2005年第1期。
② 仇保兴:《加强和改善城市管理的任务尤为紧迫而艰巨》,《城乡建设》2007年第3期。

以人民群众的福祉为依归。这并不意味着用人本管理取代制度管理和法律法规。只有把人本管理和制度管理有机结合起来，刚柔相济，疏堵结合，才能做好城市管理工作。

目前，我国城市管理中存在的一个突出问题就是粗暴执法、野蛮执法，甚至暴力执法。不但遭到公众的强烈批评，而且已成为与构建和谐社会格格不入的一个"顽疾"。城管人员不文明执法行为给社会造成的负面影响十分严重：一方面它损害了党和政府的形象和威信，破坏了政府和百姓的血肉联系；另一方面也加剧了社会矛盾，造成社会关系的进一步失衡，影响我国社会主义和谐社会的构建。例如，城市中流动商贩的管理问题，夜市、摊贩的从业者大部分都是弱势群体，不让他们从业，等于剥夺了他们的生存权。一味用堵的办法，不但解决不了问题，而且也影响城管人员的士气。

许多城市的经验是疏堵结合，重点在"疏"上下功夫，将小商小贩经营准入门槛放得很低，通过开辟规范经营的场所并加以严格规范管理，让"游击队"变成"正规军"，不但解决了群众的就业问题，而且发展了服务产业，方便了市民生活，增加了财政收入，达到了巩固成效、破除顽疾的目的。

## 二、正确处理讲求效率与注重公平的关系

效率是衡量城市管理水平的标志之一，效率的提高不仅能够加快物流、信息流、资金流、人流的有序运动，而且可以从根本上促进城市经济增长方式的转变，提高经济效益和社会效益。公平是判断城市管理社会效果的衡量指标，主要指同一管理措施对同类管理对象的公平性和管理者与被管理者的平等性。

现代城市管理一方面要讲求效率，另一方面要强调在城市管理面前人人平等。行政执法不能"欺软怕硬"，不能看背景、看后台，不能只管民、不管官，保证行政执法过程做到公平和公正。城市管理只有具备公平性，才能形成权威性。城市管理，讲求效率与注重公平是相辅相成、互相促进的。

## 三、正确处理经济发展与生态平衡的关系

城市管理是以城市基础设施和公共资源为主要对象，以发挥城市

经济、社会、环境整体效益为特征的综合管理。各国城市现代化进程中面临的共同问题是：对从生态平衡角度发展经济，进行城市建设和管理重视不够，造成城市水源干涸、能源短缺、交通拥挤、失业率高、环境污染等严重的自然和社会问题。解决好生态环境、社会环境与城市发展之间的矛盾，探索环境改善与城市发展协调之路，是城市管理工作的重点和难点。

因此，现代城市管理必须格外关注人口、资源和环境的协调发展问题，将合理利用资源作为城市管理主体自觉的价值取向和重要原则，加倍重视防治污染，推进循环经济发展，完善废物处理，限制滥用国土资源，节水、节地、节能，做到资源、环境、人口相平衡，实现资源的永续利用和人类的世代发展。

### 四、正确处理城市繁荣与城市安全的关系

公共安全，是人民群众安居乐业的基本保障。城市化进程既是积聚财富的过程，也是积聚风险的过程。城市经济高速发展带来的人口膨胀，在住房、教育、生活等方面出现的两极分化，都有可能引发城市公共安全问题。城市规模越大，功能越复杂，潜在的危机也就越容易诱发。近年来，每年各类人为事故使直接受到伤害和影响的人群数以百万计，造成了巨大的生命和财产损失。

安全问题，不能被城市繁华所淹没，现代城市管理必须解决好城市的安全问题。要把城市安全提到国家安全的战略高度来认识和应对，自觉以科学发展观规范城市发展与安全管理。① 重点加强建立覆盖城市各部门、各行业、各单位的应急预案体系，应急管理机构和应急救援队伍建设；建设好突发公共事件预警预报信息系统和专业化、社会化相结合的应急管理保障体系等。

## 第七节 城市管理学的学科定位②

在我国，城市管理学是一门年轻的正在成长发育中的学科。鉴于

---

① 任胜利：《让城市更繁华也更安全》，《人民日报》2008年1月15日。
② 任致远：《关于城市科学学科内容的思索》，《城市发展研究》2005年第1期。

自然科学和社会科学发展到今天，关于城市、城市发展、城市管理的研究成果林林总总，千头万绪，纵横交错，十分丰富，我们应当如何在这些纷繁庞杂的学术研究产品中来对城市管理学学科进行认识和定位呢？这是一个首先必须考虑的问题。

## 一、学科任务

城市管理学是在揭示城市本质、成因、机理、生存条件、系统运转、内在发展规律、外在表现特征的基础上，以对城市管理的各个方面进行系统研究为主要任务的科学学科。

它必然涉及国家和地区国计民生的发展需要，目的是阐明城市管理在国民经济和社会发展中的地位与作用；它必然涉及城市自然、历史、经济、政治、社会、文化、科技等各个方面的管理，并研究这些管理之间的内在关系，以使城市管理更具系统性；它必然涉及城市巨大系统的构成要素和运转方式，目的是要透视维系其能够健康发展的脉络、中枢神经和支撑条件，以使城市管理的措施更具根本性；它必然涉及城市的规划、建设、管理和经营，目的在于揭示城市成长发展的客观规律和发展目标，为城市的科学规划、建设、管理和经营提供理论依据与发展战略。

城市管理学科的研究成果，必然有助于对城市发展建设的科学预见和正确决策，有助于城市全面、协调、可持续地健康发展。

## 二、学科对象

城市管理学的研究对象，不仅包括各种性质、类型、规模的个体城市管理，也包括组合城市、城市圈和群体城市以及各个层次城镇体系的管理。当然，研究城市管理学，不能只见城而不见人，而必须是以人为本，理应研究人类生存和发展对城市的存在、发展和管理所起的能动作用和影响效果。

## 三、学科定位

时至今日，关于城市和城市发展的学科研究门类已经很多，如城市地理学、城市经济学、城市社会学、城市历史学、城市人口学、建筑学以及城市规划、城市建设、城市园林绿化、城市生态、城市环境保护、城市勘测、城市交通、城市房地产、城市灾害、数字城市等学科，绝大多数学科经过长期的日积月累，已是任务明确、定位明确、对象明确、自成系统、相对独立。

城市管理学，不是对城市和城市管理某一组成要素或某一方面的专门研究，它不能陷入已有的某一学科的巢臼，也不是某些学科内容的叠加或混合，更不是大杂烩的研究成果拼盘，它应该是专门研究涉及城市的各有关方面和整个系统的管理的学科，应当是一个交叉学科，一个多学科、多视点、多角度、多元化地对城市管理健康运行进行理论联系实际地深入研究探索的学科，一个综合性、战略性、前瞻性、理论性很强的学科，一个既与研究城市的各项学科有千丝万缕的联系而又相对独立、具有非常重要地位的新兴学科。

### 四、学科性质

依照对城市管理学学科的任务、学科对象、学科定位等来观察，它既有自然科学的属性，又具有社会科学的属性，更具有自然和人文的综合属性。如果从科学的功能类别来分析，城市管理学既是基础性科学，又是应用性科学，更是决策性科学。因此，可以把城市管理学的属性概括为是一门关于城市和城市管理的理论联系实际的基础性的决策科学。

实践说明，加强对城市管理客观规律的研究是非常重要的，它能使决策者减少主观性、盲目性和瞎领导，接近和符合客观规律进行决策和办事，从而能够尽快地促进城市的健康发展。这就证明了必须加强城市管理科学研究的必要性和重要性，建立城市管理学科，对城市发展建设的能否正确决策是至关重要的理论武器和准绳。

## 第八节　城市管理学的研究方法

城市管理学的研究方法是指，与城市管理学的学科特点和研究对象紧密相联的研究方法。主要包括管理哲学分析方法、博弈论分析方法、计量经济学分析方法、成本收益分析方法、结构主义的分析方法和系统动力学分析方法、城市管理思想史与制度史分析方法等。

## 一、管理哲学分析方法

管理哲学的分析方法主要是移植哲学方法中的价值分析法,其运用价值判断来评价城市管理活动,以社会对城市管理的需求为出发点,研究城市管理怎样满足人的需要,探索城市管理的价值。

## 二、博弈论分析方法

博弈论分析方法就是运用博弈论来研究城市管理学问题的一种方法。博弈论是指城市管理中的个人或组织,面对一定的环境条件,在一定的规则约束下,依靠所掌握的信息,从各自选择的行为或是策略进行选择并加以实施,并从各自取得相应结果或收益的过程。

## 三、计量经济学分析方法

计量经济学分析方法是指,以反映城市管理客观事实的统计数据为依据,来归纳各种管理变量间可能的数量关系的一种分析方法。在城市管理学的研究中,运用计量经济学分析方法的基本思路是,以管理主体的内部结构和管理行为为一方,以管理绩效为另一方,然后再找出它们之间的对应关系。

## 四、成本收益分析方法

成本收益分析方法是指,通过比较城市管理的投入成本和产出效益来评估公共管理价值,以寻求在管理决策上以最小的成本获得最大的收益的一种方法。

## 五、结构主义分析方法和系统动力学分析方法

结构主义分析方法认为,在城市管理学研究中应强调城市各管理主体间的关系结构及主体内各要素相互作用的关系结构,并以此为基础研究管理主体的整体行为。

系统动力学方法通过分析城市管理系统内部各变量之间的反馈结构关系,来研究系统行为。

## 六、管理心理学分析方法

管理心理学的分析方法侧重于探讨城市管理的主客体在何种心理状态下,受哪些心理因素的影响而实施特定的管理行为或接受特定的管理;探讨在整个管理过程中的心理活动机制和转化规律,以及管理行为着手前的种种心理及其带来的行为后果等。

## 七、城市管理思想史、制度史分析方法

城市管理思想史、制度史的研究方法就是通过对城市管理的思想与制度发展轨迹进行考察,从中发现和总结城市管理现象的基本规律,使城市管理的理论建筑在历史的考察基础之上。

城市管理思想史和制度史的研究方法对吸取公共管理学科发展的经验、成就,总结失误与教训,进一步挖掘城市管理学的学术沉积,认识城市管理现象背后的根本规律具有非常重要的意义。

# 第二部分 城市管理学分论

## 第三章 城市规划管理

### 第一节 城市规划管理的基本问题

#### 一、城市规划管理的内涵

城市规划是一定时期内城市发展的目标和计划,是城市建设的综合部署,也是城市建设的管理依据。城市规划的目的是在全面研究区域经济发展的基础上,根据城市的历史和自然条件,确定城市的性质和规模及各部分的组成,合理选择这些组成部分的用地,加以全面组织和合理安排,使之各得其所、互相配合,为生产生活创造良好环境。①

城市规划管理是城市管理的一种类型,具体是指城市政府依据相关法规对城市规划实施的管理,尽管城市规划实施管理的内容较为广泛,但其核心和关键是进行开发管制。就城市规划所要达到的基本目标而言,规划管理的内容包括:土地使用的规划管理、建筑或工程建设的规划管理、建筑物或工程物使用的规划管理。它实质上是对城市中各项建设项目的组织、指导和控制、协调的过程。②

---

① 温建霞:《加强城市规划管理的几点思考》,《社科纵横》2008 年第 12 期。
② 肖建莉:《纳入城市规划管理的城市文化遗产管理》,《城市规划学刊》2008 年第 1 期。

## 二、城市规划管理的性质

（1）城市规划管理是政府职能。1980年国务院在批转《全国城市规划工作会议纪要》中指出："城市市长的主要职责是把城市规划、建设、管理好。"城市规划及其规划管理是城市政府意志的体现。城市规划行政主管部门是城市行政职能的管理部门，因此，城市规划管理是政府职能，它是代表政府来行使权力的。

（2）城市规划管理是一种手段。城市规划管理是通过一定的手段把城市规划目标、设想与当前建设活动结合起来，使其落实到地面上成为具体化。由此可见，它是保证城市规划实施的重要手段。如果没有城市规划管理工作，城市规划得再合理、再科学、再切合实际，也不会顺利地实现。

（3）城市规划管理是管理活动。城市规划管理是通过一系列的管理活动来实现的，包括建设项目的选址、定点、总图审查、核发建设用地规划许可证，以及建设项目的申请、方案审查、核发建设工程规划许可证、放线验线、竣工验收，还有违章占地和违章建设的查处等，要经过多层次的把关，办理一系列手续，因此说，它是一项综合性很强的社会实践的管理活动。

（4）城市规划管理是一门科学。城市规划是一门科学，城市规划管理同样是一门科学，而且是既包含软科学，又包含硬科学在内的一门综合性的科学。这一工作，不是随便什么人都能胜任的，它有很强的知识性、政策性、原则性。

## 三、城市规划管理的职能

（1）协调。深入了解各部门、行业、单位的基本情况、要求和发展前景，综合考虑、协调各方面的关系，统筹安排各项当前建设。包括调节各种矛盾和解决各种有关的问题，调动群众支持，参与城市规划管理的积极性，保证城市规划实施。

（2）控制。采用行政的、法制的、经济的方式对各种城市建设项目进行直接和间接的制约，如控制大城市人口规模、支持小城市发展、保护文物古迹和优美环境，使城市建设有计划、按比例进行，并留有发展余地等，发展有利条件，限制不利因素，避免损失和浪费，使城市发展建设遵循健康的轨道进行。

（3）监督。随时监督、检查城市规划实施情况，查看、了解建设单位是否按照城市规划要求施工，及时纠正一切违反城市规划和法规制度要求的行为，坚决制止违章占地和违章建设现象发生。并运用行政手段奖优罚劣，制止不正之风。

（4）服务。城市规划管理工作，也就是为各项当前建设和建设单位提供有效的服务，并保护他们的合法权益。所谓"超前服务"、"寓服务于管理之中"等，正说明管理也是超前服务。

## 四、城市规划管理的内容

### 1. 建设用地规划管理

城市建设用地规划管理，就是在城市规划的指导下，运用法律赋予的控制手段，保证城市土地利用的科学合理和节约原则的实现。为城市土地的征用、规划和具体使用提供依据和创造先决条件。城市建设用地规划管理的重点是要严格控制与城市规划有关的各类建设的选址、定点，使之符合城市规划。主要制约手段是由城市规划行政主管部门核发的具有法律效益的建设用地规划许可证。也就是说，凡与城市规划有关的各类建设，必须由城市规划行政主管部门负责选址定点，并按法定程序核发建设用地规划许可证。否则不得以任何借口使用土地进行建设活动。

具体而言，城市建设用地规划管理的内容包括两方面：

（1）参与法定的国家基本建设审批程序，对于国家确定建设的、与城市规划有关的大、中型建设项目的选址、定点提出具体要求，使其符合城市规划，这类项目规划任务书的报批，必须附有城市规划行政主管部门提出的选址意见书；

（2）根据法定的管理审批程序，在城市规划区内使用土地，包括临时用地进行的各类建设项目，有关单位和个人必须持国家批准的有关文件，向城市规划行政主管部门申请选址定点，由城市规划行政主管部门依据城市规划确定其用地位置和界限，提出规划设计条件，并核发建设用地规划许可证。

### 2. 建设工程规划管理

城市建设工程规划管理，是指为了保证城市规划区的各项建设活动符合城市规划，城市规划行政主管部门根据法定的审批程序，对于各类建设活动进行规划管理。这是城市规划行政主管部门一项大量性的日常管理工作，也是城市规划实施管理中的一个十分重要的环节。

概括地说，城市建设工程规划管理的具体内容就是：任何单位和个人在城市规划区新建、扩建和改建建筑物、构筑物、道路、管线和其他工程设施，必须持按照国家规定的有关批准文件，向城市规划行政主管部门提出建设申请。城市规划行政主管部门根据城市规划提出具体的规划设计要求，并审查有关规划设计文件和图纸，核发建设工程规划许可证，确定其建设活动的合法性。

按照建设项目的类型和期限不同，城市建设工程规划管理可以分为建筑管理、道路管理、管线管理、临时建设管理等几大类。城市规划行政主管部门要根据不同类型的建设项目的特点和城市的具体情况，制定相应不同的规划技术要求和审批办法。临时建设工程必须经城市规划行政主管部门批准并核发临时建设工程许可证后，方可施工。

3. 城市规划实施的监督检查

城市规划实施的监督检查是城市规划实施管理的一项不可忽视的重要组成部分。它的主要内容是：充分发挥行政监督检查和群众性监督的作用，对于各项进行中的建设活动进行定期的和不定期的、严格的监督检查，及时制止和依法处理城市规划区出现的违法占地和违法建设行为，保证城市规划实施的监督检查贯穿在建设项目从立项（选址）、定点、用地，直到建设申请、施工、竣工验收，以及使用的全过程中。

城市规划实施管理是各级城市规划行政主管部门法定的职能管理工作。由城市规划行政主管部门签署选址意见书和核发建设用地规划许可证及建设工程规划许可证。城市规划区内的土地利用和各项建设必须符合城市规划，服从城市规划管理。

## 五、城市规划管理的模式

从世界范围而言，各国的规划管理模式主要有两大类型，即通则审批和个案审批。

所谓通则审批，是指以法定规划作为开发控制的唯一依据，规划人员在审理开发申请个案时，不享有自由裁量权。只要开发活动符合规定,就肯定能够获得规定许可,通则审批主要以美国的规划为代表。

所谓个案审批,是指以法定规划作为开发控制的主要依据,规划部门在审理开发中申请个案时,有权附加特定的规划条件,享有自由裁量的权力。个案审批主要以英国的规划许可为代表。

各国的实践表明,通则审批和个案审批各有优缺点。通则审批的开发控制具有透明和确定的优点,但在灵活性和适应性方面较为欠缺,而个案审批的开发控制具有灵活性和针对性,但难免会存在不透明和不确定的问题。无论通则审批还是个案审批,要真正有效地施行,都是有条件的。

目前我国较有代表性的规划管理模式有4种:一是以北京为代表的高度集中城市规划管理模式;二是以上海为代表的高度分散的规划管理模式;三是以深圳为代表的分级垂直管理模式;四是以广州为代表的"两级政府、三级管理、四级网络"的模式。

4种模式中北京由于绝大多数的管理业务集中在市规委,而管理人员严重不足,使规划管理滞后于城市建设的发展;上海各区的城市建设在得到空前发展的同时,因规划管理权力过度分散所带来的种种弊病也日益显露出来;深圳的规划管理模式是迄今为止较为成功的模式;广州的规划管理权虽较多地集中在市级管理机构,但由于区规划局主要是对区政府而非市规划局负责,因此在城市规划执行和实施的推进上也存在一系列矛盾。[①]

## 第二节 城市规划、城市建设与城市管理关系[②]

从广义上讲,城市规划、建设和管理都属于城市政府宏观管理城市的范畴。城市规划、建设和管理虽然各自的含义不同,但其出发点和归宿都是为了给市民提供优美的城市环境,营造一个地区政治、经

---

① 张燕:《现代社会中的城市规划管理》,《工程与建设》2008年第3期。
② 段武舰:《对城市规划、建设、管理辩证关系的思考》,《山西建筑》2003年第3期。

济、文化中心的良好形象，从而更好地为经济建设服务。

因此，为加快城市化和城市现代化进程，城市政府在管理城市、经营城市、发展城市的过程中，必须对城市的规划、建设与管理有一个统一的、整体的筹划，并运用各种调控手段加强全方位、全过程的管理，使三者相互促进、协调发展、同步提高。

### 一、城市规划与城市建设之间的关系

规划与建设之间的关系应该是十分紧密、相互依存、合作互补的关系。就规划而言，虽然可以从某种意义上将其视为整个城市建设发展的"龙头"，但"规划是龙头"并不等于规划部门是"龙头"。

其实，规划与建设是一根链子的上下两个环节，谁也离不开谁。城市建设应该按具有法律效力的规划方案来建，而不是听规划部门的指挥来建。既不能从局部利益出发，把规划与建设的关系狭隘地看成是部门之间的关系，也不能简单地认为两者关系是谁应该听谁、谁应该从属于谁，而是要根据一个城市的客观条件和实际需要，从方便群众、利于管理、不妨碍未来发展的大局出发，理顺关系，合理调整，相互尊重，相互支持，在同一目标下携手共进。

同样，就建设而言，尽管不少地方是把规划工作纳入建设部门之中的，但这并不意味着"规划就得听建设的，必须得按建设部门的意见办"。在城市建设的大概念中，可以把规划工作看作是其中一部分；在具体的建设项目上，规划工作与建设工作则只是前后次序上的协调合作关系，不应存在"谁听谁"的问题；从事建设工作的同志应充分尊重规划的法定地位，从事规划工作的同志也应从规划的一开始就本着实事求是的原则办事。

### 二、城市规划、城市建设与城市管理之间的关系

近年来，随着各地城市管理工作的逐步强化，城市规划建设与城市管理之间的矛盾也相应突出。那么，究竟应该怎样看待"建"与"管"各自的重要性？不妨进行以下的分析：

一般来讲，通常每个具体的建设项目从规划开始到建设完工，其时间周期都是比较有限的；其需要纳入管理范围的对象相对固定和明确，主要是设计单位、施工单位、监理单位等；其管理的内容也比较

具体,主要是安全和质量监督以及效率效益评价等。

而项目建成之后的管理工作却大为不同。从管理时间上看,少则十几年、几十年,多则几百年甚至几千年(如古建筑保护);从管理范围和对象看,面广量大且复杂多变,如一幢大楼里可能有几个,甚至几十个单位和用户,如果是一个社区,情况就更复杂了;再从管理的内容来看,包括供热供气、给水排水、防火防盗、环境卫生、安全用电、改造装潢、绿化美化、夜景照明等,简直数不胜数。因而即使用"三分建、七分管"来给项目建成之后的管理工作进行定位,也未必能恰如其分地说明后期管理的重要性、艰巨性和复杂性,所以有人甚至提出"一分建、十分管"的观点。建设与管理孰轻孰重的问题并非是摆正相互之间关系的主要因素,关键是要客观地理解、认识和评价建设与管理的不同作用,互为对方的工作创造有利条件。

## 第三节 当前我国城市规划管理存在的问题[①]

在社会主义市场经济条件下,随着城市化进程的进一步加快,城市规划对城市建设和管理的调控作用越来越明显,发挥了重要的作用。但是,在城市规划编制、管理工作中,也暴露出许多矛盾和问题,深入研究和解决这些问题,对城市规划、建设及管理工作大有裨益。[②]

### 一、机构设置方面的问题

1. 管理机构不统一

目前,全国各设市城市虽然都设置有规划管理机构,但由于归属部门不同,如有的属建委领导,有的与建委平行;有的设直属分局,有的设非直属分局,导致其行政级别、人员编制、职责范围、管理权限等差别很大。规划主管部门的名称更是五花八门,有规划局、城乡

---

① 张志斌、宋瑜:《我国城市规划与管理相关问题透视》,《西北师范大学学报》(社会科学版) 2005 年第 6 期。
② 裴良月、范素梅、柯彩云:《城市规划管理工作存在的问题及对策》,《山西建筑》2007 年第 25 期。

规划管理局、城乡规划环境保护局、规划国土局、规划国土房产局、规划建设局等等，以致有些城市出现外商找不到规划主管部门的现象。之所以如此，关键是城市的规划、国土、建设三者难以协调所致，其中既有体制不顺的原因，也有利益界定不清的原因。

从城市管理学角度分析，单独设置规划局，则与国土、建设部门难以形成有效的约束机制，容易出现推诿扯皮现象；若与建设部门合一，则往往达不到规划、建设并重的目的，由于建设仍是当前我国城市的头等大事，因而当建设与规划不一致时，往往是规划迁就建设而非建设遵从规划；若与国土部门合一，虽然规划对土地的控制能力大大提高，但权力集中后，一方面容易受行政干扰，产生腐败，另一方面规划部门也往往成为众矢之的，工作中的难度和阻力增大。

2. 编制机构二元化

随着市场经济体制的建立和政府职能的转化，在规划作业市场化的一片呼声中，短期内几乎所有的城市纷纷将规划院改制为局属企业化管理单位，以利于规划局机构精简和规划院对外承接项目。同时，一大批完全市场化运作的规划设计单位也应运而生，因而出现了规划编制机构的二元化格局。

作为局属的规划编制单位，规划主管部门为了保证其任务来源，多数情况下仍将本该纳入市场竞标的规划项目，通过指令性任务直接下达给所属的规划编制单位，但由于这类规划任务经费往往很难及时到位，受经济利益驱动，下属规划设计单位大多抱着得过且过的态度，规划成果一般仅限于形式化的文本编写和图纸绘制，对涉及城市发展的重大问题缺乏深层次的专题研究，规划设计水平很难提高。同时，这种现象的大量存在，导致我国城市规划的市场化作业难以真正建立起来。

而作为完全进入市场的规划编制单位，其内部分组承包和独立核算的运作机制，较之前者，更容易导致片面追求经济效益，在规划编制上采用"短、频、快"的游击战模式，对关乎城市发展的深层次问题，也很少展开深入的调查、分析和论证，因此也少有高质量的规划成果问世。

同时，规划设计单位不固定，还造成规划基础资料连续性差，每次规划修编几乎是"重起炉灶"，耗费大量的人力、物力和财力。这两种模式都有自身难以克服的机制障碍，因此，积极探索能够发挥两者优势的规划编制新模式，对推动我国城市规划设计水平的提高就显得十分迫切和重要。

3. 评审机构不明确

一般意义上的城市规划评审主要包括方案的评价、审查和批准3个环节。就规划方案评价而言，目前我国的很多城市还没有一个属于政府序列的正规化的常设机构、独立行使对规划方案的评价权。

就规划方案的审查和批准而言，我国实行的是严格的分级审批制：直辖市的城市总体规划，由直辖市人民政府报国务院审批；省和自治区人民政府所在地城市、城市人口在100万以上的城市及国务院指定的其他城市的总体规划，由省、自治区人民政府审查同意后，报国务院审批；除上述以外的设市城市的总体规划，报省、自治区、直辖市人民政府审批；城市详细规划由城市人民政府审批。

但不论是国务院，还是各级人民政府，都是相对模糊的概念，行为主体划分并不明确，导致规划编制过程中和编制完成后，汇报审议周期长，直接影响了规划作业和报批进度。而且不同审批部门意见往往不一致，有时甚至相互矛盾，致使规划编制单位乃至规划主管部门时常陷入无所适从的尴尬境地。同时，由于缺乏一套科学的城市规划评价体系，使得不同层次的规划评审都大同小异，很多问题在评审阶段并没有被及时发现。

尽管如此，却并没有缩短规划的审批周期，如总体规划一般经过2~3年的编制，再经过1~2年的等待审批，到正式颁布实施时，实际情况已发生了很大变化，若按批准的规划执行则合法不合理，而按实际情况操作则合理不合法。同时，根据每五年修编一次规划的要求，这时又该进行新一轮的规划编制工作，导致"规划年年做，年年做规划"的被动局面。

4. 监督机构虚置化

《城市规划法》规定："城市规划主管部门有权对城市规划区内的建设工程是否符合规划要求进行监督与检查"，这说明规划的监督检查也是规划主管部门的重要职责。然而在现行的行政运作体制下，限于人力、财力和行政权力的"瓶颈"约束，城市规划主管部门难以对面广量大的城市建设行为实施有效监督。同时，上级规划主管部门对下级规划主管部门的行政行为没有明确的监督措施，各级规划主管部门也很难纠正上级领导在城市建设指导思想上的偏差，规划主管部门的监督监察职能实际被虚置化，直接影响了城市规划目标的全面落实、城市建设的有序展开和资源环境的有效保护。

目前国内大多数城市对规划实施情况的监督，主要借助新闻媒体和大众舆论，往往当问题很严重时才进行曝光，规划的超前性与监督的滞后性之间的矛盾日益尖锐。不可否认，舆论监督在一定程度上也能制止一些违规建设项目，但与日新月异的城市建设要求相比，还相差甚远。况且，有些违规项目即使得到了制止，但其损失却永远得不到挽回。

## 二、编制体系方面的问题

### 1. 编制体系重点错位

建国后，我国城市规划一直延用"总体规划—详细规划"两阶段编制体系，大中城市根据需要增加了分区规划层次。总体规划有严格的编制程序，经国务院批准而成为最重要的法定文件，弹性很小。总体规划成果经过分区规划予以分化，最后落实为控制性详细规划进行操作。实践证明，这种规划模式把控制的重点放在了宏观决策阶段，操作重心放在了"控规"阶段，呈现出"两头重，中间轻"的局面。

由于总体规划仅仅是战略性的粗线条规划，难以延伸到操作层面；详细规划虽能对城市规划管理起到具体指导作用，却又缺乏必要的法定效力，导致"总规"和"控规"两头难以有效衔接，规划执行过程中各项控制指标往往被轻而易举地突破，特别是城市宏观层面上的发展变化，不能及时反映到"控规"中，造成城市发展目标与操作准则之间的裂化，影响城市规划的权威性和城市建设的有序性。

### 2. 编制时序协调性不强

上一层次规划应适度超前，用以指导下一层次的规划，这是城市规划编制的初衷和一般性准则。但在我国城市的规划编制中，由于主客观多方面的原因，这一点却很难做到，导致上一层次的规划无法及时指导下一层次规划的编制；反之，下一层次的规划不能完全落实上一层次规划的整体理念和主要意图。如被形容为"千呼万唤始出来，犹抱琵琶半遮面"的城市总体规划，由于编制和审批周期过长，难以及时指导分区规划的编制，分区规划又不能在短期内覆盖全市，使得城市规划区范围内经常存在不少"规划盲区"或"规划真空"地带，往往造成控制性详细规划编制缺乏具体的依据和目标。

至于各专业规划，由于实行单独委托方式，还处于相对混乱和不规范状态，更是无法保证在时序上形成有效衔接。这一问题不能够妥善解决，各层次规划间的有效指导与相互促进就将永远停留在"理论"层面。

**3. 对实施细则重视不够**

现行的《城市规划编制办法》和一系列技术规范，主要是规范城市规划内部的技术行为，是城市规划编制过程中具有普遍意义的技术依据。受这些技术依据的约束，城市规划编制人员考虑更多的是如何使规划编制符合技术规范要求，而对规划实施的可行性则很少顾及，正所谓"只顾埋头作业，无暇抬头看路"。但在城市规划的实施过程中，来自政治制度、社会经济、历史文化、价值观念等方面的非技术性因素，都将对规划产生直接影响，往往是导致规划能否顺利实施的重要因素。

因此，在规划编制阶段，就应多考虑规划实施过程中的各种影响因素，通过必要的技术措施为将来的实施做好铺垫。更重要的是，在规划编制完成后，要对规划实施进行深入分析和系统研究，将规划文本及规划图纸阐释为可操作性的文件（实施细则），通过一系列行政的、经济的和法律的政策措施保证城市规划的全面落实。但目前我国城市规划中的这一环节还相当薄弱，导致城市规划的可操作性和实效性不强。

**4. 规划检讨流于形式**

城市发展的动态性要求城市规划必须具有很强的连续性，每次规划调整之前应对上一版规划的实施情况进行全面的调查和客观的评价，明晰上一版规划哪些方面得到较好的实施，哪些指标突破了规划的控制目标，并弄清造成这种状况的内在原因，发扬优点，摒弃不足，最大程度地从上一版规划中吸取"营养"。并以此为切入点，从较深层面分析城市空间组织的演化特点，掌握城市发展的内在规律，明确城市建设中需要通过规划予以解决的主要问题，以便使城市规划编制人员在进行规划修编时能扬长避短，改革工作方法，改进技术路线，改变作业程序，不断提高城市规划设计水平。

但目前各个城市在修编规划时，对上一版规划执行情况的分析和研究过于简单化，使不同"版本"的规划失去了连续性和继承性，造成新旧规划的"断档"和城市特色的丧失。

### 三、政策法规方面的问题

#### 1. 各级主管部门职责不清

目前，我国各城市的规划建设行为都遵循严格的法定程序，但由于我国很多法规并非逐部门制定，城市规划与管理也不例外，不少法规都是从相关部门沿用过来的，造成各级规划主管部门的职责、权限等不够明确，甚至出现有些规划管理文件不知该送往哪个部门签发的现象。由于行政体制职责不清，规划管理权在实际运作中处于责权不分、相互扯皮、分权争权的"权耗"之中，严重扰乱了规划管理秩序，违法审批、越权审批、法人违法、集体违法现象屡禁不止。由此造成规划管理"三国四方"、各自为政，使得城市的规划、建设和管理丧失了整体性和统一性。

同时，现行《城市规划法》中对各级审批部门的审批内容、审批权限、审批程序、审批期限没有明确的法律界定，加之城市规划利益的长远性与城市政府政绩目标的短期性矛盾的不可调和，使得在规划编制、审批和实施过程中，长官意志仍是影响规划的主要力量。如总体规划与专项规划之间的分歧，经规划主管部门协调仍不能解决时，往往将矛盾上交，要由主管规划的市长和主管该专业部门的市长进行协商解决，难以彻底走出"规划无效论"的阴影。

#### 2. 公众参与缺乏法律保障

城市规划仅仅局限于利益集体的游说、政府领导的决定与规划设计师的设计是不健全的，还必须要有公众的参与，形成决策者、设计者、开发商和民众之间的良性互动。这就需要法律法规明确规定公众参与城市规划全过程的权利与义务，以确保公众参与的法律地位、法定渠道、主要方式。

但我国现行的《城市规划法》中对公众参与规划决策没有明确规定，尽管在实际操作中不少城市也制定了总体规划成果的展示、重大项目意见征询等地方性规定，但对公众以何种方式参与规划决策，以及建设性意见的反馈渠道和采纳程序等并没有明确规定，以致出现郑州二七广场改建中市民因不能参与规划而状告规划局的典型事件。同时，城市规划成果也没有像香港那样印刷成册向市民出售，并在规划成果展览时将规划条例一并展出,广大市民对规划的了解本身就很不够,更谈不上对规划的全方位参与。

### 3. 规划修编缺乏制度规范

目前我国多数城市的规划修编不是城市发展的内部动力所致,也不是城市规划法定的期限所定,而是由城市政府的行政要求所决定。如城市总体规划,尽管《城市规划法》规定每五年作一次修编,但由于对修编决定的做出、修编的程序等没有明确的规定,使得城市规划修编或者超过法律规定的期限,或者换一届班子规划作一次调整。

客观地讲,为了配合新一届领导任期内的工作目标,更好地适应社会经济发展赋予城市的责任与要求,规划做适当的调整是必要的,而且作为各级城市政府,也希望通过规划来解决上一届领导任期内积淀的各种各样的矛盾,理顺各方面的关系。但由于没有明确的法律法规,只能以行政命令的方式进行,使得城市规划的修编调整中政府的主观性和随意性很大,很难做到制度化、程序化和规范化。

### 4. 违章建设难以有效约束

我国《城市规划法》明确规定,对城市发展有重大影响的项目必须作环境影响评价和可行性研究,但赋予城市规划主管部门的,仅是在这些项目选址上有一定的发言权,在"一票否决"制还没有普遍推广的情况下,规划并不能完全左右项目立项、建设时序等,一定程度上只是起到"不该建什么"的作用,难以发挥"应该建什么"的功能,规划的"龙头"地位没有得到真正体现。更为严重的是,明知有些项目是违规或违法的,一旦建成将造成对土地的不断蚕食和对环境的严重污染,但由于没有赋予规划强制执行权,往往难以将其消灭在萌芽状态,还要经过一系列较长的法定程序,多数情况下都造成既成事实,增大了损失,也增加了执法难度。

同时,现行城市规划由扮演多重角色的地方政府来管理,市场经济下地方政府也是许多建设项目的代言人,这种体制成为滋生地方保护主义的温床。如详细规划只要经过城市地方政府审批即可,造成地方政府在具体规划管理中往往从单个建设项目的利弊出发,更改甚至重新阐释城市规划法律规定的事例屡见不鲜。

## 四、运行机制方面的问题

### 1. 规划与管理相互脱节

"三分规划，七分管理"，一语道出了城市规划管理的重要性。城市规划要在千变万化的动态发展过程中得到正确实施，唯有不断强化规划的分级管理、垂直管理和综合管理，三者相互依存，不可偏废。但从微观层面看，三个环节都还存在很多疏漏。以综合管理为例，一条马路要路面完整、管道畅通、垃圾清扫、供电照明、绿化美化，涉及市政、环卫、绿化、市容等众多部门，而现实中的条块分割，以邻为壑往往导致"环卫"将垃圾扫进阴沟，路洁沟堵，而"市政"将阴沟垃圾掏上来，沟通路脏，如此循环往复势必影响城市规划的实施。

从宏观层面看，随着城市土地有偿使用制度的逐步实行，城市规划管理的重点有向城市局部延伸的趋势，城市管理方式趋向以接受用地申请为主的被动型，从而淡化了对城市建设策略和公共投资的重视程度。同时，城市规划与土地供应计划尚未紧密结合，致使近年来"圈地运动"又狼烟四起，城市土地资源浪费十分惊人，造成国有资产流失的"黑洞"无法消除。可以说，土地失控是城市规划与管理相互脱节最有说服力的佐证，是当前影响城市持续健康发展的一大顽疾。

### 2. 运行机制仍为单向模式

目前的规划运行机制，仍然是编制—审批—实施的单向线形模式，缺乏监督—反馈—调整—实施的反馈回路，这种运行机制相对适合于计划经济体制下"终极蓝图"式的静态规划模式，难以适应市场经济体制下投资主体多元化带来的城市发展的不确定性和动态性要求。

目前针对规划改革的研究，主要精力也是放在提高规划编制成果的规范性，多数改进规划的思维和方法的探索，是企图以现时的聪敏才智解决未来发生的各种问题，然而效果并不显著。时至今日，尽管动态规划、弹性规划乃至概念规划已不绝于耳，但如果规划跟踪体系不能尽快建立，进而规划实施效果的动态评价系统和反馈调校机制不能形成，规划实施的日常监督工作不能纳入法制化程序，任何改进城市规划与管理的良策宜计都仅能治标,不能治本。

### 3. 决策与执行尚未分离

科学的规划决策,在现代城市的建设与管理中的地位日益重要。城市规模越大、发展速度越快,规划决策越重要,因为决策的正确与否,直接关系到城市及各系统发展的方向、结构、速度,进而直接影响到城市建设和管理的效率。科学决策是一个十分复杂的过程,需要决策者超脱、冷静地分析系统各要素之间的内在关系,如果决策者又是执行者,过多地卷入一般性的执行过程,无疑会影响决策的独立性及科学性。因此,决策与执行分离是现代管理学的一般原则。

目前,我国一些城市虽然成立了城市规划委员会,但由于并非常设机构,对城市规划和管理的决策工作一般仅限于某些重大问题。而且,由于规划委员会的成员大多为与城市建设相关的业务部门的主管领导,社会人士和技术人员比例过低,因此,从严格意义上讲,我国城市规划的决策和执行事实上都集于规划主管部门一身,既当法官,又当律师,不可避免地会影响城市规划决策的质量。

### 4. 公众参与远远不够

就城市规划的部门参与而言,从编制、修订到审批,很大程度上仅限于由领导、专家和相关部门人员组成的一个小圈子内。以规划编制为例,仍以规划设计单位为主,相关部门配合,采用封闭式的规划编制方式。这虽然能较好地贯彻上级政府和规划主管部门的意图,但由于各专业部门较少参与,他们的意见往往得不到足够的重视,规划成果与部门目标相差较大,无形中增加了规划实施的难度。同时,管理上的"条块分割",使个别专业部门拥有较大的权限,往往通过各自的上级部门使其专业规划得以批准和实施,从而出现总体规划迁就专项规划的不正常现象。

就城市规划的市民参与而言,虽然在各个层面上均有涉及,但参与程度还相当低,某种程度上仅限于规划成果的展览。尽管在城市总体布局、城市重点地段规划中,很多城市也进行一些民意调查,深入基层,召开座谈会,听取各方面的意见和建议,并取得良好成效。但由于组织机构或缺,也没有明确的法律法规保障,尚不能说已制度化和规范化。总之,与先进国家和地区相比,我国城市规划的公众参与还远远不够,规划决策的透明度和广泛性急待提高。

## 第四节 未来我国城市规划管理的创新方向

### 一、健全规划管理体制

城市规划具有整体性和战略性的特点，绝不允许被部门利益所分割，必须统筹配置城市资源，在一个城市只能有一个城市规划管理部门。

要按照有关法律法规，建立、健全、完善规划管理机构，使规划执法主体合法化。同时加强城市规划的统一集中管理，设市城市可在市辖各区、经济开发区及工业园区等设立分局，为市规划局的直属派出机构，其人、财、物和业务工作由市规划局统一管理和领导。

### 二、强化对规划工作的领导

1. 确保规划编制及管理经费

要按照国家有关规定，把城乡规划编制和规划管理经费纳入公共财政预算，切实予以保证。同时要结合各自实际，加大规划投入，除公共财政要保证规划工作的正常经费外，还应从土地出让、转让收益中提取一定比例专项用于规划编制和实施管理。

2. 高度重视，加强对各级领导的培训

市（县）长作为城乡规划工作的第一责任人，要定期参加国家和各省举办的培训班，接受城乡规划建设法律、法规、标准规范和专业知识的培训，提高管理水平。

3. 完善机制，加强规划集中统一管理

保持高度集中的城市规划审批权是城市现代化的迫切需要，政府要依法维护城市规划行政主管部门的"一支笔"审批权，健全可操作的地方性法规，制定切实可行的行政审批技术标准，以各种客观而科学的标准来减少和限制城市规划行政审批和行政执法工作的主观性。

## 三、改进城市规划编制工作

1. 完善规划编制体系

（1）开放规划编制市场，引入公平竞争机制，通过招标方式确定设计单位。

（2）打破以前规划中"关门搞论证"的局面，建立申请方自主组织论证规划调整的新模式。即各级地方政府以及投资企业可以自行组织符合资质条件的规划编制单位进行项目论证，规划主管部门对项目论证进行最终评审，按照"阳光规划"的相关要求，把所有规划编制成果及规划调整方案或成果向社会公示。

（3）加强规划编制基础资料收集工作，实施包括规划制定前的公开征求意见、规划执行过程中的听证等规划公众参与制度。

2. 科学编制同本地经济、文化相适应的城市规划

城市规划应适应城市经济和文化的发展，同时城市规划又不应被城市经济现状所困，要关注未来，适度超前，编制规划力争一次成型，实施规划可以根据城市经济条件分步进行。总体规划要科学确定城市的性质，把握城市未来的发展方向，准确预测城市的未来规模，详细规划、专业规划要及时修编到位，项目规划更应力求具有地方特色和时代特色，要处理好总体规划、专业规划、具体项目规划建设之间的关系。[①]

---

① 诸大建、刘冬华：《从城市经营到城市服务》，《城市规划学刊》2005 年第 6 期；何明俊：《作为公共行政管理的城市规划》，《城市规划》2005 年第 12 期。

# 第四章 城市基础设施管理

城市基础设施是城市赖以生存和发展的重要基础条件，是城市经济不可缺少的一个组成部分。在国民经济发展和城市建设现代化的进程中，随着城市规模的不断扩大，城市各项功能的不断演变和不断强化以及城市居民对生活质量和环境质量要求的不断提高，作为城市社会经济活动的载体的城市基础设施建设的作用正日益受到人们的重视。

加深对城市基础设施特点和作用的认识，建设并管理好城市基础设施，对促进城市经济稳定健康地发展，对城市功能、质量的提高和城市现代化建设具有特别重要的意义。①

## 第一节 城市基础设施的内涵与特征

### 一、城市基础设施的内涵

城市基础设施中"基础设施"一词，英文"Infrastructure"词义为"基础"、"下部（底层）结构"、"永久性基地（设施）"。因此有的学者将它翻译为基础结构，有的将它译为基础设施。

自20世纪40年代发展经济学家提出基础设施概念以来，罗森斯坦·罗丹、舒尔茨以及魏礼群等人先后对基础设施进行过研究。1985年，我国原城乡建设环境保护部把城市基础设施定义为："城市基础设施是既为物质生产又为人民生活提供一般公共条件的公共设施，是

---

① 王鑫鳌：《论城市基础设施的特点和作用》，《城市开发》2003年第9期。

城市赖以生存和发展的基础。"①

可见,城市基础设施,是为了满足城市物质生产和居民生活需要,向城市居民和各单位提供基本服务的公共物质设施以及相关的产业和部门,是整个国民经济系统的基础设施在城市地域内的延伸。②

城市基础设施可以分为广义的概念和狭义的基础设施概念。本书中涉及的基础设施是指狭义的基础设施,即工程性的基础设施,一般包括6个方面的内容:

(1) 城市能源系统:包括城市电力生产与输变电设施,煤制气、天然气、液化石油气的生产、供应设施,城市热能生产与集中供热设施等;

(2) 水源给排水系统:包括水资源的开发、利用设施,自来水的生产、供应设施,雨水排放、处理设施等;

(3) 交通运输系统:包括城市对内交通运输的道路、桥梁、公共交通场站设施,城市对外交通的航空、水运、公路、铁路等设施;

(4) 邮电通信系统:包括邮政、电讯、电话等设施;

(5) 城市生态环境保护系统:包括环境卫生和垃圾清运处理、环境监测保护、园林绿化等设施;

(6) 城市防灾系统:包括防火、防洪、防地震、防地面下沉、防风雪以及人防战略等设施。

城市基础设施中各类设施既相对独立又密切关联。随着社会经济的发展、科学技术的进步、人民生活水平的不断提高,既对城市基础设施提出新的要求,又为城市基础设施的发展开辟新的道路,而城市基础设施的加强、发展、完善、配套,又会进一步推动城市社会经济的发展,促进科学技术的进步,改善人民的生活条件和生活环境质量。③

---

①② 张钰亭、刘得旭、王敏:《完善城市基础设施建设管理的措施研究》,《科技信息》2007年第30期。

③ 翟文华:《城市基础设施的特点及其效益特性》,《城乡建设》2000年第12期。

## 二、城市基础设施的特征[①]

**1. 城市基础设施的基础性**

基础设施的基础性体现在两个方面,一是基础设施所提供的产品和服务是其他生产部门进行活动的基础性条件;二是基础设施所提供的产品和服务的价格构成了其他部门产品和服务的成本。

**2. 城市基础设施的自然垄断性**

自然垄断性主要表现在两个方面:一是基础设施具有大量的沉淀资本。每类基础设施用以输送能源、材料、信息或人口等的网络建设和维护费用巨大,是基础设施服务总成本的主要部分。二是规模经济性。即使用同一网络向不同的使用者提供服务比对不同用户分设不同的网络更为经济节省。基础设施自然垄断的存在意味着在现有的需求水平上,随着服务提供量的增加,提供服务的边际成本递减。

**3. 城市基础设施的公共性(公益性和非排他性)**

城市基础设施是一种公共物品,通常是为社会公众所共享,也就是说,基础设施的使用一般具有非排他性:一个人在使用某个基础设施或者基础设施服务的同时不能排除其他人对该基础设施的使用。基础设施具有正的外在性,即公益性,如园林绿化等。

此外,大多数基础设施的使用不是以经济效益为衡量标准,而是以服务范围和对象的多少、服务水平的高低为标准,有些设施的使用则是无偿的或只是象征性收费。城市基础设施一般都是由政府规划建设的,政府的着眼点是使城市的运行效率得到提高,建设目的得以满足需要为主,赢利一般只是参考的条件。

**4. 城市基础设施的系统性**

城市基础设施大多数都是按其性能自成系统,有自己的运行规律,同时也是城市系统不可缺少的组成部分,其运行必须要与城市整体运行合拍,满足城市整体运行的要求。

---

[①] 孙洁等:《城市基础设施的经营与管理》,《合肥工业大学学报》(社会科学版) 2004 年第 6 期;翟文华:《城市基础设施的特点及其效益特性》,《城乡建设》2000 年第 12 期;张钰亭、刘得旭、王敏:《完善城市基础设施建设管理的措施研究》,《科技信息》2007 年第 30 期;王鑫鳌:《论城市基础设施的特点和作用》,《城市开发》2003 年第 9 期。

5. 城市基础设施的社会性

城市基础设施是一个城市生存和发展的基础,是城市居民生活的基本保障。一个城市基础设施质量的高低不仅决定了这个城市的发展,同时也决定了居民的生活质量。如一个城市交通设计不够合理,就会引起某一地区交通堵塞和另一地区车流量不足。供电、供水系统更是直接关系居民的日常生活,如果一旦出现问题就会引起社会的不稳定。

6. 城市基础设施的时空性

城市基础设施具有很强的时空性,即对时间和空间具有较强的依附性。城市基础设施一旦在某一城市的某一时刻建成,就必须及时投入使用,而且仅仅能够为某一地域的人提供产品或者服务。一个城市建成的基础设施不可能移到另一个城市使用;已经建成的基础设施不可能转移到其自然生命周期以外的时间使用。

7. 城市基础设施的复杂性(投资规模大、使用寿命长、投资周期长以及垄断经营的特点)

城市基础设施具有较大的复杂性,主要表现在以下几个方面:

(1) 相对于维修经营费用,一次性建设成本巨大,存在较高的沉没成本的风险,所以需要周密的前期调研,项目前期费用较高;

(2) 使用寿命周期长,如轨道交通可以使用 100 年以上,如此长的生命周期会有许多意想不到的问题发生;

(3) 投资的回收期长,增加了投资的风险。在较长回收期常常会遇到经济周期的波动,经济周期的波动对投资的回收会产生较大的影响,从而导致风险的增加;

(4) 在经营上具有自然垄断性,经营的垄断性导致产品的定价不可能由市场来定,往往会受到政府的干预。

以上这些因素构成了城市基础设施的复杂性,所以投资城市基础设施不仅需要巨大的资金投入,同样也需要高新技术,需要先进的管理模式和管理技术。

## 第二节 城市基础设施在城市发展中的作用

城市基础设施是实现城市经济效益、社会效益和环境效益相统一的必要条件，对城市经济的发展起着重要作用。这种重要作用体现在以下4个方面。

## 一、城市基础设施是城市赖以生存和发展的基础性要素

从古今中外的城市发展历史考察，城市基础设施是城市形成的重要条件。城市要赖以生存，必须要维持城市居民生活，要有足够的水源补给，不能想象在一个缺乏充足水源没有供水设施的地方能形成某个城市。我国历史上处于西北丝绸之路的楼兰古城、印度北部的斯育等城市，由于自然条件恶化，水源枯竭，城市由盛到衰，最后成为废墟，就是例证。

改革开放新时期出现的深圳、珠海等经济特区城市，仅用二三十年时间就从边陲小镇发展成为今天的现代化城市，并呈现继续发展的良好势头，其中重要原因之一就在于城市开发初期进行的大规模城市基础设施建设。由此可见，城市基础设施建设对城市的形成和发展所起的重要作用。

## 二、城市基础设施是城市有效运转的必备要素

城市基础设施中的很大一部分以社会方式直接参与了生产企业的生产，其中，供水、排水、道路、交通、煤气、热力、电报、电话等设施，以各自特殊的方式，直接进入了物质生产部门的产品生产全过程。不容讳言，没有水资源的开发利用和雨水污水的排放处理，企业就无法生产；没有城市道路的交通设施，生产资料就难以进入社会再生产过程，产品或商品流通势必会遇到极大的困难。

实际上在社会化大生产的城市经济中，几乎所有的生产企业都以电力为动力，以水为生产手段或原料，把道路交通设施作为生产企业投资和产出的基础物质条件。据统计，我国城市供水的70%、煤气的50%、电力的80%以上用于工业生产。所以，城市基础设施将会直接影响工业生产。

城市基础设施中有一部分并不直接参与企业的生产活动，但也间接地影响企业经济效益，从而影响城市经济的正常运转。重庆长江大桥建成后，不但促进了南岸区的城市经济发展，而且可为市区工厂增

收节支1000多万元，使80%以上的工厂受益。

## 三、城市基础设施是城市居民生活质量的保障因素

城市基础设施也具有为社会服务的性质，其服务对象不仅是生产，而且还有城市居民的生活，有些设施例如防火、防洪、防震等还担负着保证城市安全的作用。

为城市居民生活服务是城市基础设施一开始出现就具备的职能。城市居民生活质量的高低主要取决于国家经济的发展，取决于国家的综合国力及人均国民生产总值的水平，但城市基础设施的完善及良好与否也对城市居民生活质量有重要影响。

很难想象，一个现代化城市，没有了电力和燃气供应，居民的生活会出现什么样的情况。一个城市如果交通不畅、通信不灵、电力燃气供应不足、给排水能力低下等，就谈不上城市居民生活的高质量，充其量也就是维持居民生活而已，最终，城市将会因此而萎缩下去。相反地，完善而良好的城市基础设施为城市居民创造清洁、卫生、优美、舒适的工作条件和生活环境，提高城市居民生活质量，增强城市居民对城市的向心力、凝聚力，从而促进城市经济的发展。良好的城市基础设施，既使城市居民在生活上得到实惠而且直接感受，也使城市经济的持续发展获得推动力，其影响是潜在而深远的，因而，其作用是不容忽视的。

## 四、城市基础设施是城市凝聚效应与辐射效应的决定因素

城市是经济社会发展的产物。当社会生产发展到一定阶段，交换成为日常生活中的必需以后，城市就产生了。城市作为人类文明、社会进步的象征和生产力空间载体，聚集了一定区域范围内的生产资料、资金、劳动力和科学技术及文化教育卫生，而成为一定区域内社会各要素的聚集体。这种聚集体产生巨大的城市凝聚效应和广泛的辐射效应。

城市凝聚效应的产生是由于众多的社会经济单位集合于城市这个空间内既实现高度专业化分工，又形成经济实体、社会实体和物质实

体三者的有机结构，从而提高劳动生产率，产生整体性高效益的结果。

高度的专业化分工与经济实体、社会实体和物质实体的综合统一，要求有精密分工和广泛紧密的协作，使城市成为高度社会化的有机整体，这种社会化是建立在完善而良好的城市基础设施之上的。

完善而良好的城市基础设施可以使城市各社会经济单位更好地分工协作加强联系，城市基础设施的各个方面迅速传导着人流、物流和信息流，把城市地域内各社会经济要素紧密地聚合在一起，大大提高城市所有部门的经济效益、城市社会效益和城市生态环境效益的有机整体的城市凝聚效应。[①]

## 第三节 当前我国城市基础设施管理中存在的问题

城市基础设施是衡量城市经济发展水平和管理水平的主要标志，也是城市现代化程度的重要标志。综观国内状况，虽然许多城市的基础设施建设取得了很大进展，但基础设施建设和管理总体水平不高，还远远满足不了城市快速发展的需要。究其原因，既有经济实力的制约，也有管理水平的局限；既有体制上的问题，也有政策上的弊端。但归根到底是我国城市基础设施建设和管理模式方面存在的弊端，不能适应城市快速发展的需要。[②]

长期以来，我国城市基础设施的建设和管理体制基本上还是计划经济，整个城市基础设施的活动都在政府的计划手段调控下运行；大多数城市基础设施建设全部由政府投资，建设好的设施交与政府财政拨款的事业单位运作，其运行费用全部由政府补贴。实践表明，这一模式的每个环节均存在很大弊端：

（1）由于城市基础设施的投资、建设、管理和运营分离，各自为战、信息严重不对称、基础设施的成本偏高，而且存在许多"无部门

---

① 孙洁等：《城市基础设施的经营与管理》，《合肥工业大学学报》（社会科学版）2004年第6期。

② 朱会充、张燎：《基础设施项目投融资理论与实务》，复旦大学出版社2002年版。

负责"现象，经营效率低下，使本已捉襟见肘的财政资金雪上加霜。

（2）城市基础设施建设市场化、公开化程度低，基本上是垄断经营，公开招标的不多，暗箱操作多，投资计划的软约束，造成投资成本居高不下。

（3）金融秩序整顿前，政府指令银行直接投资基础设施项目，形成政府直接投资；金融秩序整顿后，大多数城市通过成立建设投资公司向银行贷款（政府财政担保）建设基础设施，政府投资的性质未变，债务负担沉重，而且融资渠道过于单一，增加了银行的金融风险，隐藏着巨大的经济危机。

（4）大多数城市对基础设施实施"大一统"管理，无收入项目的基础设施和有收入项目的基础设施没有分离、账目不清、责任不明，使相关单位的管理业绩难以划分和很难评价。

（5）由于城市基础设施的运行部门是事业单位，政府有关监督部门对其缺乏约束力，权利与责任不对称，从而使其积极性难以调动，造成运行效率低下，有的设施甚至闲置或造成严重浪费。

（6）由于政企未真正分开，人浮于事，大大增加了运行成本。虽然，政府已意识到这方面的问题并开始着手进行改革（如正在进行的事业单位改革），但仅仅是单方面的企事业改革效率不高，因为城市基础设施建设和管理是一个大系统，改革必须系统进行，否则就会出现"按下葫芦浮起瓢"现象，其效用就会大打折扣。

这些问题的症结主要有两点：一是认为基础设施是公共产品，只能由政府投资，私人资本不愿进入。二是把基础设施的建设看成是游离于经济之外的一种特殊活动，导致城市基础设施建设和管理活动违背了经济活动规律。

旧体制的惯性作用，政府不愿意放权，其最大弊端就是城市基础设施建设和管理的非市场化，经济杠杆起不到调节作用。一方面使政府承担过多的责任和义务，财政赤字剧增；另一方面政府管了不该管的事，又使该管的事管不好。形成这些问题的最根本原因，就是我国城市基础设施的建设和管理，仍处于计划经济体制的模式之下，对整个城市基础设施的建设和管理，缺乏适应社会主义市场经济体制与符合经济发展规律的科学机制。因此，对其继续深化改革势在必行。

## 第四节 未来我国城市基础设施管理的创新路径

### 一、城市基础设施管理体制的创新

我国大部分城市的基础设施的管理体制还是计划经济的产物，政府是单一的投资者，实行垄断经营。随着我国城市化进程的发展，旧的体制已经不能适应市场经济的要求，必须对现有的体制进行改革。

首先要打破政府单一的投资渠道，吸引更多的投资者进入城市基础设施建设领域；其次要引进市场机制，打破垄断经营，提高经营与管理的效率。

无论发达国家还是发展中国家，在城市基础设施领域都存在很大的资金缺口，仅仅由政府投资是远远不够的，需要引进社会资本来解决城市基础设施投资不足的问题。现在一些城市已经开始打破政府单一的投资渠道，采取多种方式引进社会资金参与城市基础设施建设。

城市基础设施的民营化已经得到越来越多人的共识，美国民营化大师萨瓦斯进行了20多年的研究，他认为基础设施民营化有许多优点。如可以帮助政府发展基础设施，弥补政府资源的不足，提高建设费用在使用方面的效率，开辟新的税收来源，分担公共部门的风险，为政府部门培训人才等等。国外基础设施的民营化给我们提供了宝贵的经验。[①]

### 二、城市基础设施管理机制的创新

目前，我国大部分城市对基础设施的管理还是由政府实行垄断经营管理，缺乏市场竞争意识，已经不能适应市场经济的要求，成为我国城市化进程中的阻力。

由于城市基础设施的管理不同于一般的企业，不仅具有一般企业的赢利性目标，而且更具有较强的社会性功能，所以对其运行机制的

---

① 张允宽等：《中国城市基础设施投融资改革研究报告》，中国建筑工业出版社2002年版。

创新不仅要考虑企业的赢利性,更要考虑企业的社会性。就是说,在考虑企业自身发展利益的同时也要考虑居民的承受能力。在原有的管理中缺乏应有的激励机制和监督机制。在我国城市基础设施的管理中有必要建立现代企业制度的管理模式,建立科学有效的激励机制以提高效率。

### 三、城市基础设施管理的投融资模式创新

随着资本市场的创新和发展,为城市基础设施的经营管理模式创新提供了可能,单一的经营与管理模式已经远远不能适应市场经济的需要。项目融资在基础设施领域得到了广泛的应用,特别是目前较流行的BOT、ABS融资模式。城市基础设施管理模式的创新也为民营资本进入该领域提供了有效的渠道。

技术层面的创新已经远远超过体制的创新和管理机制的创新,上海市在这方面已经走在全国的前沿。例如上海在轨道交通领域首创"四分开"模式,即把投资、建设、运营、监管分开进行;在高速公路建设方面首创了投资者招商模式;在黄浦江越江工程建设中采取了现金流量补贴模式。随着我国城市化进程的发展,城市基础设施的投融资会逐步由政府投资转向民营资本,因此要创新投融资模式。

### 四、城市基础设施的市场监督创新机制

城市基础设施建设的管理涉及巨大的社会公共利益,不论是由政府投资经营还是由民营来投资经营,都必须接受政府的监督和管理。除了对城市基础设施经营与管理体制的创新、运行机制的创新以及投融资模式的创新外,建立有效的市场监督管理机制显得越来越重要。随着民营资本的进入和国有资产的逐渐退出,政府已经由原来直接提供产品和服务的地位转变为对产品和服务提供者的监督地位。为了确保在城市基础设施领域公私合作的顺利进行,为了确保民营企业提供合格的产品或者服务,制定行之有效的市场监管措施和市场规则是当务之急。[1] 因此,在资金监管方面:

---

[1] [美]萨瓦斯:《民营化与公私部门的伙伴关系》,周志忍译,中国人民大学出版社2002年版;孙洁等:《城市基础设施的经营与管理》,《合肥工业大学学报》(社会科学版)2004年第6期。

(1) 实行资金集中支付制度。基础设施项目在目前由建设单位支付建设资金的模式下,普遍存在挪用建设资金、虚列建设成本、管理费超支等违规现象。目前,世界上普遍采用和国内部分地区实行的资金集中支付模式有效地避免了上述问题。

(2) 加强对项目建设资金的跟踪审计。目前,政府投资基础设施项目竣工后都要经过竣工决算审计,这属于事后监督,项目建设过程中的问题得不到及时纠正,解决的有效措施是提高监督的时效性,采取跟踪审计。

在质量监管方面:

(1) 培育和发展质量文化。质量文化是指企业和社会在长期生产中形成的涉及质量的理念、意识、规范、道德水平以及风俗习惯等的总和。虽然市场经济的发展使得质量理念和意识逐渐被重视,但由于长期以来忽视对质量文化的培育,这些理念还没有真正深入人心,还未完全形成保证质量的内在动力和要求,必须采取措施培育和发展质量文化。

(2) 加强对基础设施工程的质量监管措施。对于基础设施建设中存在的质量问题,在短期内质量文化的现状很难改变的情况下,加强质量监管就成了必要的首选外在条件。

一个健全、有效的基础设施项目质量控制体系一般由3个层次组成:

(1) 直接生产者的质量保证责任。目前直接生产者不规范运作的问题太多,特别是对政府的强制性技术标准不认真贯彻和落实。解决问题的关键是促使生产者能够真正视基础设施的质量为生命,为其质量负责。

(2) 业主管理。建设单位在项目的可行性研究、设计、施工等环节,必须以质量为中心,围绕质量进行严格的管理。

(3) 政府监管。包括通过法规制度和市场运行规则的宏观监管和运用强制性技术标准明确监管内容的微观监管。[①]

---

① 张钰亭、刘得旭、王敏:《完善城市基础设施建设管理的措施研究》,《科技信息》2007年第30期。

# 第五章　城市交通管理

城市作为人类文明的象征和生产力的空间载体，聚集了一定地域范围内的人才、资金和技术。随着人类社会的发展，城市发挥地域政治、经济和文化中心、交通中心的作用日益显著。

人们都知道，交通运输的现代化是国家兴旺发达的重要标志之一。由于交通运输的发展，促进了物资交流和人们的交往，提高了工作进程。然而，随着交通运输的迅速发展，也带来许多负面影响，尤其是地面的汽车交通运输，不论是发达国家还是发展中国家，都存在不同程度的问题。交通拥挤、交通噪声、交通事故频繁、道路堵塞、环境污染、对居民区的不良影响等的问题正越来越被各国政府管理部门所重视。①

## 第一节　城市交通管理的内涵与意义

城市交通管理是一个动态的运行过程，其核心就是在开放、整体、系统、科学化的大交通概念指导下，对城市交通实现动态调控，以创造畅通、有序、安全的交通环境。

城市交通管理作为现代城市管理的重要组成部分，具有重要的意义：

1. 科学的交通管理是提高城市居民生活水平、推进城市经济社会发展的先导因素

城市交通是城市社会活动、经济活动的纽带和动脉，对城市经济社会发展和人民生活水平的提高起着极其重要的作用。近几年来，随

---

① 解基源、王建中：《城市交通管理是一项系统工程》，《生产力研究》2004 年第 9 期。

着人口的增长，国民经济的高速发展以及城市化进程的推进，我国大多数城市出现了严重的交通拥挤及堵塞现象，尤其是随着以小汽车进入家庭为重要标志的机动化交通时代的来临，城市道路交通管理落后正在成为制约城市以及城市交通可持续发展的一个瓶颈。

作为城市管理的一个重要内容，城市道路交通管理在城市管理实践中的各种问题凸显，严重影响了我国城市居民生活水平的提高及城市经济社会的发展，要从根本上解决城市交通问题，就必须进一步完善我国城市交通系统的合理规划和现代化管理。[1]

2. 高效的交通管理是推进城市现代化进程的重要通道

当前，世界现代城市交通正进入以信息化为目标的新时期，一个包括道路建设、客货运体系和交通控制管理组成的快速、便捷、舒适、高效的城市交通系统，是衡量当前城市现代化水平的重要标志。提高现代化水平，既是城市交通发展的客观趋势，也是现代化建设的必由之路。

随着我国国民经济的快速发展和城市化进程的加快，如何解决城市交通问题已经成为城市可持续发展的一个重要课题，城市道路交通管理工作也面临着严峻的挑战。为了保证城市交通合理、有序的可持续性发展，就必须从城市交通系统的内在机制及其与外部环境条件之间的相互作用关系出发来进行合理的交通管理规划。[2]

## 第二节　当前我国城市交通运行及交通管理存在的问题

### 一、道路承载能力低下

长期以来，我国城市人均道路面积一直处于低水平状态，只是近十年方开始有较快发展，人均面积由 2.8 平方米上升到 6.6 平方米。尽管增长幅度较快，仍赶不上城市交通量年均 20% 的增长速度。目前全国 32 个百万人口以上的城市中，有 27 个城市的人均道路面积低

---

[1] 解菲、陈王君：《浅析我国城市交通管理与控制》，《物流管理》2007 年第 4 期。
[2] 沈力平：《试述现代城市交通管理存在的问题及其完善建议》，《中国科技财富》2009 年第 6 期。

于全国平均水平。这种局面产生的直接原因是道路面积严重不足。

首先，我国目前大城市的人均道路面积尚不及发达国家的1/3。其次，我国大城市市区正处在从中心区向郊区化扩散过程中，近几年城市道路建设的增加，主要分布在新开发的市区和郊区，相对来讲，中心区的道路面积率反而略有下降。再次，城市房地产开发集中于市中心地区，产生了过量的交通，造成道路超负荷运载。

## 二、机动车增长速度过快

近年来我国城市机动车增长速度加快。1994年我国城市机动车保有量已接近500万辆。20世纪90年代以来，我国城市经济的高速发展刺激了城市机动车数量的快速增长，2000年全国机动车拥有量达5776.97万辆。同时，私人汽车的数量也急剧增长，而且大多集中在大城市，截至2004年4月底，北京市私人小汽车已突破100万辆。[1]

根据我国轿车增长分析，每当轿车拥有量年增长率超过20%时，必将引起当年以及随后几年城市交通恶化。我国现有城市路网一般都是密度低、干道间距过大、支路短缺、功能混乱，属于低速的交通系统，难以适应现代汽车交通的需要，阻碍着汽车化在城市的实现。

## 三、公共交通停滞甚至萎缩

从20世纪80年代中期开始，大城市的公共汽车交通（含无轨电车）相继萎缩，从运营效率到经营管理，从服务水平到经济效益，出现了全面的衰退。过去的20多年，全国公交车辆和线路长度分别增长了2倍多，但平均运营速度却下降近1倍。[2] 公共汽车交通的萎缩，加速了自行车的极度膨胀，反过来又影响城市交通拥挤的波及范围。至今，我国大城市公共交通几乎还全靠公共汽车一种方式，只有北京、上海、天津、广州等建有地铁线路，尚未形成以轨道交通为骨干的综合运输客运体系。出租汽车和小公共汽车容纳量有限，因此，

---

[1] 马智辉：《我国城市交通问题的分析及对策》，《科技情报开发与经济》2006年第9期。

[2] 杨增光：《更新理念，破解城市交通难题》，《上海城市管理职业技术学院学报》2006年第2期。

一旦单一的公共汽车受到冲击，被转移出来的乘客便要寻找出路，最有吸引力的便是自行车。结果，使原本已经超量的自行车更趋于饱和。

### 四、交通管理水平亟待提高

尽管机动车拥有量大幅增加，但是，我国城市中交通管理和交通安全的现代化设施却很少。在车辆、道路和交通管理系统、城市交通信号控制系统、城市交通管制中应用人工智能技术、信息采集和信息提供技术等方面都与发达国家有很大差距。近年来，虽然有少数城市研究和引进了一些国外先进的交通信号管理系统，但由于交通管理设施不足、管理水平低下，我国交通事故率仍居高不下。

从停车场看，大城市中特别是中心区严重短缺停车设施，车辆大都停在道路和人行道上，加剧了拥挤堵塞和事故发生。此外，国际上正在研究并开始使用的信息化、智能化管理系统，在我国基本上还是空白。

### 五、交通发展战略缺乏科学统筹

城市交通建设是一项系统工程，既要研究交通需求和供应的平衡，还要考虑土地和财力的可能，是一项决策性很强的工作。当前出现的城市交通问题中，其中一个重要原因是，缺乏科学的整体交通战略和规划，治理工作往往顾此失彼，前后失调，投入不小，而收益不大。

有一些大城市热衷于建设高标准的大型交通工程，出现了许多立交桥、高架路和城市环路，以为只有高标准的大型交通工程，才能一劳永逸地解决交通问题，实际上这种办法只能缓和暂时矛盾，拥挤问题不但没有解决，甚至诱发聚集更多的交通量，引起结构性的"负效应"。城市交通是一个动态的整体，仅靠几项大工程不可能解决交通问题。[1]

---

[1] 周明：《解决我国城市交通管理问题的措施浅析》，《中小企业管理与科技》（上旬刊）2009年第3期；沈力平：《试述现代城市交通管理存在的问题及其完善建议》，《中国科技财富》2009年第6期。

## 第三节 未来我国城市交通管理的创新路径

### 一、进行科学的城市交通规划

具体包括如下内容:

(1) 高起点做好城市交通规划。要在交通调查的基础上,对现状城市交通状况进行综合评价,并通过定性和定量的科学分析手段,对包括城市交通发展战略、城市道路网络、公共交通等多方面进行系统的规划研究,并充分考虑城市土地开发和政府管理方式的转变,加强交通发展战略与城市总体发展战略的结合,以及城市交通与城市土地利用布局的协调。

(2) 加强对交通的宏观控制。通过城市规划布局和结构模式的变化,尽量削减交通源的产生和吸引量,在系统上平衡城市交通,改变市中心交通过分集中的状况。控制市区土地使用布局和开发强度,在城市总体规划确定土地使用性质时,必须同时考虑交通设施条件,交通设施无法满足时,不应建设交通量生成强度大的公共设施。

(3) 道路设计应考虑与交通工程设计和交通规划二者的有机结合问题。应根据城市总体规划,确定道路的红线、停车场的位置和规模,并在交通流量分析的基础上进行道路设计和交通工程设计,充分发挥城市交通系统的功能。[1]

### 二、完善交通管理法规

我国在城市交通发展中,能够遵循的法律只有《城市规划法》和《城市道路管理条例》。用《城市规划法》指导城市建设和交通规划,并将其纳入城市总体规划中,有利于宏观控制,但它的覆盖面和深度还不够全面。《城市道路管理条例》又偏重于交通的运行管理,由于缺少系列化的法律作为后盾,城市交通发展规划中的随意性、盲目性、短期性难以避免,因此完善交通法制、法规是解决交通问题的

---

[1] 裴良月、范素梅、柯彩云:《城市规划管理工作存在的问题及对策》,《山西建筑》2007年第25期。

当务之急。

## 三、立足中国国情，科学确立城市交通管理模式

城市交通管理是一项非常复杂的系统工程，涉及到社会经济发展、人民生活等社会的许多方面，因此城市交通管理应考虑到社会的各种因素，尽可能采取合理的管理策略和措施。城市交通管理模式主要有交通需求管理和交通系统管理两种：

交通需求管理（Traffic Demand Management）是对交通源的管理，是指政府从宏观的角度利用行政手段干预城市交通的发展规划，影响城市交通结构，通过削减不必要的交通需求，减少道路交通流量，从根源上缓解交通紧张局面，是一种政策性管理。

交通系统管理（Traffic System Management）是对交通流的管理，是指交通管理部门通过对交通流的管制及合理引导，使交通流在道路网络上重新分布，均匀交通负荷，提高道路网络系统的运输效率，从技术上缓解交通压力，是一种技术性管理。

根据我国当前的国情，我国的城市交通管理模式应当从行政管理手段和技术管理手段两个方面同时着手，一方面通过行政手段进行节源，减少城市道路交通流量；同时利用技术手段，通过对交通流的管制和合理引导，均匀交通负荷，提高道路网络运输效率。具体包括如下内容：

1. 城市交通需求管理策略

交通需求管理策略主要是从控制城市交通总需求的角度来进行城市交通的宏观管理。通过制定城市交通准入制度，减少道路交通流、缓解道路交通紧张，制定城市交通长远规划增加城市交通能力，以及利用经济杠杆来调节城市交通需求。主要可以采取以下一些有效措施来进行城市交通需求管理：

（1）优先发展策略。目前我国许多大中城市交通主要问题集中表现在交通紧张、道路利用率不高、污染严重、能源消耗大等几个方面。针对目前我国城市交通出现的这些状况，有关交通规划管理部门应当根据我国的国情，发展一些人均占用道路面积少、人均污染指数小、人均能源消耗低的交通措施。城市公共交通具有人均占用道路面积、人均污染指数、人均能源消耗最少等其他交通方式不可比拟的优势，所以在发展城市交通时应考虑优先发展城市公共交通。各城市应

根据道路网络、环境控制和能源储备等实际情况，制定优先发展的实施措施。

（2）限制发展策略。当道路交通网络总体负荷达到一定水平后，交通拥挤将会加重，因此必须对某些交通工具实施限制或控制发展，以防止交通拥挤状况进一步恶化。一般说来，应限制交通运输效率低、污染大、能耗高的交通工具的发展。例如：适当控制小汽车、摩托车和自行车等出行方式的发展速度；各城市应结合具体情况对出租车交通实施总量控制。值得注意的是，采用限制发展策略会对经济发展产生一定的负面效应，在实施前必须对此策略可能造成的正面效益及负面效益做认真的分析和定量化评价，处理好限制发展与不发展之间的关系。

（3）禁止出行策略。当某些城市的道路网络总体负荷水平接近饱和或局部区域内超饱和时，应在特定的时间段、特定的区域内，对某些车辆实施禁止出行或通行。禁止出行策略一般为临时性的管理策略，同时由于它有一定的负面作用，在实施前必须进行"事前事后"效果的定量化评价。常采用的禁止出行策略有：某些重要通道或区域实行车牌单号或双号间隔通行，在某些时段或区域对某种交通工具实施禁止通行等。

（4）经济杠杆策略。经济杠杆策略是介于管理与禁止出行策略之间的柔性较大的管理策略，通过经济杠杆来调整出行分布或减少出行需求量。其基本原则为：对鼓励的交通行为实行低收费，对限制的交通行为实行高收费。常用的措施有：收取市中心高额停车费（减少城市中心区的交通量）；收取某些交通工具的附加费（减少其出行量）；对某些重要通道当过分拥挤时收取拥挤费（调节交通量）。城市交通需求管理是一系列被动的、消极的城市交通管理措施，它的实施总的说来会对国民经济和人民生活产生一些负面影响，因此，不同的城市应该在城市交通发展的不同阶段选择使用不同的策略，尽可能给社会最小的影响。

2. 城市交通系统管理策略

交通系统管理是交通管理部门通过对交通流的管制及合理引导，使交通流在道路网络上重新分布，均匀交通负荷，以提高交通路口、交通主要干道和交通网络系统（即城市交通的点、线、面三方面）的运输效率，增加交通通过能力。主要可以采取以下一些有效措施：

（1）节点交通管理策略。交通节点往往是城市交通的瓶颈，节点交通管理策略就是以交通节点（交叉口）为管理范围，采取一系列的管理规则及硬件设施控制，优化利用交通节点的时空资源，提高交通节点的通过能力。常用的节点管理方式有：进口拓宽，增加交叉口进口车道数，提高交叉口在单位时间的通行能力；进口渠化，根据交通量及转向流量大小设置不同转向的专用进口车道，优化利用交叉口空间及通行时间；信号配时优化，根据交叉口交通量、转向流量大小优化信号灯配时，使有限的绿灯时间内放行尽可能多的车辆；在交通量较大的交叉口，采用定时段（高峰小时）或全天禁止左转（全交叉口或部分进口），以提高交叉口通行能力。

（2）干线交通管理。制约城市交通能力的另一因素是城市的交通主要干道。干线交通管理是以某条或若干条交通干线为交通管理范围，采取一系列管理措施，优化利用交通干线的时空资源，提高交通干线的运行效率。干线交通管理不同于节点交通管理，它以干线交通运输效率最大为目标。干线交通管理应以道路网络布局为基础，根据道路功能确定具体的交通管理方式。常用的干线交通管理方式有：规划交通拥挤线路单行线、公共交通专用线、货车禁行线、自行车禁行线（或专用线）、"绿波"交通线、特殊运输线路等。

（3）区域交通管理。区域交通管理是城市交通系统管理的最高形式，它以全区域所有车辆的运输效率最大（总延误最小、停车次数最少、总体出行时间最短等）为管理目标。区域交通管理是一种现代化的交通管理模式，是现代城市交通系统管理的发展方向，它需要以城市交通信息系统作为基础，以通信技术、控制技术、计算机技术作为技术支撑。目前，区域交通管理有下列形式：区域信号控制系统，有定时脱机式区域信号控制系统（如TRANSYT）、响应式联机信号控制系统（如SCOOT、SCATA）两种控制模式；智能化区域管理系统，它是智能化交通系统（ITS）的主体，正在研制和试运行的有车辆线路诱导系统和智能化车辆卫星导航系统等。

相对于城市交通需求管理来说，城市交通系统管理具有较大的积极性和主动性，它是通过改善城市交通的点、线、面的运输效率，扩大城市交通能力，以此来适应城市交通发展的需要。就目前我国大多数城市来讲，城市交通系统的能力都能够有一定程度的提高，所以城市交通管理部门应该在这方面下比较大的工夫，在不用投入大量资金的情况下适度改善城市交通状况，缓解城市交通压力。①

## 四、在城市交通管理中注重系统工程方法的应用

系统工程的方法论就是要求人们既定性又定量地研究分析对象，提出最优的政策、方案、措施等。要搞好城市交通，必须有科学的城市交通管理，并严格按照管理方法进行建设。城市道路建设方针、城市道路规划方案、城市交通管理措施的优化是城市交通管理系统工程竭力追求的目标。系统工程学理论的基本点就是要求人们对研究对象作完整、系统、全面的考察与分析。利用系统工程的方法能有效地克服片面性，把握研究的对象。

城市交通管理中涉及的问题，往往是多因素（个体）的复杂系统，系统的优劣是多因素的综合结果，而各个体之间又常常是互不相容的。面对如此复杂的问题，就必须摆脱经验阶段的许多盲目性，自觉地采取科学的解决方法，通过对城市交通有关的大量资料、数据的整理加工，进行系统分析，可以揭示城市交通管理系统各个体的内在联系和发展规律，预测城市交通的发展，为管理提供科学的依据。

以下几种常用的系统工程方法可以在城市交通管理中加以应用：

（1）德尔菲法（专家询问法）。其要点为：将所研究的城市交通问题列为提议明确的若干条子问题，然后给选定的数十位专家征询意见，收回意见后将每个问题进行统计归纳后反馈给专家，进行第二轮征询，收回后再进行统计归纳并反馈给专家，如此反复进行，一般经过了3~4轮，可得到比较集中一致的意见。这样进行的方式就是"假想—反馈—假想—再反馈—达成一致意见"。

（2）模糊评定法。在考虑城市交通管理问题时，通常要综合考虑减少噪声、减少交通事故、确保路口畅行能力，减轻环境污染、减少交通拥挤等因素。模糊综合评定法在城市的交通管理中得到了具体的应用。方法步骤一般为：首先根据管理的精度要求确定合适的单元规模，将交通管理因子的数值添入各单元内，求得隶属函数和模糊关系矩阵，根据城市交通管理的经验决定各评定因子的相对重要程度，进行模糊推理从而得出结论。

（3）层次分析法。层次分析法是将复杂的问题分解为若干层次

---

① 马良成、张培林：《城市交通管理策略探讨》，《城市交通》2003年第10期。

的子系统，在比原问题简单得多的基础上进行分析、比较、量化、排序（单排序），然后再逐级地进行综合（总排序）。它既可以将人的主观判断用数量形式加以表达处理，又可以提示人们某类问题的主观判断前后是否有矛盾。这种将主观判断加以整理、量化和综合的客观方法，是思维过程条理化、数学化，不仅简化了系统的分析和计算，而且有助于保持思维过程的一致性。

（4）数学规划法。数学规划法是将考察的问题建立一个数学模型，并求解模型得到的数据，然后对问题作定性和定量的分析，得出结论。例如在城市交通管理问题中，减少废气排放、减轻污染是其重要工作之一。其本质是研究在城市交通中，由各种汽车尾气排放所产生的污染、排放规律、治理资金，以及与交通规模发展的协调关系，以便从宏观上定性和定量地把握人口、车辆的增加对自然环境的影响。①

---

① 解基源、王建中：《城市交通管理是一项系统工程》，《生产力研究》2004年第9期；周明：《解决我国城市交通管理问题的措施浅析》，《中小企业管理与科技》（上旬刊）2009年第3期；王中亮：《治理城市交通拥堵的对策思考》，《上海经济研究》2006年第4期；倪巍：《现代城市交通管理与发展浅析》，《黑龙江交通科技》2003年第10期。

# 第六章 城市经济管理

## 第一节 城市经济的特征与功能

### 一、城市经济的特征

现代城市的形成,是工业化和城市化发展成熟的标志。现代化早期,城市与工业经济有着密切的联系。随着经济的成熟,土地价格急剧上升,住房价格上涨,城市生活成本提高,加上环境保护意识的增强,工业生产的条件逐渐不利,要求城市经济与社区形态转型,城市经济逐渐从以工业经济为主转向以服务经济为主,服务业成为城市经济的主导产业。因此,现代城市是以服务经济为主体形态的人类经济活动空间,它的基本特征是:

1. 第三产业在经济结构中的比重上升,就业人口的比重不断攀升

现代城市早已不再有第一产业的生产活动,第二产业的生产活动也基本退出了都市区,能够保留下来的只能是占用土地空间很少的一些高科技工业企业,第三产业成为都市区的基本经济活动。世界许多现代化大都市,以及我国的北京、上海、广州这样的大都市,其中心城区的第三产业都占经济结构的80%以上,如果把政府管理活动也作为第三产业统计,那就要占95%以上。与此相应的是就业也必然是以服务业就业为主体。服务业的白领和蓝领职业群体基本替代了传统的产业工人阶级,成为城市经济活动的主要劳动者。而服务业人力资本构成的提高,使服务业的普通劳动与管理劳动的界限日益模糊。

2. 经济活动用地的高度集约化

城市土地价格依据土地级差地租规律形成,非常高昂,因此只有

劳动生产率和投资回报率高的服务业才能立足,而且只有最集约地使用土地空间才能降低成本。现代中央商务区(即 CBD),如纽约的曼哈顿中心区、伦敦的金融城区等,就是城市经济最成熟的城区形态,它们基本上已成为人类空间最集约的经济增长地域。在我国城市经济的发展中,有所谓"楼宇经济"、"总部经济"的提法,反映的就是城市经济要求集约利用土地空间的特征。

3. 货币资本与科技知识等要素高度密集,服务产出以价值量来衡量

在城市的生产投入中,货币资本投入固然是最重要的,但体现为科技手段和知识要素的设备、人力资本也同样重要,因此现代城市实际上是要求以货币资本和科技知识来替代土地资源的经济,没有足够的货币资本和科技知识难以实现最集约地使用土地空间的目的。由于城市经济以服务经济为主,服务产品是主要的产出内容,但服务产品往往没有物理形态,没有实体外观,它的使用价值难以用数量单位来衡量,因此,服务产出的衡量单位只能是价值量,这就使城市经济成为货币经济和虚拟经济的生产中心,货币经济和虚拟经济成为城市经济的基本形态。

4. 生产型消费居于主导地位,消费向城市辖区外拓展

随着城市非生产人口的下降,这里的消费形态也随之转型。与居民生活消费相关的区内消费类型逐渐退居次要位置,或者转型为商务消费、会议消费等生产消费形态。与"楼宇经济"功能相关的生产消费和区外消费的类型和内容不断增加,对中间投入品的消费,对各种相关服务产品的消费以及对知识、信息的消费等将成为都市中心区的主要消费形态。即使是大型百货这类最典型的居民消费类型,也都增加了商品信息消费与配送服务等功能,从而有别于其他地域的商业零售业。

总结以上特征,我们可以得出的认识是,城市经济发展方式转变的实质是提高每个土地单位面积的经济产出,即生产总值和税收,为此应当提高"经济容积率",降低非生产人口。①

---

① 裴长洪:《如何认识城市经济转变发展方式》,《中国党政干部论坛》2008 年第 8 期。

## 二、城市经济的功能

城市经济功能是指，一个城市在不同的空间范围内具有的经济效能和发挥的经济作用。在城市经济发展过程中，城市经济功能大体经历了从单一功能到多元功能、从简单功能到复杂功能、从低级功能向高级功能的演进过程。当今的城市特别是大中型城市，一般都具有多种等级不同的经济功能。在这多种经济功能中，按其作用可以分为主要经济功能和辅助经济功能两大类。

主要经济功能是对城市以外地区发挥经济作用的功能，如输出生产资料、资金、技术、信息、消费品，满足其他地区生产消费和生活消费的需要，组织城市同周边地区的经济联合、经济协作，带动周边地区的经济发展等，这类功能以城市之外地区为主要作用对象，所以可以称之为对外经济功能。辅助经济功能是为城市本身服务的功能，如建设各类基础设施、提供各类生活设施、营造城市文化环境等，这些功能的主要目的是保证城市正常运行，为本市居民提供生活、工作的保障，所以可以称之为对内经济功能。

两类功能相比较而言，主要功能或对外经济功能是第一位的，它决定城市的地位和特征，而辅助功能即对内经济功能虽然必须具备，并在一定条件下影响主要经济功能，但它的作用是从属性的，是城市以外地区除考察投资环境之外不甚关注的问题，所以，讲城市的经济功能一般均指主要功能；提升城市功能、研究城市功能一般也指主要功能。

1. 聚合功能

一个城市吸收、聚合各类资源和生产要素的效能，及城市凭借优越的区位条件、良好的基础设施、聚集经济的内在规律等条件，吸引城市以内的资金、技术、商品、信息、人才等进入城市的经济现象。聚合功能是城市最基础的经济功能，它是城市形成和发展的先决条件。聚合功能是由以下4种经济效应产生的：

（1）同一产业部门中企业的聚集使企业间的分工合作更加容易，专业化水平的提高促进了劳动生产率的增长和生产成本的降低。

（2）企业的集中相应带来了员工的集中，使得有关就业信息的传播更加迅速，也使求职和招聘变得简捷方便。这两种因素直接降低了劳动力供应的成本。

（3）产业所需的特定中间投入和公共服务的经济性。

（4）信息传播和创新产生的经济性。同一产业部门内企业和劳动力的集中使相应的技术、工艺、市场信息在业内的传播扩散更加便利，大量专业人才之间的交流更加频繁，技术创新、管理制度创新愈发变得容易，创新成果的推广将激励劳动生产率的提高。

以上4种经济效应使得城市的聚合功能经久不衰。

2. 加工、制造功能

主要指各类物质商品的生产制造能力和作用。工业革命以后，加工、制造功能成为城市最主要的功能，尽管现代城市的服务业地位不断上升，加工、制造业的地位趋于下降，但一般仍具有相当的规模，其地位仍不可忽视。

另一方面，加工制造业本身也经历了由注重数量扩张、粗放生产向注重质量、集约生产的转变过程，有些城市的加工制造业已经成为高技术含量、高附加值的生产部门，所以，增强城市的加工、制造功能是重视提升城市整体功能的一条重要途径。

3. 服务功能

是指为完成经济活动和实现经济要素流动提供设施、途径及各种手段的综合能力。服务功能涉及面较广，其中包括以立体化交通网络和多样性交通工具为基础的交通物流服务；以信息通信网络为基础的通信信息服务；以各种金融工具为手段的资金融通服务；以各种中介、咨询机构为主体的中介咨询服务；以提供会务展示场所和组织筹划为手段的会务展示服务；以发展旅游业、娱乐业、房地产业、零售商业、餐饮服务业等为途径的生活娱乐服务。提高城市服务功能越来越被人们所重视，发展现代服务业已成为提升城市功能的热点问题。

4. 创新功能

是指根据社会经济发展的规律和趋势，创造新思路、新制度、新技术的能力。城市的创新功能首先表现为思想观念的创新，即在吸取人类一切先进文明成果的基础上，提出新的经济思路和发展理念；其次表现为经济体制、经济制度的创新，包括法律制度、产权制度、市场准入制度、现代企业制度、分配制度、经济管理制度、市场运行规范、社会保障机制；再次表现为科学技术创新，包括基础理论的突破、新技术、新工艺、新材料的开发和推广等。创新功能是城市整体功能的灵魂，它既是推动城市自身经济发展的不竭动力，也是城市功能不断成长、提升的关键。

5. 辐射功能

我们把辐射功能放在最后面,从通常讲的城市集散功能中分离出来,主要考虑到它是城市功能的综合,其含义是指一个城市输出物质要素和精神要素,带动其他地区经济发展的能力。城市的聚集功能、生产功能、创新功能将保证城市产生大量的物质产品,创造出新理念、新制度、新技术,培育出大量专业人才,而这些成果除满足城市自身发展的需要外,将有许多辐射到其他地区,甚至输送出国界。一个城市知名度的大小、地位的高低,在经济意义上取决于城市辐射功能的强弱,因此可以说,辐射功能是城市总体功能的重要标志。

与城市的上述5大功能,是一个完整的功能体系,各种功能都是整体功能的一部分,都是在其他功能的配合下,共同发挥作用的,任何一个功能出现问题,都会影响其他功能和整个功能体系。例如,城市的服务功能跟不上,就会影响经济要素的流动,限制生产功能的发展,而生产功能不得力,聚合功能和辐射功能便动力不足。所以,城市各项经济功能的开发和提升要互相兼顾,彼此协调,以利于发挥城市经济功能的整体优势。

## 第二节　我国城市经济发展中存在的矛盾与问题

改革开放以来,我国城市经济社会保持了持续、快速的发展。城市数量有了很大增长,城市经济规模不断扩大,城市现代化水平大大提高,城镇体系逐步向合理化迈进,城市市场经济体系框架初步形成,城市化、工业化和市场化逐步趋于协调,城市能源利用、技术创新、清洁生产成效显著。但是,实现城市经济发展仍存在许多问题,突出表现在以下几个方面:①

---

① 刘瑞霞:《实现我国城市经济可持续发展的对策探讨》,《经济问题》2008年第6期。

## 一、城市经济体制尚需跨越相当多的制度性障碍

首先，政府职能转变和行政管理体制改革依然不到位，公共服务和社会管理职能还有待加强。在经济活动中城市政府存在着干预过多、行业垄断、行政审批效率低、地区壁垒、地方保护、粗暴执法等现象。此外，严格的城乡分离户籍管理制度，严重制约了城市人口的增长和城市经济的发展，使得城市对生产要素的聚集功能和在区域经济发展中的辐射带动作用难以充分发挥，明显制约了需求的增长和经济社会的发展。

其次，现代市场体系还不规范，不利于资源的优化配置。例如，市场主体的培育和企业家市场的发育不充分。企业家的数量和质量是直接影响城市发展和城市竞争力提升的标志和关键。

再次，国有经济布局战略性调整和国有企业改革依然任重道远，垄断行业改革滞后，与市场经济的要求还有较大差距；国有商业银行的治理结构和经营机制还不健全，直接融资发展不足。此外，还有就业压力较大、收入分配差距明显、社会保障体系还不健全、民生建设任务繁重、统筹城乡发展任务繁重等亟待解决的问题。

上述这些问题的存在，一定程度上制约着促进经济社会可持续发展的体制机制的建立，制约着科学发展和社会和谐目标的实现，深化改革、完善新体制的任务还很艰巨。

## 二、聚合效应有待于得到充分发挥

经济发展到一定阶段，经济要素自然形成集聚，产业形成集群，消费产生集中，聚合效应开始凸现。城市的发展既有赖于厂商聚集，又有赖于居民聚集，生产聚集效应和消费聚集效应同时并存。而中国现阶段，因为管理体制、用地政策以及现有利益格局的限制，跨区域发展受到限制，不少城市发展规模受到限制，既影响了生产和消费聚集效应的发挥，削弱了区域中心城市发展动力，也成为现有超大城市进一步膨胀的因素。

## 三、城市经济质量和可持续发展能力需要大力提升

在城市经济发展上，以资源紧张与环境恶化为核心的经济生态问

题成为影响城市可持续发展的关键要素,原有的以工业化为主体的城市经济的发展模式需要深刻反思。当前,从沿海到内地,我国城市普遍盲目追求产量和总量的提高,产业结构和产出绩效相对被忽视,各城市产业多数仍存在着"高耗能低效益,高投入低产出"的现象,各种资源消耗大,城市的环境建设远远落后于经济增长,城市可持续发展受到严重影响。2004年中国生态现代化水平指数为42分,在118个国家中排第100位。据《中国现代化报告2007》的预测,即使中国顺利地完成了城市发展的生态转型,到2050年前后其生态现代化水平也只能达到世界中等水平。[①]

## 四、城市特色与个性亟待凸显

在城市快速发展中,尤其是中小城市的发展,在城市形态、产业结构、城市定位、建设方式、招商引资等方面,趋同化较为突出,"千城一面"重复建设严重,城市缺乏特色与个性,不仅导致土地资源和资金的竞争、误置与浪费,且给未来发展增加了成本。有关研究指出,东部地区产业相似率达93.5%,中西部地区产业相似率达97.9%。[②]

## 五、城市体系结构需要合理优化

改革开放以来,中国城市得到快速发展,但东中西部发展很不平衡,城市经济的区域空间分布差异明显,城市结构也不尽合理。东部地区城市比较发达,基本上形成大中小相配套和衔接的城市网络体系。而中部地区,尤其是西部地区具备区域中心地位的大城市与特大城市较少。即使是东部沿海城市内部也有明显的经济差别。据上海《文汇报》2007年3月23日报道,15个沿海开放城市经济总量差别较大:上海地区生产总值突破1万亿元,随后是广州超过6000亿元、天津超过4000亿元、青岛超过3000亿元,宁波、大连、烟台超过2000亿元,温州、南通、福州、威海在1000亿元以上。

---

① 刘士林:《以"大都市"与"城市群"的拔节声作证——纪念中国改革开放30周年》,《社会科学》2008年第6期。

② 中国现代化战略研究课题组:《中国现代化报告2007》,北京大学出版社2007年版。

此外，对于中国的"大都市"与"城市群"而言，目前存在的主要问题是发育不足和发展不全面，与全球格局中的"国际化大都市"与"世界级城市群"相比还有较大的差距。发育不足主要体现在城市经济上。如美国三大城市群（大纽约区、五大湖区、大洛杉矶区）的 GDP 占到全美国的 67%，日本三大城市群（大东京区、阪神区、名古屋区）的 GDP 占到全日本的 70%。中国长三角、珠三角、京津冀加在一起才占全国 GDP 的 38%，即使按照相关预测，到 2020 年前后其人口与 GDP 可以分别上升到 30% 和 60%，[1] 与世界城市群已达到的水平仍有较大差距。[2]

## 第三节 未来我国城市经济管理的创新路径

### 一、以科学发展观为统领，落实可持续发展战略

（1）进一步加大城市可持续发展的宣传教育力度，使全社会都充分认识我国人口多、人均资源少、城市环境形势严峻的现状，深刻理解城市可持续发展的内涵和实施途径，牢固树立经济效益、社会效益、资源效益、环境效益相统一的可持续发展观念。

（2）在推进城市经济发展过程中，要注重通过具体措施引导和规范人们自觉节约资源、清洁生产、文明消费、爱护环境、保护生态。

（3）按照科学发展观的要求，综合考虑城市资源、生态、环境、社会等因素，特别要重视对城市空间资源（土地、矿产等）及其衍生资本的研究，把资源、环境、人文等因素切实纳入城市发展的重要目标，并以此制定发展战略，确定经济结构调整和区域布局规划。

（4）建立城市可持续发展的指标体系，强化经济指标、人文指标、资源指标和环境指标全面考核发展的政绩意识，使人们对城市的发展度、协调度、持续度有一个更为清晰的认识，同时也为考核干部

---

[1] 张国云：《经营城市：盘活这份国有资产》，《中国经济时报》2001 年 8 月 17 日。
[2] 付晓东、余婧、李耀辉：《中国城市经济快速发展的 30 年》，《青岛科技大学学报》（社会科学版）2009 年第 2 期。

政绩、制定城市发展规划和政策提供科学依据。

## 二、转变政府职能，推进城市管理体制和机制的有效更新

创新城市管理体制和机制，就是要通过深化改革，转变职能，建立和完善政府调控与市场经济有机结合的管理体制和运行机制，即在政府控制规划、垄断土地等重要自然资源的前提下，通过市场机制配置城市各种经济资源，使整个城市的规划、建设和管理走上市场经济运行的轨道，充分发挥政府在城市经济发展中的调控和支持作用。

（1）按照新城市经济发展要求进行职能转型和组织创新，建立科学、高效的宏观协调机制和城市管理体系。具体讲就是要通过制定规划、政策和法规培育规范的市场体系，维护企业发展和有序竞争；通过运用财政、税收、金融、价格、投资等经济手段对市场进行调节和调控，创造良好的城市经济发展环境，维护城市经济发展的正确方向，促进城市经济的可持续发展。

（2）加强城市经济规划的调控和指导。主要是按照经营城市的要求，搞好城市"经济规划"，并制定相应的配套政策，使城市空间和城市功能载体的一切经济资源要素进行合理的集聚、重组和运营，以实现城市资源配置容量和效益的最大化、最优化，提升城市经济的综合竞争能力。

（3）通过建立各项管理制度，如环境影响评价制度、许可证制度、城市环境综合整治定量考核制度等，保障和支持城市经济的可持续发展。

（4）建立保障城市可持续发展的信息系统，加强城市信息资料的收集、评价和分析，使决策部门能够及时、准确地获取最新和综合的信息。

## 三、加大经济结构调整力度，提升城市经济的持续强劲能力

（1）在产业产品结构调整方面，依靠科技进步和科技创新，加快产业技术升级和产业产品结构调整，促进城市经济结构不断向高级化迈进，建立低耗高产的节约型城市经济体系。城郊农业结构调整要

以改善生态环境为基础，发展基地化设施农业、创汇农业、生态农业、旅游观光农业等。工业结构调整要在利用现代技术加快对传统产业的改组改造的同时，着力于发展高新技术产业，推行清洁生产、扶持环保工业，使企业生产逐步实现"物质最佳循环"和"资源最大利用"。另外，要大力发展附加值高和就业容量大的金融保险、信息服务、专业服务等第三产业，提升城市大生产、大市场、大服务综合功能，带动和促进城市经济可持续发展。

（2）在区域结构调整方面，按照统筹城乡发展的要求，以大都市和区域性中心城市为依托，构建城市区域经济协调和运作体系，强化城市经济的专业化协作程度，充分发挥大都市和区域性中心城市动力源、辐射点以及重要产业联系与分工协作架构的组织者的作用，从而带动和促进周边或更大区域乃至全国经济社会的发展。要以生态链条为纽带，统筹区域各类产业，构建可持续的生产和消费体系，逐步建成循环型社会，把城市经济活动对自然的影响和资源的消耗降到最低程度。要有计划、有步骤地进行产业转移，逐步淘汰和转移城市中心区污染重、占地多的工业；一些劳动密集型的加工工业应向乡镇和小城市转移，以缓解大中城市压力，缓解小城市和乡村劳动力闲置的矛盾。

## 四、突破发展瓶颈，优化城市经济资源环境

当前，土地、水资源和污水、垃圾处理问题，是制约城市可持续发展的主要因素，必须下大力气解决。

（1）在土地集约利用方面。要按照产业集聚、布局集中、用地集约的原则，布局和建设城市基础设施和公共服务设施，提高城市土地集约利用的科学性和实用性，科学有序地推进城市规模的扩大。同时，在坚持管住总量、严控增量的同时，建立规范的土地市场，盘活存量土地，利用土地置换等手段来最大范围地发挥土地利用效率，利用提高地价、税收、补贴等手段促进城市土地的集约利用，切实缓解用地矛盾。

（2）在城市节水方面。要从水的社会循环出发，将城市供水、用水、节水和污水处理与废水回收进行统一规划，进一步完善城市节水管理的法规，加大执法力度，加强执法监督，真正做到依法管水。

（3）在城市垃圾处理方面。要围绕构建城市垃圾处理产业化新机制，完善垃圾处理法律法规，明确垃圾处理的责任权利义务，建立企业管理、政府监督、法律保障的垃圾处理机制，推进城市垃圾排放和处理的规范化、法制化。要推进垃圾处理的市场体系建设，鼓励企业进行将垃圾回收再生利用的产品经营，允许那些技术含量高的企业参与竞争，逐步由政府的公益行为转化为企业的社会服务行为，以弥补政府投入不足的缺陷。另外，要重视垃圾处理的科技创新，增加垃圾处理的科技投入，不断提高垃圾处理的技术水平。

## 五、加快产业转型，大力推进资源型城市的路径转轨

实现资源型城市的可持续发展，除了要注重大力推进清洁生产、发展循环经济外，关键是要发展替代型支柱产业，加快这些城市实现产业转型。为此，要结合资源型城市的自身特点和区位条件，大力推进经济结构调整，着力培育多元化的主导产业和支柱产业，使城市经济支撑体系由过去单一型向多元化转变，促进资源型城市区域经济协调和可持续发展。

要进一步推进资源型城市的开放与市际合作，消除壁垒，弱化行政区划概念，强化市场配置资源作用，建立区域发展协调互动机制，充分利用国际、国内的两个市场和两种资源，在更大的空间范围内推进资源型城市的产业转型，实现资源型城市的可持续发展。鉴于资源型城市底子薄、欠账多的实际，要按照分类指导原则，国家制定相应的政策，支持这些资源型城市的转型和发展。①

---

① 刘瑞霞：《实现我国城市经济可持续发展的对策探讨》，《经济问题》2008年第6期。

# 第七章 城市社区管理

## 第一节 城市社区管理的内涵、模式及意义

### 一、城市社区管理的内涵

城市社区是指生活在一定地域范围内,且大多数有劳动能力的人都从事工商业或其他非农产业,并达到一定数量的人口所形成的社会生活共同体。城市社区是城市的细胞和基础,是社会问题最敏感、最集中的地区,也是我国基层政权稳定巩固的载体。城市社区是相对于农村社区而言的,其特点主要表现为:

（1）人口高度集中,生活空间相对狭小;
（2）居民从事非农产业,异质性强,价值取向多元;
（3）生活方式多样化,人际关系业缘化,情感色彩较淡薄;
（4）组织程度较高,结构复杂,形式多样。

城市社区有多种表现形式：从规模上,大的可以指一个城市甚至相邻的几个城市,小的指城市内部自然形成的小型社区。我国当今的城市中,社区是以街道办事处和居委会所辖区域为主要标志的。据民政部资料,目前,全国共有737个市辖区、5732个街道办事处、11.9万个居委会、117.2万个居民小组。

城市社区管理是指城市政府及其职能部门,动员和依靠社区各方面的力量,依据有关法律法规,对社区内的各项公共事务和公益事业进行规划、组织、指挥、控制、协调的过程。由于城市社区不同于一般的"行政区",社区成员形成的各种利益关系,往往不是以行政权力的介入为前提,而是以自主、平等的社会成员的共同需要为纽带,是通过居民自治组织（居委会）,以一定的契约（居民公约）为基础建立起来的,因此,社区管理始终贯穿着自我管理、自我发展、自我

服务的性质，体现着"共治、共享、共有"的特征。①

## 二、国际上城市社区管理的主要模式

国外特别是欧美发达国家，政府在促进社区发展和管理上，基本采取了"政府负责规划、指导，给予资助，社区组织负责具体实施"的运作方式。政府每年要制定社区发展的整体规划，出台相应的政策，并把社区拟办的事情公布于众，征求居民意见并加以修改。同时，政府每年要拨出资金，专门用于社区发展和管理。在欧美等国家，城市公共管理是社会化的，凡是属于社会的公共设施和生活福利设施的建设与运营，都是作为独立行业出现的。

城市社区管理涉及的基本关系是政府行为与社区行为的相互关系，从这一角度可将国外城市社区管理模式概括为3种类型：政府主导模式、社区自治模式和混合模式。

1. 政府主导模式

该模式的基本特点是政府行为与社区行为的紧密结合，政府对社区的干预较为直接和具体，并在社区设有各种形式的派出机构，社区管理的行政性较强、官方色彩较浓。以新加坡为例，政府中设有国家住宅发展局负责对社区工作的指导和管理，其主要职能包括：

（1）对住宅小区、邻里中心和社区中心及其公共服务设施的规划；

（2）对社区领袖和居民顾问委员会、社区中心管理委员会及居民委员会等社区组织领导人进行培训；

（3）为居民委员会提供场所和设施，沟通政府与社区的联系渠道；

（4）发起某些社区活动，倡导特定的社会价值观；

（5）对社区建设予以财政上的支持。

2. 社区自治模式

该模式的主要特点是政府行为与社区行为相对分离。政府对社区的干预主要以间接的方式进行，其主要职能是通过制定各种法律法规去规范社区内不同集团、组织、家庭和个人的行为，协调社区内的各

---

① 陆云飞：《城市社区管理及其问题与对策》，《唯实》2003年第8~9期。

种利益关系，并为社区成员的民主参与提供制度保障。而社区内的具体事务则完全实行自主自治，与政府部门并没有直接的联系。

在这种模式下，社区发展规划仍是由政府部门负责编制并拨款加以实施的，但规划过程却充分体现了自上而下与自下而上相结合的原则。以美国为例，由于最高法院根据宪法修正案裁定：只要不影响区域或国家的整体发展，每个社区都有权决定自己的特色。因此，涉及社区建设的规划编制和修改、土地利用法规和开发计划的审批等，都要举行听政会征询社会成员的意见。

3. 混合模式

在混合模式中，政府对社区发展的干预较为宽松，政府的主要职能是规划、指导并提供经费支持，官方色彩与民间自治特点在社区发展的许多方面交织在一起。日本是这一模式的代表之一。在政府系统中，由自治省负责社区工作，由地方政府设立"社区建设委员会"和"自治活动课"等相应机构。

在城市基层社区层面，日本设有"町会联合会"和"町会"这两个层次的带有行政色彩的自治组织，它们在许多方面分别发挥着类似我国街道和居民委员会的作用。町会联合会的职能主要包括垃圾的收集和清运、青少年教育，并与警察机构和地方政府组成联合防范协会改善社区的治安状况。町会则承担了大量与社区成员相关的日常事务，主要包括环卫管理、青少年教育、社区治安、办理国民健康保险、办理社会福利、代收税款以及对保释人员的教育跟踪和刑释人员的就业安置等。[①]

## 三、加强和改善城市社区管理的意义

加强和改善城市社区管理，对于我国的现代化建设和改革开放，有着巨大而深远的意义。

1. 有利于推进城市化进程和社会主义市场经济体制的建立与完善

我国正在全力推进城市化战略，城市管理面临着繁重的任务，这些任务仅靠政府有关管理部门已难以完成，继续维持政府包揽一切的

---

① 冷熙亮：《国外城市管理体制的发展趋势及其启示》，《城市问题》2001年第1期。

城市管理模式也难以取得好的效果。为此，必须加强和改善城市社区管理工作，将城市管理重心下移，把政府包揽一切的传统城市管理模式，改造成在党和政府的领导下，健全城市社区组织体系，完善社区功能，培育社区意识，使社区内的政府组织、社团组织、企事业单位和社区居民都成为城市管理的参与者。通过加强和改善社区管理使城市管理的各项措施落到实处，不断提高城市化水平，这将为城市化战略的顺利推进奠定一个良好的城市管理基础。

随着我国经济体制改革的深化，企事业单位的社会职能逐步剥离而交还给社会，落实到社区，职工正由"单位"人向"社区人"转化，社区承担"单位"剥离出来的一些社会职能，诸如为居民提供社会化服务，实行对退休人员、失业人员的社区管理，对独立于企事业单位的社会保障体系提供社区服务支持等，这为社会主义市场经济体制的建立和完善，提供了积极有效的社会条件。

### 2. 有利于加强社会主义精神文明建设

维护基层社会稳定，社区是深入持久开展群众性的文化、卫生、体育和科普活动，倡导文明健康生活方式，反对封建迷信，拒绝邪教和各种伪科学的重要阵地，它在社会主义精神文明建设中具有独特的不可替代的地位。因此，搞好社区管理，是社会主义精神文明建设的重要环节。同时，社区是社会的基础，社区稳定了，就为整个社会的稳定和国家的长治久安作出了贡献。加强社区管理，化解基层出现的各种矛盾，维护基层的社会治安，是实现政权稳定的重要基础性工作。

### 3. 有利于推进政治体制改革和政治民主化进程

我国的政治体制改革正在积极稳健地推进。政治体制的改革，要求政府转变职能，把那些不该管、管不了、管不好的事务交给社会其他组织来管。社区管理的加强与改善，适应了政府体制改革的要求。同时，政治民主化的发展意味着广大居民越来越广泛地参与社会公共管理与政治生活。社区管理中广大市民的广泛参与，实现了一定程度的自治和建立了相应的自治组织，是我国社会主义民主政治的重要表现，将会大大地推进我国的政治民主化进程。[①]

---

① 陆云飞：《城市社区管理及其问题与对策》，《唯实》2003 年第 8~9 期。

## 第二节 我国城市社区管理改革的历程与内容

### 一、我国城市社区管理改革的历程

1. 社区服务：20世纪80年代的新探索

20世纪80年代经济改革的目的是增强企业活力。为了实现这一目的，企业需要改变企业办社会的状况，政府也需要转变政府职能。正是在这一背景下，民政部提出社会福利社会化，并在全国试点、推广社区服务。根据民政部的定义，社区服务业是在政府倡导下，为满足社会成员的多种需求，以社区组织为依托，具有社会福利性质的居民服务业。它具有福利性、群众性、服务性、区域性的特点。

1993年民政部等14部委《关于加快发展社区服务业的意见》提出社区服务业的发展目标：到2000年基本建成多种经济成分并存、服务门类齐全、服务质量和管理水平较高的社区服务网络；社区服务业产值每年要以13.6%的速度增长；85%以上的街道兴办一所社区服务中心、一所老年公寓、一所残疾人收托所和一所以上托幼机构。

为了实现这些目标，采取的措施是自上而下，下达指标，限期完成，评比验收。这些措施是政府的传统做法，当然也产生了"欺上瞒下，数据掺假"等传统问题。社区服务虽然涉及社区管理体制，但它本身并不包含社区管理体制改革的内容，它是作为社会保障的一项内容被提出的。时任民政部部长崔乃夫说："为什么要开展社区服务？只有把它放入建立社会保障制度的大背景下去考虑，才能讲清楚。仅有经济方面的保障，社会保障体系还短一大块，那就是服务性保障。"[①] 虽然推行社区服务的初衷并不是社区管理体制改革，但是它存在的问题却与行政化的社区管理体制有关。

此外，由于流动人口大量增加，城市中的大量人员游离于单位制之外，再加上企业出于增强活力的考虑，不再向员工提供各种福利服

---

① 崔乃夫：《在大连市社区服务工作座谈会上的讲话》，中国社会出版社1991年版。

务,这样大量的社会管理和服务被推给了街道和居委会,社区工作人员的顺口溜很好地说明了社区事务激增:社区是个框,什么都往里装;上面千条线,下面一根针。但是街道和居委会历来是无权、无钱、无势的"三无"部门,其组织体系、人员素质难以承受如此繁重的事务。从外部制度环境看,在社区层面,各部门条块分割严重,事权钱分离。社区服务本身存在的问题以及社区事务的急剧增加客观上要求对社区管理体制进行改革,于是社区建设在90年代浮出水面。

## 2. 社区建设:20世纪90年代的新主题

社区建设类似于联合国在发展中国家开展的社区发展运动,由民政部在1991年提出。根据民政部的官方文件,社区建设的内容包括拓展社区服务、发展社区卫生、繁荣社区文化、美化社区环境、加强社区治安。其目的是构建新的社区组织体系;促进社区服务网络化和产业化,努力提高居民生活质量;建立与社会主义市场经济体制相适应的社区管理体制和运行机制;建设管理有序、服务完善、环境优美、治安良好、生活便利、人际关系和谐的新型现代化社区。

可见,社区管理体制改革是社区建设的目标之一,但是"建立与社会主义市场经济体制相适应的社区管理体制"这个表述是很不明确的,什么叫"相适应"语焉不详,实际上也没法说清楚。中国的许多改革都是从地方开始,走一条"地方出经验,中央出文件"的路子。社区管理体制改革也是这样。20世纪90年代后期,上海、南京、沈阳、深圳、武汉等城市,陆续进行社区管理体制改革,积极探索适应现代社会发展需求的新型社区管理体制,其中,上海的"两级政府,三级管理"模式最具代表性和典型性。上海模式的要点是:确立街道办对辖区管理负总责的地位,以块为主、融条于块;赋予街道办对职能部门派出机构的领导权或统筹协调权、对综合执法的指挥调度权、对管理机构的监督权;赋予相应的财权;实行政企分开、政社分开、社企分开。①

在吸收各地改革经验的基础上,2000年中共中央办公厅和国务院办公厅转发了《民政部关于在全国推进城市社区建设的意见》,社区管理体制改革在全国城市遂成燎原之势。社区管理改革确实使社区治

---

① 张立荣、李莉:《当代中国城市社区组织管理体制:模式分析和改革探索》,《华中师范大学学报》(人文社会科学版)2001年第3期。

理结构发生了很大变化，首先是居民的概念有了新内涵，社区居民的范围从原来的自然人扩大到法人和组织；① 其次是管理组织更加健全，如社区党组织、社区居民委员会、社区居民代表大会、社区协调委员会，社区工作人员的年龄结构和知识结构也有所改善；第三也是最重要的一点是，改革的重点是权力和事务向基层"下沉"，街居的规模和权力逐渐增大，特别是街道办事处的权力急剧扩大，俨然成为一级政府，居委会的结构模式和运行模式也是行政化模式，例如，深圳市规定，居委会主任享受副科级待遇，居委会的办公用房和大部分办公经费都由政府解决。

各个城市的社会管理改革都号称由政府本位向社会本位过渡，从而实现"小政府，大社会"的目标，但是改革的措施和结果似乎并不符合这一目标。改革的实际效果是，社区建设通过重建基层组织网络来填补单位制松动或解体后形成的社会管理和社会服务真空，"通过层层放权强化政府对城市基层社区的管理，进一步扩大了国家进行社会管理和控制的制度性网络"。②

3. 社区工作站：社区管理改革的新举措

中共中央办公厅和国务院办公厅转发《民政部关于在全国推进城市社区建设的意见》，极大地刺激了地方政府的改革热情，许多城市进行了以设立社区工作站为主要内容的社区管理改革新探索，在新世纪之初形成了百舸争流的新气象。近年来，许多城市相继设立了社区工作站，但是各地的社区工作站从一开始就名同实异，主要有3种模式。

(1) "议行分设"模式。2003年北京西城区推行这一模式。议行分设的特点是实行"一会两站"，即在社区居委会下面设立社区工作站和社区服务站。居委会作为议事组织对社区重大事务和社区管理行使决策权、监督权；工作站、服务站作为居委会的"执行"机构，分别完成政府委托的行政工作、办理社区自治事务和为民服务。大连、广州、杭州、宁波、南京、常州和青岛等地的部分城区也实行"议行分设"模式。

(2) "居站分设"模式。2005年深圳开始推行这种模式。"居站

---

①② 夏建中：《城市社区基层社会管理组织的变革及其主要原因》，《江苏社会科学》2002年第1期。

分设"是指在基层社区同时设立社区工作站和居民委员会,两者相互独立,前者承担行政管理和服务工作,后者从事居民自治事务。根据《深圳市社区工作站管理试行办法》,社区工作站是政府在社区的服务平台,协助、配合政府及其工作部门在社区开展工作,为社区居民提供服务。社区工作站在街道党工委、街道办事处的领导下开展工作,并接受市、区民政部门及其他政府工作部门的业务指导;工作人员的管理原则上参照深圳市机关事业单位普通雇员管理的有关规定执行。

根据这些规定,社区工作站应该类似于政府全额拨款的事业单位。社区工作站与社区居委会之间的关系是政府工作机构和群众自治组织的关系,两者相互支持、相互配合,各司其职、各负其责。

(3)"民非"模式。2005年上海开始实行这种模式。所谓"民非"模式是指社区工作站的性质是民办非企业单位,它承接政府部门、街道办事处下放到基层的社会性事务工作,如社会救助、救济对象的调查摸底等;承接从居委会剥离出来的社会性事务,如协助调解民间纠纷、协助开展社会调查等;承接社区公益性服务,如社区服务和企业退休人员社区管理后的相关服务工作及各类为老服务等。

在上述3种模式中,议行分设模式是对传统的议行合一模式的改造。在议行合一模式中,城市社区的自治职能、管理职能和服务职能是三位一体的。在议行分设模式中,管理职能和服务职能相对分离,但是仍然接受居委会的领导。议行分设体制并没有改变议行合一体制中居委会行政化的特点,只是为了完成社区越来越多的行政事务,而在居委会内部增设了机构和人员,因而在某种程度上还加重了居委会的行政化色彩。居委会行政化在我国学界颇受诟病,因为自治职能的行政化既有违背基层民主化潮流,也面临法理困境,但是居委会行政化在我国有长达50年的历史,而且也符合宪法和居委会组织法的有关规定,地方政府要改变它必然面临法律上的障碍和操作上的困难。因此,议行分设模式在现有法律框架中是一个较为稳妥的选择。

"民非"模式也完全符合现有法律规定,它与议行分设模式的区别在于,把社区服务职能从居委会中分离出来由民办非企业单位承担,这一做法与西方社会福利改革的民间化趋势是一致的。然而,"民非"模式并没有触动居委会行政化这根敏感的神经,在改革居委会的行政化方面,还是居站分设模式走得最远(当然最远不一定就是最好)。

居站分设改革的初衷是还居委会的自治面目使政府的归政府,社会的归社会。从议行分设到居站分设是社区管理改革中的一次大胆探索。如果从"求新"的角度看,居站分设模式无疑是最有新意的,它实质性地改变了社区的组织结构,恢复了居委会的本来面目,还居委会以自治职能,将有利于深化城市社区自治,推动城市基层民主进程。但是从近几年来的改革实践看,居站分设模式存在的问题也是比较突出的。[①]

## 二、我国城市社区管理改革的主要内容

城市社区管理体制处于政府与居民的最紧密联系层面,其设置是否合理,运行是否有效,直接关系到政权的稳固和社会主义民主政治建设。正因如此,从 20 世纪 90 年代开始,我国积极而慎重地开展了城市社区管理体制的改革。这些改革主要涉及到如下方面:

1. 界定街道办事处的性质和职能

街道办事处作为政府的派出机构,不是一级政府,但又承担着一级政府的职能,这是社区管理体制中存在的最大问题。必须重新界定街道办事处的性质与职能。街道办事处作为政府的派出机构,应管好自己该管的事,如市政管理、社区服务、社区综合治理、精神文明建设等,在这方面行使组织领导、综合协调、监督检查的职能,而那些不该管的事务要转移出去。

2. 重组社区管理的组织结构与权力格局

世界城市管理的发展趋势是从行政管理为主,逐步过渡到社区自治为主,还权于民。我们应努力向此目标发展,建设一套适应我国特点的城市社区管理体系,从制度上真正保证社区民主自治。根据此要求,要对街道办事处的建制和设置规模及组织结构进行调整,改革的重点是权力重心下移,强化街道办事处的权限。这些权限包括:社区规划的参与权、分级管理权、综合协调权、属地管理权。

同时,为防止社区管理权限的完全行政化,有必要成立"社区管委会",其成员由社区内的各类组织、单位、居委会代表和居民代

---

① 徐道稳:《我国城市社区管理体制的改革和发展》,《海南大学学报》(人文社会科学版) 2009 年第 3 期。

表参加，其职能为：工作建议权、配合协调权、检查监督权等。这种机构的成立，意味着社区内的各种组织参与社区管理与权力分配。

3. 理顺社区行政管理机构与党组织的关系，加强和改善社区党建工作

社区管理体制的改革必须重视加强和改善党的领导，理顺街道办事处与街道党组织之间的关系，这是党的性质和社区管理面临的新情况决定的。中国共产党是社会主义事业的领导核心，因此，街道党委应在社区管理体制中处于核心领导地位。过去，在单位体制下，作为社区党组织的街道党委所起的作用有限，社区党的建设工作也比较薄弱。随着改革的深入，"单位体制"逐步瓦解，单位的许多功能要转到社区中来，社区管理任务日益繁重，大批退休职工，包括其中的党员的管理也将由单位管理转向属地管理，这也就要求加强社区党的工作。

街道党委的核心领导作用主要体现在政治领导、思想领导和组织领导上，社区内的行政和公共事务则应由街道办事处、居委会等行政组织和社区自治组织去完成。现在有的地方街道党委包揽一切，插手社区所有行政与社会事务，实际上是削弱党的领导。

4. 建立政企分开的社区行政管理体制

现在，全国不少社区都在发展以第三产业为主的街道经济，街道办事处直接兴办了不少企业，上级对其亦有经济考核指标，街办的不少干部也直接搞经济工作。这也是政企不分的表现。街道办事处作为政府机构是不能直接办企业的。现在，应按政企分开的原则，理顺街道办事处与其所属企业的关系，使街道退出对企业的直接管理，并通过建立现代企业制度，实现规范的产权管理。街道办事处应把主要精力放在社区公共事务的管理上，着力塑造良好的社区环境。

5. 增强社区管理的基础，逐步实现社区自治

居委会作为群众性自治组织，是城市社区中最基层的组织，在社区管理中具有不可或缺的功能，是城市管理的坚实基层。但居委会不是政权组织，也不是行政单位，它开展工作主要靠自身的凝聚力、号召力和社区居民的自觉参与。

在社区管理体制改革中，要真正体现社区自治的原则，做到依法管理社区，就要认真搞好居委会的工作。一是要尊重居委会的自治地

位，真正通过民主选举产生居委会。二是政府部门不能用分派的方式向社区自治组织下达任务，不能将属于政府有关部门职责范围的行政工作转嫁给社区，甚至用行政办法包办社区工作。三是帮助居委会加强自身建设，提高自己的管理水平。四是注意改善居委会的工作条件，适当提高居委会管理人员的待遇。[①]

## 第三节 当前我国城市社区管理存在的问题及其原因分析

### 一、当前我国城市社区管理存在的问题

改革开放以来，我国的城市社区管理体制和管理方式进行了改革与探索，取得了有益的成效。但是，随着城市化进程的加快，从社区管理与国际接轨和社会主义现代化要求来看，我国的社区管理现状还存在着许多问题。主要表现在：

1. 管理观念落后

我国的社会主义市场经济正在蓬勃发展，加入 WTO 后，城市化的进程大为加快，城市的功能有了很大发展。但是，我国的一些城市管理机关、管理干部的观念仍然停留在计划经济时代，不适应形势的要求，仍然用"一竿子捅到底"的方式，运用行政权力去管事，不愿放权。这些思想观念严重地制约着社区管理体制的改革和社区管理的发展。

2. 政府部门的"越位"和社区组织的"错位"

政府的理想角色应是"主导者、组织者、指导者和参与者"，应该主要做好管理规划、组织协调、政策引导、资金扶持和教育培训等工作。《中华人民共和国城市居民委员会组织法》明确规定了居民委员会是"居民自我管理、自我教育、自我服务的基层群众性自治组织"。但是当前政府部门却过多地干预社区居委会的工作，作为区政府派出机构的街道办事处直接领导和管理社区居委会工作的现象还较

---

① 苏彬等：《城市社区管理问题探析》，《西安石油大学学报》（社会科学版）2007年第3期。

为普遍，居民委员会的自治性一直没能得到落实。目前，居民委员会实际上的角色是街道办事处的一个执行机构，并且过多地承揽了本该由政府办理的事务，成了一个全能主义的准行政组织。居民委员会本该首先对居民负责，但现实中却是首先对政府负责。

我国现行社区组织中除了政府机构、居委会以外，还包括社区内的各类单位组织，它们往往隶属于各自不同的上级单位，社区内的许多单位处于"小而全"、"大而全"的半封闭状态，"单位办社会"现象十分严重。这种状况，割裂了社区生活的有机联系，造成了政府职能与社区组织职能的错位。社区管理因此而处于"多头、乱头、无头"状态，后勤服务和福利设施的重复建设与利用率低，专业性的社区服务难以展开。

### 3. 社区管理的法律制度不健全

城市社区管理是一个比较新的观念，要让人们更新固有观念，投入到社区建设和管理中，一方面要借助于教育宣传，但更重要的还是要靠健全的法律制度来规范和调整城市社区发展中的一系列问题。但到目前为止，我国还没有形成一部较完整的城市社区管理方面的法律规范，社区管理活动仍旧依靠行政命令，缺乏充足的法律依据，同时，在执法过程中也存在着执法队伍不健全、缺乏专业化人员、执法主体多元化等问题。

### 4. "重管理、轻服务"现象相当普遍

目前，我国社区管理普遍存在着重管理轻服务现象，提供的服务项目、服务质量难以满足社区居民的要求，多数社区服务还停留在传统性、福利性和救助性的服务上，缺少面向整个社区居民的物质和精神需要的全面服务，未实现由民政福利型的服务向社会管理型的服务转变，社区管理人员的素质较低，也难以满足社区服务的要求。

### 5. 自治程度低，社区居民参与意识不强

目前作为社区自治组织的社区居民委员会表现出对政府及其派出机关的全方位依赖，其与政府之间的关系不是相对独立的关系，而是全面依附的关系。政府全面主导了社区居民委员会的工作，从而使社区居民委员会日益与社会脱离，日益与社区居民脱离，成为代表政府管理社会的力量，正在逐渐或完全失去其自治性。

（1）社区缺乏自治章程。一是作为社团的自治组织都有相应的自治章程。而社区居民委员会的建立完全是在政府的运作下成立的，

因而成立时并不需要章程，所以目前绝大部分社区居民委员会并没有自治章程。二是章程的制定应该由全体社区居民或社区居民会议协商制定，但现实中所存在的社区自治章程是由街道办事处制定的，居民并没有制定权。如青岛市市南区珠海路街道办事处燕儿岛社区居民委员会章程就是完全由街道办事处制定，分发给各社区遵照执行的，就是社区居民会议、社区居委会的有关制度规定也是由街道办事处来制定。

（2）城市社区缺乏日常决策权。依据居委会组织法"对涉及全体居民利益的重要问题，居民委员会必须提请居民会议讨论决定"，"居民委员会向居民会议负责并报告工作"，这就是说，居民会议是社区公共事务的决策机构，是社区自治的权力中心。但现实中，社区居民会议对社区公共事务的决策权受到来自政府行政机构和社区党组织的强烈冲击，政府组织和社区党组织越过社区居民会议随意对社区居民委员会发号施令，随意摊派工作，社区决策机构——社区居民会议完全被架空，成了摆设。现实中，居民会议一年也召开不了几次，即使能正常召开，也基本上形成不了决议。

（3）城市社区缺乏财力。我国法律规定，社区居民委员会的工作经费及其成员的生活补贴的范围、标准和来源，由基层政府规定并拨付；经居民会议通过，可以从居民委员会的经济收入中给予适当补助。从目前来看，由于社区居委会经营项目收入不固定，其办公经费和成员的工资、补助基本上全部由街道办事处承担。而由于街道办事处本身经费就紧张，这样，拨付到社区居委会的工作经费寥寥无几。社区居委会成员的工资或补助由街道办事处给付，造成"端谁的饭碗归谁管"，社区居委会不得不依附于街道办事处。目前我国城市社区管理的主体多数为街道办事处，由于街道办事处的财政机制不健全，运转不科学，甚至还对当地的区政府承担着上缴任务，这就造成多数街道办事处把工作重点放在经济创收上，而没有或少有精力顾及城市社区的管理，影响了城市社区的发展建设。

（4）城市社区管理缺乏专业人员。目前我国城市街道办事处和居委会普遍存在干部年龄老化、专业文化知识结构不合理、业务素质低的现象。据统计，我国社区服务人员队伍中，专职服务人员575130人，兼职人员604560人，110多万社区服务队伍中专业技术人员只占10%（其中不乏兼职社区服务的），专业管理人员仅为

6%。这种状况势必在一定程度上制约城市社区管理和社区功能的正常发挥。①

社区建设是一项新事物，社区建设的内涵、范畴及为什么要搞社区建设等问题，广大群众并不了解熟悉。所以许多社区居民仍把社区管理工作完全看作是政府、街道办事处和居委会的事，依赖心理和领受意识强，对社区的管理工作不关心甚至不配合，在大多数情况下只是参与社区具体事务的运作，尤其是社区内所出现的临时性活动，例如文化娱乐性活动，很少参与社区事务的决策和管理，这样就制约了社区管理全面地、纵深地发展。②

## 二、当前我国城市社区管理存在问题的原因

我国目前正处于由计划经济向市场经济、单位制向社区制转型的过渡时期，这种转型是必然的趋势，但是变革旧体制和建立新体制并不是一蹴而就的，旧体制还存在着相当能量的惯性。所以，在转型期这个特定时期，新旧体制不可避免地会出现相互摩擦、相互矛盾的情况。当前我国城市社区管理的问题，正是由于新旧体制间的矛盾所产生的。

计划经济体制下实行的行政全能主义管理模式，还在影响着正在转变的政府，使得政府的"越位"行为不断产生，并且这种"越位"行为不论是在政府还是居民眼中都是合理合法的。同时，由于长期受计划经济体制和单位制的影响，居民的自主管理意识和社区归属感都很淡，制约了城市社区非营利组织的健康发展。

1. 行政全能主义和政社不分的陈旧观念，使政府有意无意地干预社区自治组织，实际掌握的公共权力又使政府部门的这种干预成为了可能

（1）政府主观上习惯于领导社区自治组织。单位制向社区制转型过程中，有些政府部门囿于既得的权力和利益，在实际操作中没能将非政府职能彻底剥离出来；有些政府部门习惯于计划体制下的行政

---

① 刘勇：《对我国城市社区管理的若干思考》，《沈阳工程学院学报》（社会科学版）2006年第1期。

② 苏彬等：《城市社区管理问题探析》，《西安石油大学学报》（社会科学版）2007年第3期。

化管理方式，并且认为社区自治组织应是其附属机构，所以便有意识地分派任务，并且干预社区自治组织行使管理职能。

例如，在对南京城市社区的问卷调查中就显示，居民小组长和相关人员组织的志愿者服务队等，其组成及运作等都要经街道办事处批准。另外，有的政府部门以牺牲社会公共利益为代价来换取部门利益最大化。如 1999 年有些街道的城监队利用公共权力承揽了应由市场组织来完成的，并且与本职工作不相干的创收工作 8 项，8 条街道的城监队完成创收任务，500 条街道的环卫所创收了 630 万元。同时，南京市社区居委会有这样的任务：一年内社区必须上报或者上电视，简称"声、影、字"任务。为此，社区居委会只好办一些有规模而群众不愿意参加的活动，有时还得自己找记者或"请"记者来报道。一位对街道办事处和社区居委会工作非常熟悉的民政局的人员，用数字形象地描述了社区居民委员会功能错位的状况："在日常工作中，有 80% 是为政府办事，有 10% 是为社会办事，10% 是为居民办事。过去说居委会有 72 本台账，就是一个很好的例子，台账里记载的工作大部分是卫生、环境、民政部门的工作"。①

（2）政府客观上掌握着社区自治组织的控制权。街道掌握居委会的人事任免权，街道是居委会的财力来源，街道是居委会的评估与激励机制来源。通过对北京某社区居委会干部的访谈调查可以反映出这一问题：第一，居委会的选举是在社区党委的组织下完成，且社区党委书记本身就是事业编制干部，与街道关系密切，这就使得社区党委会倾向于严格遵从政府部门的需求导向，而经过居民代表大会选举的"民选"过程，往往无法保证其中的民意；第二，由于一般情况下居委会是禁止开办经济活动的，所以，居委会的各项经费来源大都由政府直接提供，且这是居委会唯一合法性来源。如该社区居委会每年来自政府的项目经费为 12500 元左右，构成了社区主要的经费来源。

（3）就该社区整个评估机制来说，居民代表和居民的意见占 75% 的权重，但最后的评估是由街道做出的，这使得街道虽然只占有 25% 的评估权，但实际效果却远远超过居民代表和居民所享有的 75%。同时，居委会最主要的激励机制之一是来自政府组织的奖励，如该社区居委会最值得骄傲的一件事情就是年终被评为"文明社

---

① 李武艳：《公共选择与转型中的城市社区治理》，南京农业大学出版社 2004 年版。

区",这对于社区干部的意义尤其重大。①

2. 社区居民的社区观念及归属感不强

由于我国城市长期实行单位制的社会管理方式,单位包办了社区的大部分事务,使居民形成对单位的依赖心理,对社区的归属感还不强。同时,当前正处于单位制向社区制的转型时期,社区建设和社区管理还是一个新生事物,广大社区居民并不能真正了解其含义,形成参与社区管理的观念。通过对南京市社区的问卷调查可以看到,居民在遇到困难时,家庭成员、朋友、亲戚、居委会是其愿意首先求助的对象(这几项分别占到被调查人数的 24.8%、24.3%、17.5% 和 14.3%),然后依次才是单位同事、邻居、单位负责人和其他(这几项一共只占到被调查人数的 19.1%)。由此可见,居民在计划经济体制下养成的依赖心理仍然比较严重,当单位不再成为其依赖的对象后,居民转向亲戚、朋友,较少考虑居委会、非营利组织、法律部门等。可见,居民已不再是"单位人",但仍不是"社区人"。②

3. 城市社区非营利组织发展受到制约

原因归结起来主要有以下 3 个方面:

(1) 法律地位得不到保证。当前,我国专门针对城市非营利组织的法规还较少,主要有《社团登记管理条例》、《民办非企业单位登记管理暂行条例》以及《公益事业捐赠法》等为数不多的几部法律法规,这样,就使其活动范围和活动方式受到很大限制;

(2) 筹资障碍。由于非营利组织其资金来源主要是一些捐款和资助,资金来源的不固定,也使其活动的能力和范围受到了限制;

(3) 认同与支持的缺乏。一方面,政府方面缺乏支持与引导,对非营利组织培育不到位,另一方面,社会公众也不能支持与协助社区非营利组织的发展。

4. 我国法制建设的实际情况和城市社区立法的复杂性,决定了当前城市社区立法滞后的状况

一方面,由于城市社区建设和社区管理还是一个新生事物,理论

---

① 冯灵:《我国转型时期的城市社区治理——以北京某社区为个案》,清华大学出版社 2003 年版。

② 李武艳:《公共选择与转型中的城市社区治理》,南京农业大学出版社 2004 年版。

知识和实践经验都有所欠缺,并且我国幅员辽阔,民族众多,又是处在高速发展、高速变化的时期,所以想要制定一套适合于我国城市社会的社区管理法律制度,是需要经过长时间的理论研究和实践探索的。

另一方面,我国当前的民主法制进程虽然发展很快,但是就总体情况来说,还是落后于发达国家。当前需要立法来规范和管理的领域还有很多,而要针对城市社区制定一套完善的法律制度,是一项复杂的系统工程,需要进行循序渐进的工作,所以,城市社区立法就会表现出相对滞后的情况。[①]

## 第四节 我国城市社区管理的创新

### 一、更新社区管理的理念

对政府职能部门来讲,要摈弃固有的传统观念,真正还权于社会,把属于社会和社区的职能还给社会和社区来履行,把管理社会公共事务的权力由政府独揽变为与社区非营利组织和市场组织的合作分享;社区治理的主体由政府作为单一主体向社区非营利组织和市场组织转变,同时,政府的治理理念也要转变,即由强制、控制到沟通、协调与管理。政府充当全能的角色应该从根本上进行转变,构建一个"小政府、大社会","强政府、大服务"的新型政府体系应是政府改革的方向。

对城市居民来讲,也要培养自己的社区理念,因为积极参与社区管理的理念的形成,是公民参与社区建设和管理的思想基础。所以,要积极培养城市居民的社区意识,增强他们对社区的认同感、归属感和奉献精神。同时,要积极培育有特色的社区文化,因为社区文化特色的形成,对于社区居民的社会心态、价值观念、生活方式和行为模式,都起着潜移默化的作用。通过群众喜闻乐见的群体活动,可以增强社区居民的凝聚力,全面提高社区居民的素质,增强社区居民参与社区公共事务的积极性、主动性,激发他们解决公共事务的创造力,

---

① 苏彬等:《城市社区管理问题探析》,《西安石油大学学报》(社会科学版) 2007 年第 3 期。

这也是政治稳定的重要来源。①

## 二、改革现行的城市社区管理体制

我国目前实行的城市社区管理体制与管理模式仍然属于"行政单一化"的传统模式，政府在城市社区管理中仍然起着绝对的主导作用，这与我国目前的社会主义市场经济体制极不适应，在一定程度上阻碍了城市社区的发展，因此，我们必须要改革现行的城市社区管理体制。

首先，要调整管理体制，下放管理权限，包括计划管理权限、城市规划权限、财务权限和人事权限等等。

其次，增大街道办事处的管理权限。街道办事处是我国城市社区管理的真正主体，而他们所承担的责任、义务同自身拥有的权力极不适应，这就造成了许多社区管理事务上面没人管、下面管不了的局面。加大街道办事处的管理权限，一是应该是赋予其综合协调的权力，二是增强其管理职责，扩大其管理权限，使街道办事处对辖区内的社区管理、社区服务、社区治安综合治理、社区环境卫生、园林绿化、环境保护等各方面的管理工作均能行使相应的职权，使街道办事处真正成为城市社区管理的主体。

## 三、修正城市社区管理主体行为

（1）要调整政府在城市社区管理中的行为，将纯粹的商业竞争行为交由企业承担，指导和帮助社区组建管理组织。要让社区居民和社区自治组织充分参与社区管理体制建设，从而在更大的范围内构建规模不同、形态各异、功能明确的社区自治组织；

（2）政府应大力发展和扶植社区非营利组织，健全公共财政政策，加大对城市社区非营利组织的扶植和支持力度，对社区非营利组织给予资金的支持。同时，对城市社区非营利组织本身的税收实行优惠政策，以及对向城市社区非营利组织捐赠的单位与个人的税收实行优惠政策；

（3）要培育社区参与意识，增加认同感。加大对社区志愿服务

---

① 李丽君：《我国城市社区治理的变迁及发展走向》，《山东社会科学》2005 年第 7 期。

的宣传力度，让社区内更多的居民都能了解、认同、参与非营利组织的各项活动以及志愿服务。

### 四、为社区的治理提供必要的法规和政策支持

政府要在调查研究的基础上制定有关的法律、法规，使非营利组织的成立、活动和发展能够得到法律的保障。要以法律形式确立社区管理中各主体的责任、权利和义务，通过各项制度的确定，划定政府行为的边界；引导各企事业单位从"办社会"中解放出来，合理适度地参与社区建设和管理；鼓励社区非营利组织投入社区建设和管理，发挥其积极作用。

此外，制定全国性法律之前，地方政府可根据本地的特点和情况，制定有关社区自治组织管理的地方性法规，因为各城市社区的情况有所差别，各有其特点，在有一个统一的法律指导体系基础上，必须根据各地社区实际情况制定法律法规，特别是在社区模式选择上，法律制度可以给出不同类型以供选择，但是不能要求统一。

### 五、加大财政对社区建设的扶持力度

政府对社区建设的主导作用不仅体现在领导重视、组织建设、责任机制和政策扶持上，更重要的是体现在资金、设施支持和财政预算上，各级政府应将社区建设与治理所需费用列入财政预算，并应在现有投入的基础上保持逐年增长。

例如，在有条件的经济发达城市，应将政府财政投入所占社区服务资金中的比例逐步提高到50％，对于经济欠发达地区应将政府财政投入所占比例提高到30％。这不仅是由公共财政的职能所决定的，而且也是社会经济发展、居民群众日益增长的物质和精神文化生活的现实需要所决定的。[1]

---

[1] 苏彬等：《城市社区管理问题探析》，《西安石油大学学报》（社会科学版）2007年第3期；刘勇：《对我国城市社区管理的若干思考》，《沈阳工程学院学报》（社会科学版）2006年第1期。

# 第八章 城市人力资源管理与社会保障管理

## 第一节 城市人力资源管理[①]

人力资源是指在一定范围内能够作为生产性要素投入社会经济活动的全部劳动人口总和。城市人力资源管理是基于城市现有的人口、经济、资源以及环境等各方面的条件，对人才的综合开发、配置、利用和保护等活动的总称。它有两方面的含义：一是指吸收各式各样的人才，达到人力资源的合理配置和利用；二是指通过各种教育投资，进一步加强城市人口的素质，在控制人口数量的前提下，积极提高城市人口质量，最终达到推进城市人力资源可持续发展的目的。

随着我国城市化进程的高速发展，城市人力资源管理已经进入关键时期。在城市人力资源管理的过程中，由于各方面体制的不完善，市场机制难以有效发挥资源配置作用，因此，了解目前我国城市政府在人力资源管理中存在的问题，并提出城市政府人力资源管理的若干具体策略，就显得很有必要。

### 一、当前我国城市政府人力资源管理中存在的问题

1. 人力资源管理观念亟待更新

经济全球化，各国都把人才资源开发作为经济发展的战略重点之一。随着高新技术产业的发展，技术密集型、智力密集型产业的比重上升，人才的数量和质量直接影响经济的增长和社会发展。世界各国越来越重视人力资源的能力建设。而我国城市并没有真正把人力资源的开发作为重要战略来对待，仍然存在重物轻人的现象。人才管理部

---

[①] 冯玮：《浅析政府开发城市人力资源的策略》，《金卡工程》（经济与法）2009年第2期。

门的工作重心不能完全落实用人单位的自主权,城市企业的自主创新能力和吸纳人才的能力也不够。很多企业没有足够的研究开发经费,研究开发机构也很少。而且研究开发只停留在技术转让、技术消化吸收的层面,不具备前瞻性。

2. 人力资源的管理机制尚未成功转型

在计划经济条件下,人才为单位专有,而在市场经济条件下,人才与单位的依附关系逐渐被市场配置方式所代替。在这一制度转型中,我国城市地区还没有建立起政府宏观调控和市场配置有效结合、经济结构调整和人才结构调整相协调的动态机制,用人单位还存在急功近利,重使用、轻培养的狭隘观念,人为的设置阻碍人才合理流动的条条框框,还存在重文凭、忽视人才的工作经验和能力的传统用人观念。

3. 人才市场运行机制有待完善

应该说我国各城市都已经建立起人才市场,问题是这些市场尚未形成体系,还不完善。人才市场发展的体制性障碍还未消除,培训市场在一定程度上存在着不公平竞争现象,特别是培训重证书而轻实际能力提高的倾向十分严重。从总体说,我国的人才市场还没有很好地形成"政府部门宏观调控、市场主体公平竞争、待业协会严格自律、中介组织提供服务"的运行格局。

4. 人力资源开发与产业政策不能有效配合

在现代产业中,人力资源产业从根本上说是人才服务业。它是在市场经济框架之下,将人力资源视为资本,以人才所拥有的智能为商品,通过交换、开发、使用等市场化过程而创造价值的一种综合性经济领域。对城市政府而言,制定科学合理的人力资源政策,不但直接影响具体的人力资源产业的开发,如培训业、人才租赁业等等,同时将直接关系到产业结构的调整与经济社会的发展。因此,城市政府的人力资源战略,应首先具有人力资源产业政策的思考,注重人力资源对合理的产业结构与经济社会发展的产业化支持,真正确立起人力资源作为第一资源的地位。

## 二、未来我国城市政府人力资源管理的具体策略

在计划经济体制下,政府对人力资源统包统配,实行计划管理,

根本不存在人力资源市场；而在市场经济体制下，人力资源市场作为社会主义市场的一部分，有积极的作用，也有消极的作用，为了发挥其积极作用，转化和限制其消极作用，政府应从全局利益出发，对市场进行干预和调控。

1. 加强人力资源市场的法规建设

目前，我国在人力资源市场方面的立法还比较薄弱，法律法规不健全，覆盖面狭，没有形成全国统一的人力资源市场法规体系。经常出现这样的怪现象：同样性质的市场活动，此城市视为合法，彼城市视为违规；大力加强人力资源市场的立法工作已成为当务之急。

人力资源市场的立法，须在国家根本大法——宪法的指导下，针对人力资源市场的特色有目的地进行，要遵守现有的法律，尽量减少各法律部门间的冲突，同时也要充分利用立法资源，对于那些被实践证明是行之有效的外国的关于人力资源市场的法律，尤其是那些国际公认的规则、惯例，应当立足本国、本市具体情况，大胆借鉴、吸收，为我所用。

2. 转变职能，提高政府开发城市人力资源能力

政府作为人力资源市场开发的主导者，在城市人力资源开发中所起的作用举足轻重。计划经济体制下形成的政府管理职能与管理方式，已不利于新时期人力资源的有效开发，在市场经济条件下，人力资源的有效开发迫切要求政府转变职能：变过去的计划管理为宏观调控，变过去的具体管理为间接管理。

具体来说，政府的主要职能应重点集中在如下4个方面：一是制定和执行宏观调控政策，搞好人力资源市场的基础设施建设，创造良好的人力资源成长、发展环境；二是培育人力资源市场体系，监督人力资源市场的运行和维护平等竞争；三是调节社会分配和组织社会保障；四是制定和实施人力资源发展的战略，推进城市经济和社会发展目标的实现。

3. 加强政府对城市人力资源市场的服务功能

城市人力资源市场能否保持旺盛的生命力，在竞争中立于不败之地，主要取决于服务质量。在人力资源市场建设中，政府部门应不断增强为经济建设服务、为用人单位服务、为各类人力资源服务的意识，积极开拓，勇于创新，不断改进服务手段，拓宽服务范围，形成多层次、多功能的覆盖全社会的人力资源流动社会化服务体系，为各

类人力资源和用人单位提供全方位服务。当前主要体现在：一是投资兴建人力资源市场基础设施；二是发展以服务为宗旨的中介组织；三是为人力资源市场提供信息服务。

4. 保护人力资源，尤其是保护承受力差的阶层

人力资源是人力资源市场的主体之一，政府和有关部门一定要保护好。要着重从收入分配和社会保障方面，保护人力资源的经济利益，保障人力资源的自由流动和有效配置。在各类人力资源当中，特别要注意保护承受能力差的阶层。由于这部分人员自身能力较弱等原因，承受力差，其利益经常容易受损害，因此，为了维护社会的稳定，需要采取一些特殊措施加以保护。由城市政府组织与协调建立多层次、多形式的社会保障体系，包括社会保险、社会救济、社会福利等等，可以免除劳动者的后顾之忧，减少人力资源自由流动的限制。

## 第二节 城市流动人口管理

流动人口通常被界定为离开户籍所在地、在外从事各种社会活动的人口，或在流入地居住而没有本地户口的人。目前在我国，流动人口以进城务工的农民工为主体。[①] 人口的大规模流动是新中国60年来经济社会发展的显著常态特征之一，城市政府在流动人口管理上频频面临"两难困境"：一方面需要大量流动人口发展城乡社会经济，另一方面城市各类福利资源的有限性使政府不得不去合理调控流动人口规模。[②]

### 一、当前我国城市流动人口管理存在的问题

1. 重"被动防范式"管理，轻"主动服务型"管理

目前的外来流动人口管理模式是一种单向被动的防范式管理。这种管理模式往往会造成管理成本高、管理实效性低、管理缺乏良性循

---

① 郭秀云：《流动人口市民化的政策路径探析——基于城市人口管理创新视角》，《中州学刊》2008年第4期。

② 徐伟明：《城市流动人口管理模式的演变与前瞻——基于国家与社会关系的视角》，《湖南行政学院学报》2009年第4期。

环和流动人口响应度低等问题。

2. 重突击性管理，轻长效管理

由于外来流动人口数量多、管理面大，管理对象存在着其来源地、生活背景和素质上的差异，而现行管理方式和手段所体现的特征具有较鲜明的突击性和应时性，难以获取好的管理效果。在城市化建设不断加速的时代背景下，建立其长效管理机制已迫在眉睫。

3. 重单一管理，轻综合管理

从目前外来流动人口管理实践看，其管理在很大程度上还处于游离于社会和市场之外的管理格局。公安机关长期处于"孤军作战"和"单打一"的境地，还没有真正形成全社会共同参与、综合管理的管理运行机制。

4. 重强制手段，轻引导机制

当前的管理机制存在的一个突出问题是管理的单一性，即主要依赖强制性治安管理手段来实现政府管理职能。事实上，政府仅凭这种单一手段来解决包括就业、医疗、教育等涉及外来流动人口的众多问题，一方面是管理缺乏全面性和系统性，管理难以奏效；另一方面是失调管理将对城市和谐发展产生潜在的负面影响。[①]

## 二、完善我国城市流动人口管理的总体思路

结合目前我国城市流动人口管理的实践状况，完善其管理的总体思路应是：

1. 以市场化运作为目标取向

外来流动人口管理的计划性适应了计划经济时代城乡分离的二元户籍管理体制，但从社会经济发展的必然趋势看，这种管理体制会限制人员的合理流动，最终限制而不是促进人力资源的合理流动与优化配置。因此，在当前情况下，在社会主义市场经济条件下，外来流动人口管理在建设上，应体现与市场机制建设相适应的一致性，成为一种现代化管理的运行模式。

2. 以在管理中提供服务为根本宗旨

"管理即服务"，社会管理的实质是公共服务性，实施外来流动

---

① 郭开怡：《城市外来流动人口管理运行机制探略》，《学术研究》2007年第1期。

人口管理也应当体现这种属性。目前的防范型管理体制客观上把流动人口当作一种破坏性因素，容易导致对其基本公民权利的忽视，保障其合法权益的实践存在缺失，致使管理机关与外来流动人口之间的关系存在着冲突隐患，管理实践常常背离初衷。因此，以服务式管理取代原有防范式管理是外来流动人口管理工作发展的改革方向。

3. 以法治化管理为根本手段

加强外来流动人口的法治化管理，使其管理做到"有法可依，有法必依，执法必严，违法必究"，是"依法治国"重要思想的具体实践。依法管理是保障其作为公民的基本权利和合法权益，实现管理目的的根本手段。

4. 以教育为重要环节

现有的外来流动人口管理注重强调对其行为的控制和约束，而忽视对其思想观念的引导和对其整体素质的教育提高。因此，把教育作为其管理的重要环节，加强对外来流动人口的思想教育、法制教育以及素质教育，是进行管理改革、克服现有弊端的重要内容。

5. 以自我管理为落脚点

"管理的最高境界就是依靠被管理者的自我管理"。在管理实践中，管理部门往往主要把外来流动人口看作需要严格管理和防范的对象，而忽视其参与管理的主动性与积极性。因此，城市政府应探索外来流动人口自组织的理论问题，在实践上积极引导外来流动人口进行自我管理，这不仅能够降低政府的管理难度和管理成本，提高管理成效，而且还能满足外来流动人口的组织需求，有助于培养其安全感和归属感。①

## 三、构建我国城市流动人口管理的运行机制

1. 建立健全法治化管理运行机制

（1）建立健全法律法规。制定流动人口管理专门法，而各地应根据本地区实际，出台实施细则，依法实施管理。

（2）加强执法监督和责任追究制度建设，建立健全执法监督和责任追究运行机制，有效实施管理。

---

① 郭开怡：《城市外来流动人口管理运行机制探略》，《学术研究》2007 年第 1 期。

（3）加强管理者队伍建设，不断提高管理机关和工作人员的行政执行水平，保证外来流动人口管理走上市场化、法治化和科学化的健康发展轨道。

2. 建立健全市场化管理运行机制，强化利益引导机制

政府管理机关应充分发挥指导、协调、监督和搭桥铺路作用，完善市场机制，形成统一、开放、竞争、有序的外来劳动力市场，引导各种管理行为的受益人参与管理，发挥市场机制对劳动力资源配置的基础性作用，加强劳动力市场的管理和服务作用。

3. 建立健全自我管理运行机制

（1）强化政府引导力度。目前客观存在的外来流动人口自组织存在着不合法地位、组织化程度低、功能较原始、无经济来源等诸多不足，其能够发挥的正态效应无法凸现，迫切需要政府对其加以引导。

（2）在政府引导下，构建外来流动人口自主管理网络体系，使其充分发挥群众性自律自助组织的自我管理、自我教育、自我服务的效能。

（3）强化自组织参与管理的功能。政府可以法规和政策等形式明确地规定对自组织参与管理的具体内容、权利和职责等内容，确保其自主管理网络的运行有章可循，切实发挥辅助管理效能。

（4）构建外来流动人口利益表达机制和与政府的沟通渠道。在政府引导下，积极创设外来流动人口的利益表达平台和与政府的沟通渠道，使外来流动人口的管理成为"双向"的政府引导下的自主型管理。

4. 建立健全长效综合管理运行机制

（1）管理部门应在充分调研基础上，做好外来流动人口长效综合管理制度和实践程序的设计工作，为实现其有效管理奠定基础。

（2）加强外来流动人口的信息化管理。以现有公安部门治安管理综合信息系统为基础，加强劳动、工商、卫生、计生、教育等部门的外来流动人口信息数据库和服务平台建设，全面实现政府对外来流动人口网络化的系统管理。

5. 建立健全教育服务管理运行机制

（1）政府和各级管理部门要摒弃防范式的管理理念，确立对外

来流动人口的管理服务新观念，正确认识和处理外来流动人口与城市发展的辩证关系。

（2）加强对管理人员品德、纪律和法制教育，全面纠正重行政、重收费、轻管理、不服务的工作作风，践行"执政为民，服务发展"理念。

（3）积极探索各种有效的教育服务形式和途径。通过采取多种教育活动形式，加强对外来流动人口的系统教育，有效提高外来流动人口的综合素质。

（4）强化服务保障功能。一是加强劳动监督检查力度，强化劳动监察功能；二是规范劳动力市场，为外来流动人口就业提供有效帮助；三是发挥社会保障功能，不断完善外来务工人口的社会保障体系；四是强化社会治安综合治理，发挥保障外来流动人口生命财产安全的功能。

**6. 建立健全责任追究运行机制**

建立健全并落实监督管理和责任追究机制主要在于：

（1）不断完善监督体系，切实构建由国家机关、社会团体、新闻媒体以及公民依法进行监督的多层次网络体系。

（2）要落实相关管理主体的责任。一是落实公安机关治安管理的首要责任；二是落实社区的组织管理责任；三是落实企业"谁用工谁负责"的责任制；四是采取有效措施落实出租户的治安和计生责任；五是制定政府的管理引导责任制，落实管理外来流动人口自组织的责任。①

## 第三节 城市社会保障与我国城市社会保障

### 一、城市社会保障的内涵与功能

城市社会保障是对城市劳动者以及社会公众因疾病、伤害、残废、年老等而丧失劳动能力或因失业、丧失就业机会时，能采用社会

---

① 郭开怡：《城市外来流动人口管理运行机制探略》，《学术研究》2007年第1期。

保险的方式予以救济的制度。

其功能体现为：保证劳动力的再生产，为经济发展提供稳定的劳力资源，刺激消费，扩大需求，从而促进经济繁荣。社会保障除具有明显的经济功能外，在我国更突出的是它的社会功能。社会保障有利于社会安定，我国的改革开放和社会主义市场经济的建立，迫切要求社会稳定。另外，社会保障对实现社会公平起着积极作用，社会保障的行为方式是互助互济，有利于协调人与人之间的关系，许多国家通过实施社会保障制度，在消除失业和社会收入均等方面都取得了一定的效果。

## 二、我国城市社会保障管理的成就与问题

经过多年的努力，我国城市社会基本确立了以"两个确保"、"三条保障线"和"两项保险制度"为基础的中国特色的社会保障体系框架。

两个确保：即确保下岗职工和失业人员的基本生活和确保企业离退休人员养老金按时足额发放。

三条保障线：即下岗职工基本生活保障、失业保险和城市居民最低生活保障线。

两项保险制度：即企业职工养老保险制度和城镇职工基本医疗保险制度。

据统计，1999年全国参加城镇基本养老保险人数为12486万人，全国参加基本医疗保险制度的人数达到了59319万人；2007年末全国参加城镇基本养老保险人数达到了20137万人，参加城镇基本医疗保险人数达到了22311万人。①

尽管取得了上述成绩，但我国城市社会保障由于受历史和文化传统的影响，受人口众多、经济不够发达、社会主义还处于初级阶段的约束和自身发展的限制，除了具有社会保障的一般特征外，还显示出其特殊性：

（1）低水平。社会保障覆盖面窄，社会保障体系还未真正建立，社会保障管理体制还有待进一步完善。

---

① 《1999年度劳动和社会保障事业发展统计公报》；《2007年度劳动和社会保障事业发展统计公报》，http：//www.cnss.cn（中国社会保障网资料中心数据统计）。

（2）差异大。城市中全民所有制职工与集体所有制职工、个体劳动者等的保障方式不同；有收入与无收入的社会保障方式不同等。

（3）家庭保障占较大比例。家庭保障在整个社会保障中占较大比例，是我国社会保障区别于其他国家社会保障的突出特征，也是一种有效的、为中国老百姓乐意接受的保障方式。

当前我国城市社会保障制度存在的主要问题是：

（1）国家和企业包揽过多，个人的权利和义务相脱节。

（2）覆盖面小，实施范围窄。

（3）管理服务的社会化程度低。

（4）社会保险基金收缴困难，使用不够合理。

（5）社会救济、社会福利、优抚安置等方面的社会保障资金的投入和实际需要之间的矛盾突出，社会救济对象和优抚对象保障标准偏低，生活相对贫困，退伍军人、残疾人安置就业难度加大。

（6）管理体制不顺。

（7）缺乏必要、有效的社会监督。[①]

## 第四节 完善我国城市社会保障管理的原则与对策

### 一、完善我国城市社会保障管理应遵循的原则

新时期城市社会保障管理既是考验城市政府执政能力的重要标志，也是保证城市正常社会秩序的关键步骤。社会保障不仅与百姓的生活息息相关，而且涉及改革发展稳定的大局，直接关系到社会经济发展的安全和稳定，因而又被称之为社会经济发展的"安全网"、"稳定器"。

城市社会保障，表面看是社会问题，但就其本质而言，又是分配问题，即国民收入的分配和再分配问题。基于城市社会保障的本质，我们认为城市社会保障管理应坚持以下原则：

---

① 任云兰、郭力君：《新时期的城市社会保障建设》，《天津行政学院学报》2008年第5期。

1. 法律原则

将国家、集体和个人在社会保障活动中的各种社会关系以法律的形式固定下来，既维护社会保障的权威性，又为社会保障制度的建立和实施提供法律依据。

2. 权利和义务相统一的原则

法定范围内的成员只有依法缴纳一定数量的社会保障税、费，或为国家和社会成员做出一定贡献，履行相应义务，才能获得享受社会保障待遇的权利。

3. 互助原则

社会保障作为一项经济制度，奉行的是"取之于民，用之于民"的原则，即通过社会保障在全社会范围实现年轻人与老年人、在职人员与失业人员、健康人与残废人、成年人与儿童、强者与弱者、富人与穷人、物质生产部门人员与非物质生产部门人员等多方面的互助互济。这种"取之于我，部分用之于人"，或者"部分取之于人，用之于己"的互助特征，是社会保障的灵魂。建立完善的社会保障制度，为居民提供最基本的生活保障，既是政府应尽的义务和责任，也是维护社会稳定的基础；既是保障民生的百年大计，也是保障改革进程的当务之急。①

## 二、完善我国城市社会保障管理的具体对策

1. 建立与完善社会救助体系

社会救助制度是世界上最古老的社会保障制度，一般认为，它起源于原始社会末期出现的出于人类恻隐之心或宗教信仰而对贫困者施以援助之手的慈善事业。然而，开现代社会救助制度之先河的是16世纪欧洲一些国家制定的国家济贫制度，即由国家通过立法，直接出面接管或兴办救济事业，救济贫民。当时，工业革命引发的激烈的社会变迁，使原来由教会或私人兴办的慈善事业无法解决层出不穷的社会问题，因而国家不得不将救济贫民视为己任。法国率先进行济贫改革，但以1601年英国伊丽莎白一世制定的"济贫法"最为著名，该

---

① 任云兰、郭力君：《新时期的城市社会保障建设》，《天津行政学院学报》2008年第5期。

法规定的救济对象有 3 种：一是有劳动能力的贫民；二是无劳动能力的贫民；三是无依无靠的孤儿。

英国"济贫法"的制定和实施奠定了英国乃至欧美各国现代社会救济立法的基础，开创了用国家立法推动社会保障事业的先例。19世纪末，德国创建了社会保险并且很快被欧美各国普遍采用。但是，在 20 世纪 30 年代遍及欧美的经济大萧条中，社会保险所扮演的角色还是不如社会救助显得重要。这显然是因为面对大量现实存在的贫困现象，能将有限的资金有针对性地用到需求更为迫切的人身上的社会救助具有更大的优势。例如，英国政府面对 300 万失业大军，在 1930 年和 1934 年连续颁布了两个失业救助法，扩大对失业者的救助范围。在法国，主要也是依靠第一次世界大战前建立的范围广泛的社会救助网来渡过难关。美国的罗斯福新政，主要的社会保障措施也是以工代赈，即组织大批失业工人修建公共工程，这是典型的社会救助手段。

借鉴国外社会救助事业发展的经验，我们可以得出这样的结论：在当今世界市场经济国家都有一个普遍的社会救助（或称公共援助）制度，它像一张张在最低生活标准之下的安全网，能确保每一个社会成员在因各种主观或客观原因生计断绝时，不至于陷入无助的境地。

在我国向市场经济转轨并引起激烈社会变迁的今天，为保持社会的稳定，我国城市应构建以社区为基础，以最低生活保障线为核心，以老年人、残疾人、妇女和儿童为主要服务对象的社会救助体系。各社区要结合自身情况，建立不同类型的社区救助机构。

（1）建立社区"老人救助所"，收留被子女遗弃的老人，为他们提供临时的生活场所，并对其子女进行教育和帮助，让他们承担起抚养老人的责任和义务，对于有实际困难的家庭提供一些必要的社区援助。

（2）建立社区"妇女庇护所"，救助受到家庭暴力摧残和面临各种危险的妇女，为他们提供临时庇护、倾诉的场所和心理、法律咨询及调节夫妻矛盾等方面的帮助。

（3）建立完善社会低保制度，对家庭收入处于最低保障线以下的居民，全面给予救助。

（4）建立社区"嫖娼、卖淫、赌博、吸毒人员教育收容所"，发挥家庭、邻里、社区特殊的教育功能，对那些有轻微越轨行为并有悔改之意的人员进行教育、引导和亲情感化。

(5) 建立"生活无着落流浪人员"收容遣送所。

2. 建立弱势群体的化解机制

弱势群体是在社会各个群体中处于劣势和脆弱的社会群体，它是一定社会发展时期政治、经济和文化综合作用的结果。随着我国改革开放的不断深化，随着一部分人先富起来，出现了收入分配不均的现象，城市社会分化的加剧，催生了一大批弱势人群。为缓解社会矛盾、维护社会稳定，必须从如下几方面入手，建立健全弱势群体的化解机制：

(1) 积极做好弱势群体的就业和再就业工作。一方面通过免费为弱势群体举办就业培训，提高他们的劳动技能和自主谋生的能力；另一方面，认真贯彻落实促进再就业的各项扶持政策，广开就业门路，积极创造就业岗位，尽可能使更多的下岗失业人员实现就业和再就业。

(2) 确保弱势群体的基本生活。要进一步完善下岗职工基本生活保障、失业保险和城市居民最低生活保障线制度，积极运用电子政务手段，保证低保资金按时足额发放，并形成严密的低保对象的申请、审核和审批机制及工作程序，形成健全规范的城市弱势群体基本生活保障管理制度。

(3) 确保弱势群体的基本医疗。要以企业职工养老保险制度和城镇职工基本医疗保险制度为基础，积极稳妥地推进医疗保险制度改革，形成完善的多层次医疗保障体系，使弱势群体能享受到基本的医疗。

(4) 完善劳动保障监察制度，规范监察执法行为，切实维护弱势群体的合法权益。重点查处无故克扣和拖欠职工工资、拒缴或拖欠社会保险费、非法职业中介等违法行为，建立健全行政执法监督机制，妥善解决劳动保障行政争议，积极推进劳动保障的依法行政。

(5) 大力发展社会救助和慈善事业，积极倡导社会各界对弱势群体的捐助。一方面要不断规范各项制度和程序，总结捐助工作经验，把经常性社会捐助工作深入持久地开展下去，同时认真做好社会公示，使捐助工作形成良好的信用；另一方面要进一步规范慈善工作，促进各类慈善组织活动的规范化、透明化，以便为慈善活动的开展提供良好的制度保证。

3. 政府通过市场与计划相结合的方式为居民提供住宅

随着住房制度改革的深化和完善，住宅的属性也从简单走向复杂，从最基本的居住和福利属性发展成为融居住、商品、资产和社会保障等于一体的多重属性。伴随着住宅属性的变化和不同收入阶层的出现，住宅的供应方式也在发生根本性变革，并初步形成多层次的住房供应体系。这主要表现在：

(1) 通过建立完善的商品房市场，为较高收入居民按市场价购买商品住宅提供便利。据统计，2006 年，全国完成商品住宅投资同比增长 25.3%。2006 年前 11 个月全国累计商品住宅竣工面积 2.51 亿平方米，同比增长 8.9%；商品住宅销售面积 41.6 亿平方米，同比增长 12.6%。①

(2) 通过大力推进经济适用住房建设，不断规范和完善经济适用住房管理制度，以解决中低收入居民的住房问题。2002 年建设部配合原国家计委下发了《经济适用住房价格管理办法》，明确了经济适用住房价格构成，规范了经济适用住房价格审批程序。北京市政府为促进经济适用住房建设的健康发展，在从 1999 年开始建设经济适用住房以来的 4 年时间里，继出台了一系列从建设标准、销售对象到购买程序等政策，设立了专门机构，对购买对象进行严格审核，在建立完善的经济适用房供给体系方面进行了卓有成效的探索。

近年来，为解决特困居民住房问题，我国相继在部分城市开展了廉租住房制度建设的试点工作。目前，在全国 35 个大中城市中，约有 50% 的城市制定了廉租住房工作实施意见，北京、上海、青岛等城市明确了管理机构，落实了资金来源，建立了廉租住房供应对象档案和申请、审批制度。到 2007 年初，在实施廉租住房制度 6 年间，北京市政府累计投入财政资金 316 亿元，解决了 213 万户廉租家庭的住房困难。② 武汉市截至 2006 年 11 月底，通过实施"租金补贴"、"租金核减"和"配房租赁"3 种方式，已有近 116 万户低保户进行申请并通过了审核，享受了廉租房，其中享受"租金核减"政策的 7456 户、"租金补贴"的 7959 户、"配房租赁"的约 300 户。③

(3) 充分运用现代网络信息技术，为居民及时了解房地产政策、

---

① 《2007~2008 年度房地产宏观形势研究报告》，http://www.mysteel.com。
② 《213 万户家庭受益廉租房》，http://www.bjd.com.cn（京报网）。
③ 《武汉市年内实现低保户住房"应保尽保"目标》，http://xinhuanet.com（新华网）。

法规和市场信息，办理有关房地产手续提供便利。伴随着住宅属性、住房供应体系的变化，以及信息技术突飞猛进的发展，政府为住户的服务方式正在朝现代化、信息化方向发展。2000年建设部建立了中国住宅与房地产信息网站，并选择了50个城市作为首批试点，与此同时，我国部分城市也纷纷建立房地产信息网站，利用网络信息系统，及时向社会公众发布房地产政策、法规和市场信息，提供网上交易、网上办证、网上查询、电子信访等远程服务，公开披露房地产企业和相关人员信用档案，极大地方便了群众实施查询、办理交易、登记等手续，有效地改进了管理方式，提高了行政效率。

4. 建立与完善城市救急系统

完善的城市救急系统，对于提高居民生存保障能力，建立健全社会保障体系具有十分重要的意义。根据急救的性质，城市救急包括医疗急救报警、火灾报警、治安和求助报警，以及交通事故报警等方面。在我国，为满足居民急救服务的需要，目前已经基本建立了由"120"急救报警服务台、"119"火警报警服务台、"110"报警服务台和"122"交通事故报警服务台组成的城市救急系统。同时，随着信息技术的迅猛发展，城市救急系统也在进行不断创新和完善，这主要表现在：

（1）医疗急救实现"零距离"链接，形成绿色生命通道。为及时有效地救治危重病人，在城市120急救中心与各医院之间建立完善的急救网，形成高效快捷的绿色生命通道。病人一旦报医警，急救车立即在最短时间内赶到，实施院前抢救，同时通知目的地医院的大夫做好准备；危重病人入院后，根据病情需要，不分科系，急救医学部立即组织各方面专家进行紧急会诊，实施紧急抢救。实施院前抢救、院中急救与院间急救"零距离"链接的整体救治模式，大幅度提高了抢救成功率。

（2）实行120、110、122、119之间的急救联动，建立城市急救中心，构筑更加顺畅、准确、及时、高效的应急救援系统。目前我国南宁、大连、张家港、漳州等许多城市已在积极研究探索和推进城市应急救援中心建设，整合急救资源，实行120、110、122和119等不同类型报警服务台的合并，实现社会联动，以提高政府及有关部门对重大紧急事件的快速反应能力。

（3）建立突发公共卫生事件应急反应机制，切实保障人民群众的健康与生命安全。按照中央统一指挥，地方分级负责；依法规范管理，保证快速反应；完善监测体系，提高预警能力；改善基础条件，保障持续运行的原则，建立突发公共卫生事件应急指挥系统，对突发公共卫生事件实行统一指挥、统一部署、统一行动。完善信息网络，及时、准确地对突发公共卫生事件做出预测、预报和预警。

（4）认真借鉴西方发达国家社区发展建设的经验，结合社区的设立，建立社区警务制度，发挥社区警务对社区安全和社会稳定的直接预防作用。通过科学合理的划分警务区，使110指挥调度人员熟悉警务区的各个方位；积极研究探索社区110建设，适时开通社区110，实现应急救援服务的全覆盖，进一步缩短110的出警时间。

（5）建立和完善警民互动机制，通过开展警民共建活动，增强居民的参与意识，提高居民参与热情，让居民了解自己的社区和警区在地图上的确切位置范围，了解社区和警区的各种治安组织的名称、功能和联系电话，及时将犯罪活动信息报警，为警察提供罪犯线索，将影响社区安全和社会不稳定因素尽可能地消灭在萌芽阶段。

（6）实现全国急救信息资源共享。依托全国统一的公安和卫生信息网络和信息系统应用支撑平台，建立并完善有效开发利用急救信息资源的应用系统和工作机制，加快实现各级急救中心在全国范围内的跨地区、跨部门信息共享和综合应用。建立应急救援指挥的快速反应机制，确保各级应急救援指挥中心和一线实战部门全程全网警令畅通，促进应急救援中心统一指挥、信息共享、协同作战，提高应急救援中心处置紧急情况和突发事件的快速反应能力。①

---

① 任云兰、郭力君：《新时期的城市社会保障建设》，《天津行政学院学报》2008年第5期。

# 第九章 城市文化管理

党的十七大报告中指出:"当今时代,文化越来越成为民族凝聚力和创造力的重要源泉、越来越成为综合国力竞争的重要因素,丰富精神文化生活越来越成为我国人民的热切愿望。要坚持社会主义先进文化前进方向,兴起社会主义文化建设新高潮,激发全民族文化创造活力,提高国家文化软实力,使人民基本文化权益得到更好保障,使社会文化生活更加丰富多彩,使人民精神风貌更加昂扬向上。"①

对于一个急需发展的城市来说,城市文化也许不是最直接的动力因素,但却是经济持久增长的核心因素之一。21世纪将是城市文化发挥影响的时代,城市文化作为一个城市普遍和公认的价值观念、道德规范、社会意识、行为准则和管理制度等,是一个城市的灵魂,是促进城市可持续发展的强大动力和重要支撑。②

## 第一节 城市文化的内涵、特征与功能

### 一、城市文化的内涵

文化,是人类文明的产物,是客观存在的现象。文化有广义和狭义之分。广义上它等同于"总体的人类社会遗产",包括人们创造的物质财富和精神财富;通常人们所说的文化是狭义文化,指社会的意识形态以及与之相适应的制度和组织结构,主要指人们的精神生活领

---

① 胡锦涛:《高举中国特色社会主义伟大旗帜,为夺取全面建设小康社会新胜利而奋斗》,《中国教育报》2007年10月25日。
② 张鸿雁:《人类城市化的"城市文化基因"与"城市社会再造文化因子"论》,《社会科学》2003年第9期。

域。优秀文化,是民族的灵魂、维系社会稳定的基础。文化的力量,深深熔铸在民族的生命力、创造力和凝聚力之中,构成综合国力的软实力。

城市文化是文化依托城市载体形成的、城市主体在城市长期的发展中培育的独具特色的共同思想、价值观念、基本信念、城市精神、行为规范等精神财富的总和。它既包括世界观、人生观、价值观、发展观等具有意识形态性质的部分,也包括科技、教育、习俗、语言文字、生活方式等非意识形态的部分。每一个城市都有其特有的城市文化,作用于城市经济、政治、人文等各个方面,是一座城市的特质所在。城市的持续发展与城市文化有着非常密切的关系,城市文化是城市可持续发展的内在动力,是城市的灵魂所在。在21世纪,城市发展的关键环节是城市是否具有自己的特征,是否具有吸引人才、技术、资本的独特性,也就是是否具有自己的城市文化。[1]

城市文化,是自然文化与社会文化的结合,是物质文化、制度文化与精神文化的统一,一般包括3个层次:第一个层次为物质文化层,它是人类改造自然的一切成果和人类所创造的一切物质产品的总和;第二个层次为行为文化层,它是人的行为在城市文化中的体现,承载着城市特有的文化信息;第三个层次为观念文化层,它是人们社会意识的总和,是城市文化的最高境界,最能体现城市文化的特征。[2]

## 二、城市文化的特征

城市文化具有高度的集聚性、广泛的交融性、强大的辐射性和鲜明的地域性等特征:[3]

### 1. 高度的集聚性

城市的地理位置、生态环境,特别是城市的政治经济地位,决定了城市必将成为一定地域内的文化中心和文化集聚地。首先,它系统地集聚了较高层次的文化机构设施。其次,它系统地集聚了较高层次的文化人才。再次,它系统地集聚了种类较全的文化产业和文化

---

[1] 刘文俭、马秀贞:《城市文化解析》,《中共杭州市委党校学报》2005年第2期。
[2] 吴宏放、赵文广:《加快城市文化发展的对策思考》,《中共四川省委省级机关党校学报》2003年第4期。
[3] 杨梅芳:《新时期城市文化建设的思考》,《湖北行政学院学报》2003年第1期。

产品。

2. 广泛的交融性

由于城市文化的悠久历史和现代城市发达的信息流通渠道，使得城市文化具有非常广泛的交融性。主要表现在4个方面：一是古今文化的自然交融；二是城市文化的互补交融；三是中外文化的选择交融；四是文化生产与消费的有效交融。

3. 强大的辐射性

城市是一个区域的文化中心，城市不论大小和发展水平如何，总是这个区域内最高文化的代表。它的文化发展状况必将在它的周围形成一个辐射圈。首先，城市文化辐射力的强弱取决于该城市的综合实力。其次，城市文化辐射作用的好坏取决于该城市文化主流的时代性和文化工作的主动性。

4. 鲜明的地域性

文化的产生和发展都离不开一定的时间和空间，人类是在一定的自然生态环境中进行着文化创造的。地理环境的不同，造成文化的特质也就不同。而鲜明地方特色的城市文化对区域内人们的心理、性格和行为有着较为深刻的影响，这样不同城市的文化特质造就了人们特殊的习性，而且在一定程度上影响着人们的价值取向。[①]

### 三、城市文化的功能

文化是一个城市的灵魂和内涵，是一个城市的品格的象征。城市文化不仅为城市综合实力的提升提供了精神动力和智力支持，也可以创造城市经济价值、增强城市服务功能和提升城市形象。[②] 城市文化的功能包括总体功能与具体功能两方面的内容。

1. 城市文化的总体功能

（1）城市文化是现代城市发展水平的重要标志。以科学发展观为认识基础，增强城市的综合竞争力不仅仅是指提升城市的经济增长能力，它更强调实现经济增长的基础。这些基础是指社会的文化经济结构，人的全面发展，人的基本需求和生活质量的提高，经济、政

---

① 张旭敏：《论城市文化中的几个问题》，《南华大学学报》（社会科学版）2008年第2期。

② 刘文俭、马秀贞：《城市文化解析》，《中共杭州市委党校学报》2005年第2期。

治、科学文化以及人口、资源、环境的协调和社会的全面进步等方面。

同时，城市的发展和竞争力在于其具有创新力，而文化正是创新力的源泉。高素质的人才、开阔的思维、执着的追求以及宽松的创新环境等决定城市发展的重要要素，都是文化力的体现。正因为如此，一个城市文化功能的发挥，在很大程度上决定了城市发展能力和竞争力的强弱。城市文化是城市全面发展的推动力。现代城市是全面发展、全面进步的社会产物。社会主义现代化城市更是物质文明和精神文明相辅相成、协调发展的城市。而文化，特别是先进文化又是城市现代化建设的强大精神动力和广泛的智力支撑。

(2) 城市文化是提升现代城市形象的主要途径。城市形象是城市外在面貌与内在精神的有机统一。城市文化影响人类对城市的环境、造型、色彩、技术、社会等各方面形象的塑造，多彩的具有特色的城市文化是各城市风采各异的内在原因。不同的城市由于其文化上的差异所形成的城市形象有别，从而产生城市吸引力大小的不同，最终造成其竞争力的不同。

重视文化建设，提高文化品位，以文化品位来塑造城市形象，以文化氛围来凝聚民心，已成为城市建设和管理的一项重要内容。城市文化是城市的灵魂，是一个城市的魅力和吸引力所在，是一座城市的凝聚力和自信心的源泉。先进的文化犹如一面旗帜，她能鼓舞人、激励人去热爱自己的国家，热爱自己的城市，热爱自己的家园，并且尽力为其作出自己的贡献。一个城市如果文化发达，思想解放，尊重知识，尊重人才，发扬科学精神，城市发展就大有希望。今天的文化就是明天的经济，就是未来的理想家园。城市文化是城市形象的基础。城市形象包括物质的和精神的两个方面，城市形象也是一种竞争力。良好的城市形象能产生巨大的吸引力和投资力，形象可以带来资源，而展示形象更重要的是靠文化的魅力。没有文化的城市形象是单调的、低水平的。

(3) 城市文化是现代城市可持续发展的理念核心。城市文化通过物质和精神两个方面影响和制约着城市的可持续发展。一个没有健康的充满活力的文化气息的城市，就无法实现经济稳定、持续的增长，无法在现代化进程中取得发展优势。因此，目前不少城市都已把建设健康的城市文化作为城市发展战略重要的组成部分之一。

城市文化是城市的综合竞争力。城市文化资源、科技力量、人才队伍更是竞争的重要内容。先进的文化起到凝聚城市现代化建设各方面力量的作用,能够最佳组合各种城市资源,最大限度地调动人才队伍的积极性、创造性,快捷有效地将科学技术转化为生产力,形成强大的竞争优势和文化"软实力"。①

2. 城市文化的具体功能

(1) 城市文化与城市经济。首先,城市文化本身能创造巨大的经济效益。据统计,1980~1998年,文化产业世界贸易额从953.4亿美元增加到3879.3亿美元。在一些发达国家,文化产业已接近或超过GDP总量的50%。美国的文化产业近30年来一直保持强劲增长,已经成为第一大出口产业;英国文化产业的平均发展速度是经济增长的两倍;日本的娱乐业产值早已超过汽车工业。现在,许多发达国家都把加强文化建设、提高文化产业国际竞争力作为突破经济发展"瓶颈"的重大战略来实施。一个国家如此,一个城市也如此。以纽约为例,文化产业在2000年的贡献超过120亿美元之多,文化产业已成为纽约经济发展的一个主要动力。

其次,城市文化是推动城市经济发展的巨大力量。文化产业扩展了就业渠道,其从业人员在一些发达国家已经占全部从业人员的3%~6%,而日本在1990年文化产业的就业人员甚至占总就业人数的58.4%。

文化产业在区域经济中的战略地位还表现在对其他行业的带动上,它直接带动信息服务业、旅游业、体育产业、科技教育业等产业的发展。同时,文化产业对其他产业的吸收利用,反过来又开辟了一个个新兴的市场。比如,文化产业进入以网络业为主的科技产业市场,诞生了信息文化产业;进入教育领域,创造了新型的教育娱乐产业。

(2) 城市文化与城市劳动力。首先,文化对劳动力素质的影响。当今国际竞争力发展的基本特点之一,是高度重视劳动力素质的提高,因此,国民素质在国际竞争力评价体系中具有举足轻重的地位,其与国际竞争力的相关系数在0.9以上。同理,劳动力素质对于一个

---

① 张旭敏:《论城市文化中的几个问题》,《南华大学学报》(社会科学版) 2008年第2期。

城市的竞争力也是举足轻重的。一个城市综合竞争力的强弱，在很大程度上取决于这个城市人口的教育水平、科技水平和创新能力的高低，取决于这个城市市民综合素质的高低。一个由文化素质低下的市民所充斥的城市，很难被认为是具有竞争力和可持续发展的。

其次，文化产品对劳动力的作用。文化产品的最终目的是满足人民群众快速增长的多样化的文化需求，创造有利于人的全面发展和进步的文化基础。在这一过程中，人们必然会通过大量的文化产品与服务获得精神世界的满足与影响。健康向上的文化产品与服务不仅能够起到振奋人们精神、鼓舞人们斗志、陶冶人们情操的作用，也能担负起为知识经济提供知识创新和智力支持及文化传播等社会功效，从而为社会可持续发展提供一个重要基础条件。

此外，城市是人类文化集聚的地方，文化对城市劳动力具有凝聚和导向的作用。城市在城市文化统驭下的成长发展中所赢得的每一份成就和荣誉都饱含着每个为之奋斗的市民的心血与汗水，使他们为之自豪。这种荣誉感与归属感是紧紧联在一起的，使市民对城市产生一种依恋之情，久而久之，形成了巨大的向心力、凝聚力。

(3) 城市文化与城市生态建设。"生态城市"是城市可持续发展的主要目标之一。城市生态指城市居民生存的基本环境，如太阳、淡水、土地、气候、水文、地质等方面的状况。透过城市生态能判断或评价城市自然系统及其运行状况。城市生态环境是高度人文化的，人与自然的矛盾在此表现得很尖锐。

城市生态环境问题的产生有其深刻的文化根源。现代人在"自然之主"意识的驱使下，错误地把城市化进程独立于生态系统和自然环境之外，结果导致了一系列具有时代特征的城市病：交通拥挤、住房紧张、环境污染。究其原因，既有城市化机制方面的缺憾，也有技术方面的问题，更重要的原因在于文化观念跟不上城市发展的需要，人们精神追求太少，缺乏系统观念和长远目光。人们对城市和生态环境的理解往往只停留在物质层面上，忽视了城市文化环境的建设，造成了现代市井繁荣的背后是精神文化的极度贫乏——即"精神生态危机"问题。

城市的生态建设不仅体现在自然的生态环境和经济方面，而且体现在城市的文化理念方面。为保护生态环境，很多城市采取了多样的综合措施，包括建立就地保护的自然保护区，迁地保护的植物园等等。这些是必要的,也是各个国家都在做的事,但是大家都知道,由于积习已深,要扭转目前的趋势,并非易事。最根本的还在于改变人们对待自然的态度和行为,即用文化建设帮助人们建立新的生态的世界观,以及联系的价值观。①

## 第二节 城市文化的系统结构

### 一、城市文化的主体构成

城市基层单位包括党政机关、企业、学校、社区,是城市这个生命有机体的细胞和两个文明建设的主体。城市基层单位文化培育和建设,是城市文化建设的基础,为城市文化提供土壤,丰富城市文化的内容。按照建设和塑造城市文化的主体划分,其构成主要是:

1. 机关文化

机关文化是指党政事业机关及其成员在组织经济建设和管理社会事务的长期实践中形成的,为多数成员共同遵守的基本信念、价值标准、行为规范、管理制度以及群体意识、精神风貌、形象标识等的统称,也成为行政文化。与企业文化、校园文化、社区文化不同,机关文化具有对象的特殊性、形式的多样性、内容的示范性、时间的经常性等特征。各级党委和政府及其所属部门,是社会的管理者,对外开放的"窗口"。

因此,党政机关文化建设是城市文化的重要组成部分,体现了党和政府的执政理念;抓好党政机关的文化建设,能推动社会风气好转、社会文化品位提高,有利于树立廉洁高效的政府形象,提高执政能力。良好的机关文化能够产生一种尊重人、关心人、培养人的良好氛围,产生一种精神振奋、朝气蓬勃、开拓创新、积极进取的良好风气,激发单位成员的创造热情,从而形成一种强有力的、胜过行政命令的激励环境和激励机制。

机关文化建设不能流于一般性号召,要有强烈的目的性。正如企

---

① 宋宏:《文化发展:区域综合竞争力的必要支撑》,《经济师》2002 年第 8 期;张彤军:《城市文化与城市可持续发展》,《北京行政学院学报》2008 年第 2 期。

业文化建设是为了提高经济效益一样，机关文化建设必须围绕提高机关工作效能，立足于解决机关管理中的问题，紧密配合政府职能转变，促进机关作风转变等工作展开。只有这样，才能使先进的行政文化理念在广大政府机关人员的日常行为中得以贯彻和体现。

2. 企业文化

企业文化是指在一定的社会经济条件下通过社会实践所形成的并为全体成员遵循的共同意识、价值观念、职业道德、行为规范和准则的总和，是一个企业或一个组织在自身发展过程中形成的以价值为核心的独特的文化管理模式。现代城市的发展，需要产业的支撑，没有现代企业经营的城市经营，将是脆弱的。城市文化建设，也需要企业文化丰富其内涵。企业是一个城市"两个文明"建设的主力军和重要平台，作为微观组织文化的企业文化，是城市文化的领航文化。作为一种经济文化和管理文化，企业文化能够营造良好的文化小环境，通过在一定范围内提高职工群体的文化素质，对城市文化产生积极的作用。

企业文化既是企业的灵魂，也是民族的灵魂，是城市、国家和民族竞争力的体现。企业文化建设既是城市精神文明建设的基础和重要组成部分，又是企业增强群体凝聚力、提高管理水平、丰富品牌内涵、提升企业社会形象、增强企业竞争力的手段。一个企业，若没有强大的企业文化，没有卓越的价值观、企业精神、哲学信仰和良好的道德风尚，将是没有灵魂和生命力的，再高明的企业战略也无法成功。一个城市，若没有众多优秀企业的支持，这个城市将是脆弱的，缺乏生命力、竞争力和活力的城市。

近年来，海尔、青啤、双星、海信、澳柯玛等全国名牌企业相继崛起，扎堆青岛，使青岛成为全国名牌企业会集的城市，形成著名的"青岛现象"。这些企业均十分重视企业文化建设，形成了一批鼓舞士气、凝聚人心的先进企业文化理念，是城市文化的一笔不可多得的宝贵资源。名牌企业追求卓越的价值观，已成为青岛精神的重要内容。名牌企业群的形成，提升了城市的知名度和竞争力。例如：在由央视组织的"2004CCTV 中国最具经济活力城市"评选活动中，包括青岛在内的 10 座城市获得了这一称号。"城市中国"对青岛这样点评：这是一个随时就能感受到品牌力量的城市。这里诞生的品牌，已经影响了中国，正在影响世界。这座海边的城市，目光早已放之四海；这座追求卓越的城市，正携手奥运、将目标指向更高。

加入 WTO 后，新世纪我国经济国际化进程将逐步深入，企业文化建设将面临许多新的挑战：一是规范市场经济的挑战；二是经济全球化的挑战；三是新经济的挑战。应对这些挑战，企业文化建设尤其需要弘扬诚信精神、创新精神和不断学习的精神。这些企业精神，也是一个城市应追求的价值观，其培育和塑造必将丰富城市文化的内容。

3. 校园文化

校园文化是学校在长期发展演变过程中，逐渐积累下来的能够体现本校特色的教育理念、办学宗旨和管理思想。它是为全体师生员工所认同和接受的共同理念（学校精神、校训）、群体意识、学校氛围（教风和学风）和行为操守等，这种文化是通过学校师生员工共同的实践活动并经历史的积淀、选择、凝聚发展而成。人们主要通过这些校园文化特征来识别、评判一个学校的格调。学校文化是体现一个学校人文精神和教育理念的灵魂。

高校文化作为一种亚文化，与城市文化紧密相连。大学是城市中文明传播、文化创新的主导力量，其办学理念、学习风气、知名度等，对城市文化和城市形象的贡献是巨大的。培育先进的大学文化是城市文化建设的要求。先进的大学文化应是全面协调发展的文化。在大学文化的物质文化、观念文化、制度文化、习俗文化的建设中，应当全面规划，统筹兼顾，重点突破，整体发展。高校党委必须有"两手都要硬"的意识，在物质文化建设取得了一定程度的阶段性成果后，应把工作重点逐步转移到观念文化、制度文化、习俗文化的协调发展上来。

在大学观念文化的建设中，应当重视对教育理念的建设，用科学精神与人文精神相统一的"大学精神"武装广大师生，使师生的政治取向、价值观念、道德意识、思维方式、教育思想、文化心理、风俗习惯主动地适应世界科技革命、产业革命、经济全球化、世界政治多极化、教育国际化和社会主义市场经济的发展等。

在大学行为文化建设中，目前似乎相对比较重视制度文化建设，关注改革学校的管理体制与管理机制，而对师生日常生活习俗性行为文化建设则相对重视不足。高校的师生习俗性行为文化，主要表现为一所学校的学风和校风。学校的学风和校风是在历史中不断积累形成的，又是不断适应现实环境的产物。追求崇高，崇尚学术，求真求实，刻苦勤奋的学风和校风是对师生的无形鞭策，是学校的重要文化竞争力。面对许多师生在改革开放环境和市场经济的诸多诱惑中产生的不同程度的浮躁心态，如何传承学校历史光荣传统，开创一代新风，仍是大学文化建设的重要课题。

4. 社区文化

社区文化是一定区域内社会共同体所反映出来的有关人的行为模式、社会习俗、生活方式、价值观念、思维定向、地域心态等文化现象的总和。它包括社区人文精神、社区教育、社区科普、社区文娱、社区体育等。社区文化为社区成员共同创造、吸纳创新、共同承载、共同分享，对社区成员具有强大的凝聚力和感召作用。社区文化建设是精神文明建设的重要组成部分。社区文化的形态和层次如何，必然体现在社区的人文精神上，即在人生价值、目标追求、理想信念、道德伦理等方面所体现出来的精神状态。

马克思主义强调的科学世界观、人生观、价值观中所包含的文明高尚、崇尚善良、健康向上的精神，就是我们要发扬的人文精神。社区的人文精神是社区文化的内核。而社区文化的构成和形态，主要是受社区的人群构成、生活习俗、历史传统、地理环境、经济状况等因素的直接影响。因此，要有效地加强社区文化建设，必须从研究这些影响因素入手。推进城市社区文化建设，是繁荣基层文化生活、加强社会主义精神文明建设的有效措施。改革开放以来，特别是党的十四届六中全会以来，以社区建设为载体，活跃基层文化生活和加强社会主义精神文明建设的工作呈现出了扎实推进、持续发展的良好态势。随着创建文明社区活动的深入开展，社区面貌明显改观，社区风气逐步好转，文明楼院、文明小区数量不断增多，对促进城市改革、发展、稳定发挥了积极的作用。

实践证明，大力开展社区教育，引导居民爱祖国、爱城市、爱社区，可以形成崇尚先进、团结互助、扶正祛邪、积极向上的社区道德风尚；经常组织具有社区特色的群众性文体活动，丰富居民精神文化生活，可以增强社区的凝聚力，形成科学文明健康的生活方式；紧紧抓住社区居民关心的热点、难点问题，有针对性地开展思想政治工作，并坚持把解决思想问题同解决实际问题结合起来，加强社区服务与管理，可以进一步密切党同人民群众的联系，广泛调动社区居民

"讲文明树新风、共建美好家园"的积极性。

## 二、城市文化的内容构成

城市文化的内容,由可开发和深加工的资源性文化转变成的资产性文化构成。资源文化,是处于一种储存状态的价值,未开发利用之前是一种潜在的财富,而不是现实的财富。经过开发和深加工,资源性文化能够转变为资产性文化,形成文化产业,为一个城市带来财富并成为城市品牌的一部分。为此,需挖掘、整合和利用城市文化资源,通过有效的城市文化经营,使城市文化资源变成可增值的文化资产和文化产品。这些文化资产和文化产品,有的可以直接进行经营,有的渗透到某些产业领域并对该产业起到重要的支撑作用。它们构成了城市文化的内容,具体包括:民俗文化、节庆文化、艺术文化、建筑文化、服装文化、饮食文化、旅游文化、商业文化、休闲文化、历史文化、生态文化、体育文化等。由于篇幅所限,在此仅介绍几种代表性的文化。

1. 民俗文化

民俗文化是以民间文化和民俗风情为主体的民族民间的物质上、精神上和制度上的传统,它包括生产与生活习俗、游艺竞技习俗、岁时岁日习俗、礼仪制度习俗、社会组织习俗、民间文学艺术等,其内容相当庞杂丰富。民俗文化是对历史传统和民间风情的承接,历史渊源久远,是一种高层次的旅游文化,由于它满足了游客"求新、求异、求乐、求知"的心理需求,成为旅游行为和旅游开发的重要内容之一。

目前,无论发达国家和发展中国家,民俗旅游均已蓬勃发展:北美的"活人博物馆"通过仿照当年格式建造的房屋、棚圈、碉堡、果园组成的"移民村",再现了几百年前欧洲抵美移民的生活、劳动和风俗习惯;科特迪瓦利用其独特精巧的人造面具表现其传统文化,还举办了全国舞蹈节;突尼斯根据西方游客喜欢猎奇的心理,利用本国土著居民的村落古迹、山洞住宅、民族服饰和车马游玩等民俗文化来发展旅游业,已成为非洲和阿拉伯国家中的旅游大国。在国内,深圳中国民俗文化村汇集了全国几十个民族的灿烂文化;昆明云南民族村也展示了云南25个少数民族的风俗;在广东,岭南文化、客家文化和连南瑶族风情的旅游开发等,既是民俗文化的集中体现,也是这些地区旅游业的一大卖点。

2. 节庆文化

世界节庆经济近年来发展非常迅速，已成为当今世界经济的一个重要组成部分。它往往与一个国家、一个城市的品牌紧密相连，给举办城市带来巨大的经济联动效益和社会效益，成为经济发展和社会发展的催化剂和助推器。近年来，利用城市文化资源推出的节庆活动在全国各地此起彼伏，如大连的国际服装节、青岛的啤酒节、西湖的狂欢节、南宁的民歌艺术节等等，形成了一种"文化搭台，经贸唱戏"的模式。

节庆文化活动已经成为各地发展文化产业的重要内容。一是可以扩大城市知名度。知名度是城市竞争力的重要方面。二是可以提高心理预期。乐观的心理预期会带动消费。三是可以带动旅游业的发展。四是节庆活动多有经贸洽谈活动，可以带动投资的增长。五是节庆活动一般都有学术交流，可以带来新的理念，改善城市的软环境。

许多城市举办的节庆文化活动使得举办城市在提高自身知名度、招商引资，特别是旅游方面收获颇丰。青岛啤酒节、南宁民歌艺术节带来的旅游收益与"黄金周"不相上下。以往，过了"十一"，杭州的旅游业就进入淡季，而西湖博览会的召开，使杭州多了一个"黄金月"。节庆活动给城市带来的人流、物流、信息流和资金流，又是一笔看得见与看不见的巨大财富，极大地推进了举办城市的经济国际化进程。

3. 建筑文化

无论一座建筑是老是新，它都是城市历史、文化及人文习惯等的体现。建筑文化是一个地域、一个时代的风俗、时尚及技术条件在建筑上的反映，往往被首先看作是某种建筑风格。建筑风格有着两层含义：建筑样式和建筑性格。建筑样式犹如人的穿着打扮，诉诸于外在的形象，且随着时代的变化而变化；建筑性格却像人的性格，是内在的，相对稳定的，取决于同时反映着一个地方所特有的环境特征、文化基因以及价值取向。正是通过这一栋栋的建筑，城市文化才得到了最大的体现。

青岛有很多红瓦尖顶的德国建筑，与青岛的自然景观、人文景观已密不可分，就形成了青岛独特的城市文化。许多城市也是由于其一座座的优秀建筑，而闻名于世。北京、西安等城市的古建筑反映了其深厚的历史文化底蕴；苏州因园林而闻名于世；埃菲尔铁塔、巴黎圣母院、卢浮宫与世界名城巴黎交相辉映。不断加快的城市化进程正塑造着今日中国的视觉图景，也深刻影响着今日中国的社会生活。不断崛起的城市建筑，正在急剧改变人们的生活方式、交往方式和价值取向，个体与公共空间、人与自然形成了前所未有的新型关系。

值得我们注意的是，在城市大建设的高潮中往往存在着对传统文化的大破坏，这使得开拓性地、创造性地研究中国建筑文化遗产成为迫切的任务。每个城市如果真正深入地研究自己的历史文化，总结其历史经验，创造性地利用自己的文化优势与地域优势，在建筑文化研究中以审美的意识发掘历史遗产，以更为宽广的视野对待建筑与城市文化问题，高度重视丰富城市建筑的文化内涵，则城市的文化建设和城市发展必将大有可为。①

## 第三节 我国城市文化管理存在的问题与未来路径

### 一、当前我国城市文化管理存在的问题

当前，在我国城市文化管理中，确有一些问题不容忽视：如一些城市在建设中缺少科学态度、科学规划和人文意识与人文精神；重经济发展，轻人文精神；重建设规模，轻整体协调，心态浮躁，盲目追求变大、变新、变洋、景观大道、豪华办公楼；重物质文化建设投入，轻精神文化建设投入；重城市有形资源，轻城市无形资源；重教育科学文化素质与生活水平、生活质量的提高，轻理想、信念的培养与传统伦理道德精神的弘扬；在认识上依赖国家投入，建设主体多元化没有形成，城市成员缺乏积极参与文化建设的主动性和创造性，城市活力不足；在市场经济大潮的冲击下，精英文化遇到困境，学术著作出版困难，专利成果转化率低；而大众文化空前繁荣，休闲文化、棋牌文化、酒桌文化、服饰文化等满足了城市居民的文化生活需求，但在实践过程中还存在盲目性、自发性和过于商品化的倾向，缺乏文

---

① 刘文俭、马秀贞：《城市文化解析》，《中共杭州市委党校学报》2005年第2期。

化的创造性和个性特点,由于受拜金主义观念的影响,一些市民的社会责任感下降,道德失范,这与我国城市文化发展的目标和要求是不相称的。

## 二、未来我国城市文化管理的创新路径

1. 我国城市文化管理创新的总体思路

加强城市文化管理,使城市文化更好地发挥其促进经济腾飞、推动社会进步的强大作用,应从以下5个方面着手:

(1) 注重发展战略研究是繁荣城市文化的首要任务。开展城市文化发展战略研究,一是要确定与整个现代化建设的总体要求相适应、与民族传统文化相交融、与世界文化发展相衔接的城市文化发展战略目标;二是要确定各具特色、层次分明、相辅相成、布局合理的城市文化发展的总体布局;三是要确定物质财富和精神财富协调发展的城市文化发展战略步骤。

(2) 深化改革是繁荣城市文化的强大动力。改革的主要内容是:进一步转变政府职能,加强管理;进一步加大各文化事业单位内部机制改革力度,推进文化事业单位的社会化进程;进一步改革城市文化经费投入方式,充分利用国家和地方文化经济政策,按照市场经济规律,吸纳社会资金,以利于更好发展弘扬民族文化精粹和优秀高雅艺术。这就要求:牢牢把握先进文化的方向;落实和完善文化经济政策;建立健全文化法律法规。

(3) 加强交融是创新城市文化的重要途径。加强城市文化交融,首先要继承发扬中华民族文化传统和精神。一个民族的历史是不能割裂的,发展城市文化,必须解决好古今文化的交融问题,保持地方文化特色,充分利用历史文化资源,将地方特色文化发扬光大,不断创新。其次,必须把自己地域的特色文化传播出去,把世界的各民族、各方面的文化精华吸纳进来。因此,我们要有开放意识,要博采各国文化之长,利用人类一切优秀文明成果,学习借鉴人类社会的一切优秀文化。

(4) 营造良好环境是繁荣城市文化的根本基础。党的十七大报告中指出:"和谐文化是全体人民团结进步的重要精神支撑。"文化设施是我们开展各项文化事业的重要基地和场所,良好的城市文化环境还是我们发展经济、稳定社会的基础和保证。营造良好的城市文化

环境，内在包含着两个方面：一是软件建设，即思想道德、文化产品的建设和开发；二是硬件建设，即文化设施的建设。

(5) 发展文化产业是繁荣城市文化的有力保障。"发展文化产业、鼓励文化创新的政策，营造有利于出精品、出人才、出效益的环境"。① 文化市场是社会主义市场经济体系中的一个重要组成部分，繁荣文化市场能够推动城市文化产业的发展，营造良好的城市文化环境。而文化产业，如网络信息业、广播影视业、音像制品业、图书报刊业、文化旅游业、饮食文化业、娱乐健身业等的发展，又能加快城市文化市场的繁荣，成为一个城市新的经济增长点和重要的支柱产业，获取不可估量的经济社会效益。

2. 我国城市文化管理创新的具体路径

鉴于城市文化内容与结构的包容性，城市现代化建设无论从物质层面还是制度层面都涉及到城市文化。城市文化能够丰富城市内涵，提升市民素质，能够凝聚力量，能够优化投资环境，扩大对外影响，拉动经济增长。从某种意义上说，城市现代化就是文化的现代化。因此，我们有必要加强城市文化管理，使城市文化以更健康、可持续的方式进行。

(1) 牢抓硬件建设，完善配套产业。文化实体也称为文化硬件，是指图书馆、体育馆、文化馆、雕塑、市民广场等能够展现城市文化的实体形式，文化实体创造和展示城市文化，市民在对城市文化的欣赏、消费过程中，达到理解和接受。在当代中国很多城市，国际著名大型连锁超市、便利店、标准化菜场、药品连锁店和大型建材家居店等商业业态得到了较充分的发展。这在一定程度上改变了该城市和地区居民的购物方式和消费环境，并使城市文化以流行商业文化的形式得以迅速传播。但同时，我们需要关注的是我国城市文化基础设施还很薄弱。城市文化基础设施普遍欠账较多。以图书馆为例浙江省可算是经济强省和文化大省，但每52.6万人才拥有一个图书馆，相当于国际水平的1/8。因此，我国城市文化建设还需要有更多的"硬件"设施。加强城市文化硬件建设，需要制定并落实多项政策。

首先，必须充分利用和进一步整合城市文化资源。改变单纯由政

---

① 胡锦涛：《高举中国特色社会主义伟大旗帜，为夺取全面建设小康社会新胜利而奋斗》，《中国教育报》2007年10月25日。

府单一投资、包办城市文化的旧模式；充分利用企业、学校、家庭等的文化资源；将城市内的场、馆、站、室对居民群众开放，既补充政府投入的不足，又避免文化活动场所的重复建设及资源的浪费等。

其次，有关部门在进行城市规划设计时，应把眼光放长远些，因地制宜，考虑到如何配备文化设施，使得这些设施满足城市未来发展的需要。

再次，坚持城市商业、旅游等文化产业的互通融合，以文促旅，以旅游兴商，达到商贸发达、文风鼎盛、市容诗意的完美效果。

(2) 广纳文化大师，提升市民素质。城市、文化和人三者共同构建了城市文化生物圈。这是一个人造城市、城市造人、人造文化、文化造人、城市造文化、文化造城市的双向互动过程。文化是要靠人来创造和传承的，高素质的人造就有高水平的城市文化。人们评价一个城市有无"文化"魅力，往往依据的是这个城市的历史文化名人和当代文化人士的多寡，以及这个城市民众文化素质的高低。因此，加强城市文化建设，着眼点在于"人"、尤其是"文化人"的建设。

进行城市文化管理，增加城市人文魅力。首先必须制定文化人才政策并确定相关细则。就人才政策的方针来说，应稳定现有人才，培养本地人才，吸引各地人才。稳定人才需要有宽松的环境，让人才发挥作用的平台；培养人才需要面向未来的胸怀和长远的眼光，吸引人才需要有让人心动的理由。这些，都需要认真研究，换位思考，从而下决心出政策，定目标，并最终落实。

其次，必须提高广大市民的素质。市民是城市的主体，是城市文化的载体。市民素质的整体状况，必然影响到一个城市的文化形象的提升与否和文化产业的兴衰。一般来说，市民素质包括文化素质、道德修养、思想素质和法制意识。这4个方面相辅相成，有机结合。如其中的文化素质是市民整体素质的基础，道德修养则内化市民的法制意识。居民综合素质的提高又能够使居民具有强烈的城市主人意识，从而积极参与城市的文化建设。

(3) 传承历史文脉，张扬文化个性。美国著名城市建筑和城市历史学家刘易斯·曼弗德曾提出一个重要的思想：城市的贡献和作用在于它能保存、留传和发展社会历史文化，如果说在过去许多世纪中，一些名都大邑，如巴比伦、罗马、雅典、巴格达、北京、巴黎和伦敦成功地支配了各自国家的历史的话，那只是因为这些城市始终能够代表他们的民族的文化,并将其绝大部分流传给后代。确实,城市文化有其历史文脉的传承,它与城市共同演进,共同发展。比如上海孕育出了中西合璧、兼容并包、既具历史沧桑感又倍具现代时尚感的海派文化。北京则孕育出了积淀丰富、辉宏气派,既具有浓郁的传统民族气息,又体现出其独特品格的京味文化。

一座拥有历史文化传统的城市本身就是一种资源。如北京这座具有悠久的历史传统和璀灿文化的城市,故宫、颐和园等传统建筑中的各种屋顶造型、飞檐翼角、斗供彩画、朱柱金顶、内外装修门及园林景物等,充分展示了中国传统建筑文化的纯熟和感染力。当然,一座城市可以没有历史,但却不能没有自己独特的文化。否则,这座城市就没有了灵魂和生气。深圳建市只有短短 20 多年。但是深圳在全国率先提出"时间就是金钱,效率就是生命"的口号,并在这短短的 20 多年里,创造出国人瞩目的"深圳奇迹"。这种奇迹是深圳文化、深圳精神的集中体现。诚如著名城市学家伊里尔·沙里宁曾说过的:"让我看看你的城市,我就能说出这个城市居民在文化上追求的是什么。"城市在自己的形成和发展中,经过沉淀、改造、创新,必然形成自己的文化特质,这种文化特质会成为城市发展的凝聚力。

提起巴黎,我们想到的必然是浪漫时尚、贵族气质、温婉迷幻的人文情调;提起纽约,我们想到的必然是钢筋混凝土代表的金融文化,一夜暴富的"美国梦"和自由女神像所代表的美国精神。一座拥有文化的城市就像是一张彰显迷人个性的名片,让人过目难忘,回味无穷。

中国也有很多充满个性文化的城市,如上海、苏州、西安、拉萨等。但同时,我们不得不关注的是:当今中国的很多城市,工地林立,"拆"字满眼。在城市化热潮中,很多历史建筑、特色民居也被拆掉了,一片片废墟上重新建立起或是高耸入云却千遍一律的建筑或是鳞次栉比却千人一面的商业街。城市传统文化被阉割了,历史血脉被阻断了,城市的传统个性也消失了。大拆大建的结果绝不是真正的城市现代化,相反,是对城市文化和城市形象的损坏,是城市品位的下降。因为这样缺少了文化的城市,犹如一片思想的荒漠。所以,城市文化的建设首先应该保证这种建设能够反映这座城市历史发展过程,应该挖掘该城市的文化积淀和独特个性,不跟风、不克隆其他城市的文化,并在其中注入开放、包容、创新的时代元素。因此,对城市保护和开发的重点是有特色、有内涵的建筑或整体街区；开发应将传统与现代有机结合，既体现传统风貌，又有益于今天的经济社会发展。[①]

---

① 许美婷：《浅谈中国城市文化及其建设》，《城乡建设》2007年第7期。

# 第十章 城市教育管理

## 第一节 城市教育的内涵与特征[①]

### 一、城市教育的内涵

城市教育主要包括城市基础教育、城市职业技术教育、城市高等教育和城市成人教育，它对城市经济社会的发展具有较为直接的影响，影响着城市经济和社会发展所需的人才的质量、规格及数量。城市教育的发展，要综合考虑城市生产力发展水平、生产方式、政治法律制度、经济类型及发展水平、科技发展水平、民族文化传统等因素。

### 二、城市教育的特征

1. 城市教育的服务对象决定了城市教育的普及性、多元性和高层次性

城市教育的服务对象主要是市民社会，这个群体对科学文化知识有着较高层次的追求，他们在长期的城市文化氛围的熏陶中形成了固有的认识，把接受教育认为是人出生后的第一要务和社会生活，这就决定了城市教育的普及化和普适性特点。

同时，城市经济的多元化决定了市民社会从业的多样性，进而决定了人们在满足了普遍的基本的科学文化知识的需要之后，便开始选择接受能使自己将来从事理想职业的专业教育，这是一种特殊层面上

---

[①] 刘炎欣、赵鹏：《论基于城市化进程中的城市教育结构》，《社科纵横》2008年第2期。

的多元化需求，决定了城市教育的多元化特征；由于城市扎实的普及教育和专业教育给人的发展奠定了良好的基础，作为特定区域的政治、经济、文化中心的城市生活，为人的进一步发展提供了需求性和可能性，这就决定了城市教育在满足了人们对科学文化知识普及和职业教育需要的基础上，还应满足相当一部分人在将来的发展中对接受更高层次专业教育的需求。

2. 城市教育的本体功能决定了城市教育的辐射性和凝聚性

城市是人类历史上形成的人口、经济、政治、文化、科技等高度聚集的社会物质系统，任何城市都是周边地区的政治、经济和文化中心，对周边地区具有一定程度的凝聚力和辐射力。这种凝聚作用在教育上主要表现为两点：一是示范作用，表现为周边地区在教育发展上总要以城市教育为参考；二是趋向作用，表现在周边地区的人总是向往城市，期望到城市中的教育教学机构中从业。这就要求城市教育必须提供能容纳这些优秀拔尖人才的机构。辐射性是指城市教育的合理构建能给周边地区培养各种类型的人才，带动周边地区的经济和科学文化事业的发展。

3. 城市教育的发展性决定了城市教育的综合性和先进性

城市教育是一个综合性系统，学前教育、初等教育、中等教育、高等教育及各级各类成人教育构成了一个相互联系的整体，它们按照一定的比例，相互协调，相互补充，相互配合，均衡分布，发挥着现代城市教育的功能。城市教育既要与国家的国民教育相衔接，又要与毗邻的城市教育相协调，这种纵横交叉的复合性构成体现了城市教育的综合特性，满足了城市发展中对各类人才的不同需求。

另外，从宏观上讲，城市教育体现着国家教育结构，集中体现着国家政权的意志，因而城市教育与国家的发展有着同步性和协调性，由此决定了城市教育的先进性特点。一个城市的经济和社会文化发展水平如何，在相当程度上取决于该城市的教育发展水平，因而城市教育在城市经济、社会文化等诸因素中是最先进的。

4. 城市教育的地缘性决定了城市教育的稳定性和独立性

城市教育是城市社会上层建筑中的一个重要组成部分，由城市经济结构、行业结构和生产方式决定了它的发展形态、规模和速度。由于科学文化基本知识的相当稳定性、系统性和人才培养的长期性及多类别性决定了城市教育结构一旦被确立，在一定时期内就会具有相当稳定的特性。它不会随着城市经济结构、行业结构和生产方式的不断变化而变化，只有当原有的教育结构不能适应新的经济结构、产业结构的要求时，它才会发生变化。这种变化一般不会采取渐变的方式，而往往采取突变的方式发生。

同时，城市教育也要受到城市社会上层建筑中其他部分如政治结构和意识形态领域等其他方面的影响和制约。但由于科学文化知识的延续性和应用上的普遍性以及人类对一般知识需求的共性，决定了教育结构在上层建筑中具有相对的独立性和稳定性，一般的政治结构的改变和意识形态的变化不会立即导致教育结构的重大变化，只有当城市教育再也无法与这些变化了的上层建筑相互协调时，它才会发生变化，而且是采取部分或完全突变的方式进行的。

## 第二节　我国城市教育管理的现状[①]

城市教育管理，作为一种社会活动行为，是伴随着城市教育的产生而出现的，是从自发的、被动的、无定式的、随机性的管理开始的。我国现代城市的快速发展，城市中兴起的私立学校、民营学校、中外合作办学校等多种办学主体以及各级各类教育的扩张所构成的学校网络，给城市教育管理带来新的问题，教育行政部门和政府迫切需要新的理论来指导。

我国城市教育管理的经验管理模式已经或正在被打破，但传统的管理思想及一些原则和方法还在顽强地发挥作用，特别是在我国城市教育管理的决策层，保守的指导思想和求稳怕乱的情绪往往占上风，一些新的管理思想、原则和方法往往还会遭到自觉或不自觉的顽强抵制。

我国当前的城市教育管理体制、业务管理体制、投资管理体制、校办产业体制以及招生制度、考试制度、校园管理制度和学校人事制度，逐渐接受按科学管理思想、原则和方法建立起城市教育管理制度和方式。

1977年恢复高考后，各级各类学校的恢复和重建，新专业、新

---

[①] 张健：《论现代化的城市教育管理》，《中华素质教育》2004年第5期。

学科不断增加，普及教育、职业教育、各级成人教育的迅速发展，终身教育体制逐渐形成，这些都较好地超前地适应了我国经济体制改革的需要。各种国际性的学术交流和技术交流，首先从教育界开始，许多大学校长出国访问，为我国的教育管理特别是城市教育管理模式的理论研究和探索，奠定了较为扎实的基础。国家教育部及各地都组织编写了大量的探索和指导我国教育改革新思路、新办法的专著和丛书，这是我国教育管理特别是城市教育管理理论上了一个新台阶。

但是，我国城市教育现代化管理的新机制还正处于探索和创建过程中，各种管理模式和管理经验在运用试验之中，短期内还是良莠难分。特别是现代大城市教育管理的任务特别复杂，包括综合运用现代科学技术成果，通过最佳教育管理体制，合理配置教育教学资源，组织、领导、协调和控制城市教育各个方面的全部过程和环节，充分发挥教育者和受教育者的积极性和创造力等等。

## 第三节　我国城市教育管理的创新路径[①]

### 一、构建适应城市经济生产资料所有制结构的城市教育管理体制

我国城市经济的所有制形式是以社会主义全民所有制为主体，劳动群众集体所有制和个体所有制并存，多种生产形式和经营方式共同发展的所有制结构。这种复合式的城市经济的构成能促进社会主义初级阶段市场经济的快速发展。由于集体和个体所有制经济的快速发展，带来了就业结构、分配结构和教育管理结构的变化。

城市教育受城市经济结构的制约并服务于经济结构，这种特性决定了城市教育必须根据所有制的形式变化进行适应性的自身调整，以使城市教育的发展适应城市生产资料所有制结构的发展变化，所以把教育的所有权与经营权放开，鼓励集体、个人办学，扶持发展民办学校；鼓励社会各界联办或独办各级各类教育和教学机构；创办引进外

---

① 刘炎欣、赵鹏：《论基于城市化进程中的城市教育结构》，《社科纵横》2008 年第 2 期。

资（包括港、澳、台）和国外先进的科技知识及管理经验的中外合资学校；鼓励各城市学校与外国发达国家的学校结成友好学校；互派学者讲学，互派留学生访学，拓宽国际教育交流的范围和领域；大力发展社区教育。理顺管理条理，这种主体多元化的办学格局能使城市教育的社会职能凸显其社会效应。

## 二、构建适应城市产业结构、人才结构发展的城市教育的专业结构和类别结构

国民经济的产业结构，制约着教育的专业结构和类别结构，这是教育发展的固有规律。众所周知，目前城市三大产业的发展趋势是第一、第二类产业向第三类产业转移，第三类产业的比重不断上升。城市产业结构的这种内部变化，造成城市劳动力的大规模生产部门转换，从而带来社会职业结构的变化。当职业结构发生变化时，要求就业人员必须具备从事某项职业的专门知识技能，形成一定的职业知识结构。

由于国民经济中各产业部门的劳动对象、劳动手段各异，因此对劳动力的规格、数量要求也不相同，这就要求必须加强城市教育预测，根据未来产业结构的发展变化趋势，及时调整专业结构和类别结构的发展比例，构建合理的人才需求结构，及时创设适合城市经济发展需要的新专业，尤其要培养大量适应城市经济发展需要的各类实用型技术人才。

## 三、构建适应城市经济布局结构的城市教育的空间结构

城市经济的快速发展，要求城市教育的空间结构的拓展必须与之相适应。尤其随着城乡二元结构的转移性调整，进城务工人员的逐年增加，社区人口数量的急剧变化，对教育的空间结构提出了新的布局要求。

另外，随着城市规模的发展和大量新城区的建设，老城区由于城市改造的限制使居民量增加不大，而且由于计划生育的影响，特定数量的居民中适龄入学儿童的比率在大幅下降，从而使原先显得短缺的幼儿园和中小学开始过剩。而新城区的不断扩张，新的居民点在不断

形成，但却缺乏必要的教育教学机构，使得有些社区和单位不得不用大客车接送孩子上学，使城市交通的负荷超常运转。这就要求城市教育在空间布点上要做到统筹安排，合理规划，把有限的教育资源分布到相对合理的城市空间。

## 四、构建适应城市经济技术结构的城市教育的层次程度结构

技术结构一般是指劳动者技术装备所达到的水平。随着现代科学技术的迅猛发展，电子信息技术成为城市经济技术的主流。但在我国现有的国民经济各部门的构成中，自动化、半自动化、机械化、半机械化以及凭借体力的传统手工操作并存，这种技术含量的混合构成不利于我国城市经济的发展。

科学技术的不断进步、生产装备和工具的日益更新，以劳动密集型为主的生产活动，将要被技术密集型所代替，引起国民经济技术构成的变化，从而提高了对劳动者技术水平的要求，出现熟练工人与非熟练工人、高级技术人员与普通技术人员在就业机会、薪金待遇方面的差别。这就要求城市教育在程度结构上要及时调整初等、中等与高等教育在各级层次上的比例关系，调整职业教育与普通教育的比例关系，大力发展职业教育，培养城市经济社会发展所需的技术人才，形成各级技术等级和类型结构合理匹配的人才结构。

## 五、构建常规教育和非常规教育双轨并重的现代城市教育序列

常规教育主要是指从幼儿园到中等教育以至高等学校的常规学历教育，除此之外的各种教育称之为非常规教育。

非常规教育主要包括特殊教育、短期教育和终身教育3个亚序列。特殊教育是一种社会福利性或人道性的教育，它是为那些因种种原因而无法接受常规教育的人所开办的教育，如聋哑学校、盲人学校、工读学校、劳动教养学校、监狱学校等。短期教育是一种非常规学历型教育，它是为在职或职前的成人为适应本职工作的需要而设立的教育，如社区大学（或称短期职业大学），各级党政机关或企事业单位的各种培训中心。终身教育从狭义的层面上讲是指为提高全面科

学文化素质和陶冶人们的情操而设立的非常规教育，如城市社区的老年大学、各新闻教育机构开办的各种讲座以及各种非学历型的研讨班、研究会等。

　　常规教育和非常规教育的协同发展是现代城市文明进步、城市居民物质和文化生活不断提高的需要。城市教育要协调发展，必须克服那种急功近利的短期行为和功利主义的固有观念，要促进非常规教育的发展，充分发挥非常规教育灵活多变的优势，使非常规教育成为现代城市教育的必要补充，保持城市教育的高效平衡发展。

# 第十一章 城市旅游管理

## 第一节 城市旅游的概念、特征与功能

### 一、城市旅游的概念[①]

20世纪80年代以来,城市在现代旅游中的地位和作用日益突出,城市作为进出国家的门户,国家或区域政治、经济、商贸、文化和信息的中心,日渐成为广大旅游者向往的旅游目的地。城市旅游功能的增强使城市职能不断拓展,除兼具其他诸多中心职能之外,也逐渐成为地区、国家及区域的旅游活动中心。城市在现代旅游发展中的功能和作用日益引起极大的关注。

对城市旅游的概念,众专家说法不一。主要有以下几种观点:

(1) 城市旅游是以城市风貌、风光、风物、风情为特色的旅游。

(2) 城市旅游是被集旅游诸要素于一体的城市所吸引,以城市为旅游目的地的旅游者在城市的旅游活动,及其对经济、社会和环境的影响。

(3) 认为城市旅游是人们以参观、游览、商务会议、考察购物、休闲度假等为目的,离开自己的居住地,以世界著名大城市为旅游目的地的一种旅游活动。

(4) 城市旅游就是旅游者被吸引到城市进行消费的系列活动而不仅是将城市旅游作为产品的旅游活动。

(5) 认为城市旅游就是去城市作短暂的休闲旅游活动。

(6) 把城市旅游界定为以特定的区域作为城市空间依托,符合

---

① 符太浩:《城市旅游的特征分析》,《科技与产业》2007年第9期;唐恩富、罗能:《城市旅游刍议》,《旅游经济》2005年第7期。

城市综合水平，吸引人们开展一系列诸如城市观光、城市风情、城市生活、城市购物、城市娱乐以及城市建设等活动的一种体验旅游方式。

综合上述各种观点，本书认为，城市旅游就是为城市旅游资源所吸引并在城市内消费的旅游活动。

## 二、城市旅游的特征

1. 城市旅游在空间分布上具有集中性

由于城市旅游是以城市吸引物作为主要的旅游对象，因而，旅游者的活动范围基本限制在市区之内。即使是城市居民选择市郊景观和城市周边休闲娱乐场所作为目的地，也基本上是以市区为同心圆的小尺度空间。如果以单纯的城市旅游活动作为考量对象，则旅游者的行、食、住、游、购、娱诸要素基本上都是在市区范围里得以完成。因此，与跨地区的省内游和跨省的国内游以及跨国、跨洲的国际游相比，城市旅游的空间活动范围要小得多。如果一般省内游属于中尺度、跨省的国内游和跨国的国际游属于大尺度的空间旅游行为的话，那么，城市旅游则属于小尺度的旅游行为，在空间分布上更显得集中。

2. 城市旅游在时间序列上具有后发性

城市旅游是建立在现代城市功能较为健全、城市魅力日渐凸现的基础之上的，这种新型旅游方式的出现，是对传统城市只能作为旅游客源地而不能成为旅游目的地观念的彻底颠覆。因此，相对于漫长的城市史而言，城市旅游的时间是非常短暂的；在千姿百态的旅游形式中，城市旅游也仅是一个后来者。虽然从世界范围来看，城市旅游的缘起时段可以拉得更早一些，甚至可以将其萌发期确定在19世纪中期；但城市旅游以比较成熟的面貌出现还是20世纪后半期的事情。因为充分发育的城市旅游毕竟还是人类社会进入后工业化时代的产物。

巴黎、罗马、纽约、华盛顿、东京等城市近20年来已经成为最主要旅游目的地。广州、深圳、珠海3个城市的旅游外汇收入在20世纪末期一度占到广东省82%的事实，以及当代美国学者Stansfield在其著作《美国旅游研究中的城乡不平衡》（*A Note on the urban-non-urbanimbalance in American recreational research*）中首次提及城市旅游业的重要性等信息，[1] 都确切地表明：城市旅游是20世纪80年代以

---

[1] 古诗韵、保继刚：《城市旅游研究进展》，《旅游学刊》1999年第2期。

后迅速发展起来的一种旅游新现象。

随着城市综合实力的增强，功能的不断拓展，环境的进一步美化，各种配套服务设施的逐步完善，给城市带来了更多的商务、会议、观光及其他类型的旅游者，使城市在进一步行使国家对外交往门户和国家、区域政治、经济、商贸、文化和信息中心职能外，还具有旅游管理、接待、集散和辐射中心的功能。目前，城市旅游已成为现代旅游和现代都市生活中的一个重要组成部分，城市的旅游功能逐渐成为城市的主要功能之一，并日益成为现代旅游业的主体，城市旅游正以一种新的社会综合现象越来越受到人们广泛的关注。

3. 城市旅游在资源特征上具有复合性

旅游资源（或称为旅游吸引）泛指一切能引发旅游者的旅游兴趣并构成旅游业的生产要素以满足旅游者需求的客观事物与现象，它本身具有多元化的特征。但与一般旅游吸引相比，城市旅游资源更有其特殊性。作为特定的旅游地，城市旅游吸引的特点在于：

（1）整体性。城市的旅游吸引，并非仅仅是城市的几个旅游点，而是城市整体。城市具有吸引的整体性表现为城市旅游景观的多样性和景观吸引的综合性。这是因为城市对旅游者的吸引不同于风景区以某一方面的资源优势为主要吸引要素，而是以整个城市的综合吸引为特征。当城市成为一种吸引物时，旅游者将把整个城市当作一个游览景区，城市也始终作为整体的旅游吸引物而发挥自己的旅游功能。

（2）营造性。城市旅游资源虽然也存在各种不同的类型，如我国城市中，有的以山水等自然风光见长（如杭州、桂林等），有的以古代文明遗产闻名（如北京、西安），有的以现代工商业城市文明著称（如上海、广州）。但作为人类文明重要载体的城市，其人为加工、刻意营造的痕迹更为突出。从某种意义上可以说，城市旅游就是一种人文化的旅游吸引。无论是古代的都城营建，还是现代的城市改造、拓展，其营造的规模、强度都是其他建设项目难以比拟的。不过，自古以来，人类在城市营造方面都比较重视社会与自然的和谐，尤其是到了后工业化时代，更加注重城市功能的多方面协调，以便从更广的层面满足人类的需求。

4. 城市旅游在功能上具有多元性

刘易斯·芒福德说："城市是地理的网织工艺品，是经济组织制度的过程，是社会行为的剧场、集中统一体的美的象征。一方面，它是一般家庭经济活动的物质基础,另一方面,它又是重大行为和表现人类高度文化的戏剧舞台。城市育艺术的同时,它本身就是艺术。与创造剧场的同时,本身就是剧场一样。"① 现代城市是高度复杂的综合性有机体,在政治、经济、科技、文化、教育等多方面呈放射状发展。博大精深、内涵丰富的城市,在旅游功能上表现出多元化的特点。

城市便捷的交通,完备的住宿条件,异彩纷呈的风味食品,多功能的商务会展设施,以体育馆、博物馆、音乐厅等为代表的文化载体和文化景观,由道路、绿地、广场、水体、花木、喷泉、雕塑组合而成的城市审美空间,以大型购物中心、特色购物步行街、中心商务地段、旧城历史文化改造区、新城文化旅游区等为代表的新型城市中央游憩区(Recreational Business District,简称 RBD),正在全面地改变着城市的面貌。除了传统的观光旅游之外,城市还可满足多种旅游需求,提供包括商务、购物、会议、度假、休闲、美食、生态等在内的多种旅游功能。

**5. 城市旅游在活动类型上更多地具有参与性**

城市旅游景观的多样性和整体性,以及旅游城市本身的开放性特点,决定了城市旅游活动更多的是以一种参与的形式表现出来。从某种意义上说,旅游者的参与过程也就是城市旅游景观最终成型的过程。城市旅游的这种参与性的特点,决定了城市旅游提供给游客的更多是一种体验。

作为旅游吸引物的城市,由于景观的集中,资源的多样,功能的齐全,往往能够让游客滞留较长的时间,这就突破了一般大尺度观光旅游那种疲于奔命、走马观花、完全听命于导游解说的死板、单一旅游模式,而能凭借住在城市的便利条件,充分地亲近、体验和感悟城市的魅力。城市旅游的许多活动,如购物、商贸、会展、市区观光等旅游活动都必须依赖旅游者的参与才能保证城市旅游功能的最终实现。这与目前被多方诟病的"上车睡觉、中途拉尿、下车买票(买门票进入景点游览)"的国内长途旅游套路是截然有别的。

---

① 张鸿雁:《城市形象与城市文化资本论——中外城市形象比较的社会学研究》,东南大学出版社 2002 年版。

6. 城市旅游在旅游要素组合方面具有统一性

城市旅游集自然风光、人文景观、古代遗迹、现代文明、都市民俗等多种旅游资源于一体，既可以发展国内旅游，也可以发展国际旅游；既可以大批量地接待外来旅游者，也可以大规模的输出本地游客；城市旅游与休闲设施既可以为外来旅游者服务，也可以让城市居民充分享用。

这些特点反映了城市旅游具有强固的粘连性，能够把一些看似矛盾的因素统一起来。这主要表现在两个方面：一是城市旅游主体的统一性，即城市居民既是城市游憩者，又是城市旅游接待者；二是旅游客体的统一性，即作为城市旅游对象的旅游城市既是城市旅游的目的地，又是其他旅游城市的重要客源产出地，是旅游目的地和客源地的统一。①

## 三、旅游在城市发展中的作用

一般认为城市旅游是在空间上依托城市作为载体，在内容上是以城市自然环境、城市的传统文化积淀、城市的生活，以及城市的基本功能所提供的服务为主体，兼有物质形态和非物质形态的一种旅游形式，其实质是对现代城市文明的向往和追求。城市旅游在城市发展中的作用具体体现为：

1. 促进城市经济发展，增强城市经济活力

由于旅游城市是人们旅游活动的承载空间，以旅游资源及设施供给为主体的旅游经济体系主要集中在旅游城市内，而且旅游者的主要消费也发生在旅游城市，因此，旅游对旅游城市的经济影响非常大。当旅游者对某个城市形成了旅游需求，并通过各种旅游组织方式前往旅游城市进行旅游消费时，对旅游城市来说，便产生了一种非地区性的外部市场，这个非地区性的外部市场为本地区经济创造了一种服务贸易，并以此来获取地区以外的经济收入。

同时，旅游业通过本身的经营活动，在增加外汇收入的同时，还能够带来赢利。政府从旅游业发展中所获得的经济利益主要通过税收的形式实现。

---

① 符太浩：《城市旅游的特征分析》，《科技和产业》2007年第9期；唐恩富、罗能：《城市旅游刍议》，《旅游经济》2005年第7期。

## 2. 创造就业机会，缓解城市就业压力

旅游业吸收就业有两个显著特点：投资量低。据统计，创造相同的就业机会，投资于旅游业所需资金仅为电气工业的 1/5，石油、五金工业的 2/5。对从业人员的技术文化素质和年龄的要求相对较低；旅游业及其相关服务行业总体上讲属于简单劳动部门，相当数量的就业岗位不需要从业人员具有较高的专业文化素质，年龄限制也相对较为宽松。

与旅游业相关的商业、饮食业、旅馆业、娱乐业等都属于比较典型的劳动密集型行业，其发展也可以创造大量的劳动就业机会。据世界旅游组织测算，全球旅游业每增加 1 个直接就业人数，可增加间接就业人数 5 个以上。

## 3. 推进城市的设施配套的建设

旅游业关联度高、涉及面广、辐射力强，牵涉到吃、住、行、游、购、娱等各个方面。发展旅游业要大力改善基础设施，强化城市功能配套，必然带动交通运输、邮电通信、城市建设、环境保护、住宿餐饮、娱乐休闲等多个行业的协调发展。近年来，三亚、西安等许多城市都是通过创建中国优秀旅游城市，促进了城市环境美化，提高了城市文化品位，完善了城市各项功能。

## 4. 增强城市的竞争力

增强城市竞争力是城市发展的关键。经济竞争力上去了，产品和服务开拓市场的能力增加了，才能提供更多的创业空间，城市才能更快更好地发展。旅游产业是无烟工业、无形贸易，对传统工业、轻工纺织、商业、农副产业等都能产生巨大的推动作用。

同时，旅游又是典型的外向型产业，发展旅游业能扩大对外开放，促进商贸流通，在带动人流、物流和信息流的同时，也不断把国内外先进的科学文化技术带到城市，为城市细胞——企业的体制革新和科技创新不断注入新鲜血液，从而推进城市经济结构优化升级，增强城市的综合竞争能力。

## 5. 提高城市的文明程度

城市旅游业的发展，有利于扩大城市区域与国内国际的经济、社会及文化交往，扩大对外开放，树立良好都市新形象，使其成为一笔难以估价的巨大无形资产，将对一个地区国民经济和社会事业的发展

发挥巨大的推动作用。①

## 第二节 我国城市旅游的发展趋势与存在的问题②

最近 20 多年来，我国城市旅游发展形势喜人。以国内主要旅游城市接待入境游客为例，1982~2001 年，我国 28 座重点旅游城市接待入境游客由 463.49 万人次上升到 1910.8 万人次，增长了 3.12 倍。在接待总量总体持续增长的情况下，28 个重点旅游城市在全国所占比例却有较大的下降：1982~2001 年接待入境游客所占全国比例由 58.49% 下降到 21.47%，同期入境游客的地理集中指数由 55.0 下降至 32.1。③

无论是接待总量的上升，还是在全国所占比例的下降，其昭示的都是我国城市旅游大发展的客观事实：我国城市旅游的发展速度尽管在城市之间有着彼此消长的变化，但总体上呈不断上升的趋势；28 个主要重点旅游城市在全国入境旅游的比例下降，说明我国城市旅游的发展格局正在走向多元化；入境游客到访的城市范围也越来越大（不再局限于少数几个大城市），说明 28 个主要城市以外的城市吸纳入境游客的能量正在扩大。

城市旅游在我国当前旅游格局和国民经济体系中占据着越来越重要的位置。随着中国经济的持续发展，城市化水平和城市经营管理水准的不断提高，我国的城市旅游还将有着更为美好的前景。

---

① 夏宇尘：《城市旅游及其发展对策浅析》，《科技资讯》2006 年第 33 期；袁金明、尹少华：《城市旅游功能的拓展原则与策略》，《湖南经济管理干部学院学报》2004 年第 2 期。

② 李经龙等：《城市旅游与旅游城市的深化发展》，《地理与地理信息科学》2007 年第 6 期；唐恩富、罗能：《城市旅游刍议》，《旅游经济》2005 年第 7 期；夏宇尘：《城市旅游及其发展对策浅析》，《科技资讯》2006 年第 33 期。

③ 保继刚、甘萌雨：《改革开放以来中国城市旅游目的地地位变化及因素分析》，《地理科学》2004 年第 3 期。

## 一、我国城市旅游的发展趋势

### 1. 城市魅力将会得到更大的释放

从旅游资源的传统意义来看，我国城市具有丰富的文物古迹、优美的自然风光、多彩的人文景观和厚重的历史文化底蕴，可以充分表达现代人怀旧思古、愉心悦神的心理诉求，因而对当代游客有着强大的吸引力。从旅游资源的时代特征来看，城市具有海纳百川的开放胸襟，蕴藏着人类与时俱进的天赋，创新的观念、先进的技术、前卫的时尚，总是首先在城市尤其是开放性的城市中产生，作为现代化多棱镜的城市能够充分满足当代中国人求变趋新的旅游需求。

传统与现代、古老与新奇两种旅游资源的结合，加上优越的地理位置、便捷的交通资讯条件和完善的服务设施，再加上各级城市政府对城市的科学管理和理性经营，必将进一步增强我国城市的活力与魅力，中国城市旅游的前景美妙无比。

### 2. 旅游方式的现代性变革给我国城市旅游带来了发展新机遇

一方面，现代旅游出现了形式多样化和需求多元化两大趋势，从形式和内容两方面改变着现代旅游的发展走向。当前，旅游形式已由传统的观光旅游为主体发展到了会议、度假、休闲、疗养、商务、购物、修学、探险、生态、远洋等多种旅游形式并存。旅游形式的多样化已完全改变了过去人们根据自然风光和历史古迹确定旅游目的地的传统理念，将旅游资源的涵盖面扩大到了近乎无限，从而为旅游者提供了更为广阔的游憩空间和目的地选择范围。

同时，随着经济的发展、人民物质文化生活水平的提高和小康社会的日益临近，旅游市场的需求也呈现出多元化的特点，人们已不满足于传统观光旅游的"走马观花"方式，而追求更高境界的旅游经历。而城市作为人类物质文明、精神文明的积淀重心和现代文明的载体，通过其完善的现代城市功能完全能承担起满足旅游者日益增长的多元化旅游需求的重任，因而能有效地促进城市旅游的快速发展。

另一方面，旅游主体的大众化和旅游方式的现代化也为城市旅游带来了活力。大众化旅游时代的来临，宣告了旅游不再是少数权贵、富豪的特权，而成为全社会的普遍需求。目前，包括中国在内的许多发展中国家正在向发达国家休闲的全新生活方式靠拢，旅游已越来越成为人民生活中的必需。旅游主体结构的多元化必然改变人们传统的旅游目的地选择观念，加速和扩大了城乡之间、城市与旅游景区（点）之间的旅游流，从而更强化了城市在区域旅游中的中心地位。

同时，现代旅游方式（包括旅游交通方式、旅游游览方式、旅游游乐方式、旅游停留方式、旅游餐饮方式及旅游购物方式等）的发展，使大尺度的旅游空间移动与旅游角色变化成为可能，从而为城市旅游的兴盛创造了条件。

**3. 城市旅游的多方关联效应使其地位得到进一步提高**

城市旅游对城市及其所在区域经济所起的关联效应主要表现在：

（1）投资效益高。一般的旅游景点建设，其设施往往专用性高，只能在特定的区域（景区）服务特定的人群（游客），且由于旅游业存在淡、平、旺季的差异，因而在淡季和平季往往出现设备闲置、资源浪费的现象。而城市旅游设施则具有很强的共享性，其服务对象既包括游客也包括市民，既可以服务旅游业也可以服务其他行业；而且由于城市的通达条件好，人员流动频繁，城市旅游设施的利用率相对比较高，其涨落幅度远远小于一般旅游景点。因此，用于城市旅游的投资往往有着较高的回报和收益。

（2）带动作用大。城市是交通的枢纽，是旅游者和信息的积聚地，是区域经济、政治和文化的中心，城市的这一核心地位，使城市旅游具有极强的辐射带动功能。由于城市一般都是某一区域人员进出的主要孔道，城市吸引力的大小对城市经济的拉动作用、对周边地区旅游的带动作用影响很大。城市旅游这盘棋走活，它所产生的联动效应就不仅仅局限于"城市"或"旅游"的界域，而是扩大为一种整体效应，对地区经济与社会发展产生巨大的推动作用。

（3）可以提高城市的品位和提升城市的核心竞争力。城市旅游的整体性、复合性、综合性特征，使得城市旅游必须依赖城市经济、社会、文化、环境等方面的全面协调发展，而城市建设的和谐、有序、美观、舒适，又会扩大城市的功能，使城市本身变成旅游吸引物，从而带动城市和城市旅游的双重发展。城市旅游与城市建设的良性互动，不仅活跃了城市旅游，而且拉动了城市经济，提高了城市的文化品位，增强了城市的核心竞争力。目前，许多城市政府都将本地的城市旅游当作发展地方经济的最佳路径之一，并期望通过高投入获得高额的回报。

**4. 发展城市旅游对促进城乡有效融通作用巨大**

我国自古以来就存在着城市与乡村的分野，但在前现代时期，城市与乡村、市民与乡民、商人与士绅天然地具有难以割舍的社会经济联系，其社会心理、风俗习惯虽有差异，却在文化上有着共通的一致性。自19世纪中期开始的对外部世界的开放和工业化历程，使我国第一次有了新的城市和乡村（或沿海与腹地、中心与边缘）概念。从此，沿海地带尤其是长江沿岸城市从古老的传统经济中剥离出来，开始了自己孤立的现代发展，但城市"孤岛"上的现代性因素并未产生人们期待的"扩散效应"，反而出现了城乡彼此封闭和排斥的格局，于是，一种两极化的现象即"二元经济结构"问题在我国出现了。

新中国建立后，我国又逐步建立了一套新的城乡分割的二元体制，国家用户籍制度和身份制度作为城乡的分界线，对农村、农民与城市、市民实行两套管理政策，形成了更为严重的"城乡分治，一国两策"的局面。目前，"三农"问题已经成为困扰我国社会和谐发展的一大难题。如何破解这一"百年难题"，如何采取有效措施打破城乡分割的管理体制？

我们认为，发展城市旅游，是条可供选择的路径。我国是一个以"农村、农业、农民"为主体的"三农"大国，城乡差异的现实存在与现代都市生活的强大吸引力，使得城市旅游有着源源不断的客源，城市作为旅游目的地的地位将会进一步上升。同时，对于"三农"问题的破解，一些行家提出了"农村城镇化、农业产业化、农民市民化"的建议。姑且不论其观点是否可行，但"三农"问题的破解与发展城市旅游还是有着较为密切的联系的。因为，城市对农村的吸引和城市旅游对富裕农民的诱惑，为城乡之间的交流互动创造了平台，对于带动乡村的发展和构建新型的城乡关系，具有十分重大的意义。

总之，城市旅游在诸多旅游类型中虽然只是一个后来者，但它以其独特魅力感召着千万大众，如今已呈现出强劲的发展势头。随着小康社会与和谐社会建设的全面铺开，我国的城市旅游一定会有更加美好的明天。[①]

---

[①] 符太浩：《城市旅游的缘起、特征与发展前景》，《吉首大学学报》（社会科学版）2007年第3期。

## 二、我国城市旅游发展中存在的问题

### 1. 缺乏科学的形象定位

城市旅游形象建设对外可增强知名度，提高竞争力，对内养成市民文明形象意识。国外旅游形象研究表明，形象是吸引旅游者最关键的因素之一，城市旅游形象的定位既要体现时代特色，更要吻合城市本身的文脉，体现城市的文化个性与特色。但在现实生活中，不少城市旅游形象的定位往往并非来自于科学的考察，而是来自于一方行政长官的一家之言，前任领导一旦卸任，新的领导又提出新的城市旅游定位，结果造成城市旅游形象定位的不断更迭，而无法给受众一个相对核心、相对稳定的城市旅游形象。

### 2. 旅游业科技含量低，信息化进程缓慢

目前，我国大部分城市旅游业开发的重点在于以观光为目的的景区、景点的建设、改造，忽视了信息这个生产力中最活跃的因素，其人造景观缺乏高科技的武装，娱乐项目缺乏科技吸引力。甚至许多以旅游业为支柱产业的城市，也未建立起自己完善的旅游目的地信息系统，网络营销薄弱，旅游电子商务举步维艰，这对于旅游目的地的功能来说是个很大的缺陷。

### 3. 企业经营和服务不规范

目前，我国旅游企业众多，但集团经济较弱，企业内部管理较散，科技含量较低，其经营机制不能适应国际化的要求。而且，现有的人才结构不合理，服务方式不规范，未能有效实现内部服务资源的优势互补。

### 4. 城市旅游资源遭到严重破坏、城市环境状况恶化

当前国内各城市旅游资源的开发如火如荼，许多风景和人文旅游资源遭到严重破坏。有的大搞"开发"、大办宾馆、饭店，城市绿地被侵占，文物古迹毁损严重，花草树木被乱砍乱摘。

## 第三节 未来我国城市的旅游管理

### 一、未来我国城市旅游管理应遵循的原则

1. 立足资源，协调发展，培育特色

城市发展到现阶段，其体制、目标和内涵发生了深刻变化，我们应当在对城市资源认识的基础上，着眼于城市未来长远的发展，全面研究新的城市功能和发展方向。资源开发应当形成这样一个循环链条：资源—开发—旅游产品—新资源—再开发。周而复始，循环往复。哪一个环节缺少，链条就不能连接，优势也就不存在。从资源到产品还应当形成另外一个链条：资源—旅游资源—旅游产品—旅游精品。这才是资源转化为优势的实质。

同时，城市发展要加强区域内外的合作，明确区域内部的分工，形成既发挥各自优势，又优势互补的发展格局。市区要更好地发挥辐射带动作用，促进各市（县）联动发展。各市（县）要按照旅游规划的布局，形成功能明确的旅游区，当然原本没有资源的城市可以创造资源，深圳就是创造人文资源进而成为人造景观精品的成功范例。城市旅游业应充分挖掘城市文化的内涵，充分展示城市的民族化、现代化特色，极大地提升城市的品位，各城市要确定自己的主题特色，城市特色才是对旅游者的吸引力所在。

2. 科技兴旅，优化产品，打造亮点

旅游产品是城市旅游业的主要内容，是吸引旅游者的首要条件。旅游产品的打造靠的是策划和开发，没有好的策划就没有好的开发，等于浪费资源，浪费人力和财力。旅游业要加快对新科技、新技术的吸收应用和普及，要紧紧抓住网络时代的经济特色，转变传统的接待、经营、促销等理念，实施技术创新，建立网上预订站点、咨询站点、企业站点，开展网上自助旅游等一系列服务，大力推动旅游业的网络发展，适应网络时代的新需要。

旅游产品的策划，首先应基于对客源市场的分析，确定本区域对客源市场的吸引点，合理构成资源链，策划出有卖点的旅游产品。经

过产品的有效开发和推介，为城市的旅游产品增加新的活力。有活力的旅游产品才有生命力，才能形成城市旅游业的亮点。能成为亮点的旅游产品必定是精品，甚至是极品，即在策划和开发时注重高起点、高档次、高品位。城市内随处可见具有深厚文化内涵的一流资源精品，由于没有很好的策划和开发，造出来的是三流的劣质产品，使旅游者不可不看，又不可再看，不能不说是败笔。

3. 坚持可持续发展，提升整体旅游质量，创造优秀旅游城市

旅游业的发展有赖于丰富的自然和人文资源，旅游业也是实现自然景观价值和历史文化价值的重要途径和手段。旅游业发展要协调好开发与保护、局部与整体、建设与服务等方面的关系。克服重眼前轻长远、重开发轻保护而造成的建设性破坏。以科学负责的态度，认真对待每一方蓝天绿地、每一件历史遗产、每一处山水草木，重在维护自然资源的生态平衡和历史文化特色。

同时要全面提升城市的旅游功能质量。管理质量的目标是服务质量，服务质量的保障是管理质量，体现在管理者和从业者的素质，体现在规范化和现代化，体现在"软件"的建设上。管理质量和服务质量是体现城市旅游业的管理和服务水平的重要标志，是城市旅游业发展的动力所在。管理水平和服务水平低下的城市，其旅游业的市场秩序必定是混乱的，其旅游业发展必定缺乏长远发展的动力。旅游业是服务于人的产业，要建立以旅游者为中心的服务体系。首先是由经营主体提供的服务系统；其次是旅游行政管理部门提供的旅游信息、咨询投诉、质量监督等公共服务系统；三是由旅游城市提供的卫生、安全、便捷的公共环境系统。只有以系统的眼光、科学的规划全面营造舒适、独特的城市人文和自然环境，才能真正凸显城市的灵魂，也才能最终吸引旅游消费者和当地居民的眼球和思想。①

## 二、未来我国城市旅游管理的具体对策

我国的城市旅游既面临着发展机遇，也面临着困难和挑战。如何有效利用有利条件以及克服困难，实现城市旅游的可持续发展，以下几个方面值得考虑。

---

① 袁金明、尹少华：《城市旅游功能的拓展原则与策略》，《湖南经济管理干部学院学报》2004年第2期。

1. 进行个性化城市营销,提高旅游城市竞争力

在市场经济的意义上,旅游城市也是一个产品,也需要进行管理和营销,城市文化是影响旅游城市质量的重要因素。所以,城市营销的过程也就是认同和推广城市文化的过程。

一个旅游城市如果缺乏有效的营销机制,就难以传播独特的城市文化以及个性化的城市旅游品牌,城市营销水平的高低会直接影响城市生态环境和社会环境,会影响游客对城市文化的理解,进而影响对旅游城市品牌的评价。根据城市文化及城市本身个性,在营销理念、方法和模式上创造差异,创造个性化城市营销机制,不仅可以提高旅游城市品牌的知名度,更能提高城市的竞争力。

2. 抓好形象定位,创旅游品牌

城市旅游管理的核心是树立独特、鲜明、有影响力的城市旅游形象,创造独具魅力的城市旅游品牌,依靠形象扩大影响,通过品牌吸引游客前来旅游,提高城市旅游的知名度、增强城市旅游的辐射力,促进城市经济的不断向前发展。没有鲜明的城市形象,城市旅游不可能真正发展,没有响亮的品牌就无法吸引旅游者。因此,旅游形象和品牌已经成为每个城市旅游发展中最重要的竞争工具。

目前,上海、深圳、哈尔滨、珠海等城市在品牌的塑造方面已经从自发的状态转变为自觉、有计划、有目的地进行城市旅游形象的打造和建设;品牌的构成突破以地方产品为主要内容的束缚,走向了多元化、综合化,着重融入了城市的精神或象征,力图营造出城市能够带来的总体气息与氛围,应当说达到了一种新的境界、新的天地。

3. 加强区域协作与互动,解决区域不平衡的问题

各个城市从单干转向合作,尤其是要突破行政区划本身的限制,要按照旅游自身的发展规律,按照旅游者的需求,从市场导向出发来研究区域合作和区域共同发展的问题。典型的例子便是从珠三角到泛珠三角,香港、澳门两个特别行政区的加入,实现资源共享、优势互补,构建区域内公平开放的大市场,为区域合作带来了一种新思路和新模式。①

---

① 吴光玲:《城市旅游开发与城市建设问题探索》,《产业与科技论坛》2007年第11期。

# 第十二章 城市环境管理

## 第一节 城市环境的内涵与特征

### 一、城市环境的内涵

对人类来讲,环境就是人类生存的外部条件,是指以人类为中心,并作用于人类的所有外界事物,即人类赖以生存和发展的各种因素的总和。

作为人类环境重要组成部分的城市环境可分为自然环境和社会环境:城市自然环境是城市环境的基础,城市环境的形成在许多方面都必然受到城市自然环境的影响和作用。城市自然环境中如地质、地貌、气候、水文等决定了城市用地形态、生产用地布局、城市建筑结构、城市基础设施配置和工程造价等方面。同时城市环境的建立也改变了自然环境的性质和状况。

城市社会环境是在城市自然环境基础上建立起来的,它是构成人类生活条件的各种因素的总和。这些因素很多,主要包括房屋建筑、交通设施、供水设施、排水设施、垃圾清运设施、供电供热设施、通信广播电视设施、仓储设施、文化设施、园林绿化设施和消防治安设施等。

### 二、城市环境的特征

1. 城市环境的高度人工化

城市是人口最集中、社会经济活动最频繁的地方,所以也是人类对自然环境影响最强烈、自然环境变化最大的地方,除了大气环流、大的地貌类型基本保持原来的自然特征外,其余的自然因素,如地貌、土壤、气候、水文、植被、动物等都发生了不同程度的变化，而且这种变化通常是不可逆的。

2. 城市环境的空间结合性

城市环境的空间形态，特别是城市的平面形态是城市的自然环境因素（如地面坡度、河湖水系、地质构造、小气候等）和社会经济环境因素（如人工建筑物的配置形式、道路网的形状、大型工厂和飞机场的位置等）综合作用的结果。

3. 城市环境的地域层次性

城市环境人工化程度的不同，使得城市环境中各物质要素在地理空间分布中呈现出一种典型的地域分异，可区分出3个典型的特征空间：即建筑空间、道路广场空间和绿地空地空间。

4. 城市环境的易污染性

城市环境的污染，如城市"热岛"的产生、地形的变迁、自然土壤结构与性能的改变、不透水地面的增加、绿色植物和分解者的减少，在不大的空间建立了大量的人类技术物质（建筑物、桥梁和其他设施等），集中了大量的人口、物质和能源，并产生了大量的污染物质，所有这些使得城市环境的自我调节净化机能变差，极易出现环境污染。[①]

## 第二节 当前我国城市环境污染的现状及其原因分析

### 一、当前我国城市环境污染的现状

城市在相对狭小的地域空间内，集中了大量的城市人口、工业、建筑，必然消耗大量的物质和能量，排出大量的生活及工业废弃物，当这些废弃物的总量超过环境的自净能力时，就会发生严重的环境污染。[②]

---

① 牛桂林：《城市环境污染及对策》，《水科学与工程技术》2007年第5期。
② 赵卫明：《城市化与城市环境问题研究》，《经济论坛》2008年第1期。

随着经济高速发展和城市化进程的加快，城市环境保护问题越来越受到全社会的高度重视。城市环境污染问题与人民群众的生活十分紧密，涉及到社会管理的各个方面。近年来，各地在加快城市环境建设过程中做了大量的工作，取得了显著的成效。但是，形势依然十分严峻，城市环境污染和生态破坏仍是制约经济社会发展的瓶颈，由此引发大量的社会问题。①

城市是地区人口和经济活动的密集区域，也是资源环境的高压区域。经济增长需求造成的资源、能源的短缺给城市环境带来了持久的压力，同时，人口急剧膨胀和居民消费模式改变所带来的生活污水和垃圾的处理已成为城市环境管理面临的重大问题。环境质量还远不能满足群众日益增长的需求。全国许多城市的居民不能呼吸到"新鲜"的空气，大气环境恶劣，90%的城市河段污染严重；垃圾围城、噪声扰民等环境问题也很突出。目前，我国已进入城市化高速发展阶段，城市环境保护已经不再是单纯的"治理污染"，而是要为城市的可持续发展服务。在深入落实科学发展观，构建社会主义和谐社会的实践中，需要我们不断创新城市环境管理的理念、战略思想和制度，以适应时代的发展和国情的需要，走具有中国特色的城市环境管理道路。②

1. 水资源严重污染

随着城市化的推进，城市规模越来越大，城市人口增加，工业迅速发展，城市用水量急剧增加，同时，城市水污染也呈日趋加重的趋势。城市水污染主要由工厂排水和城市居民生活污水造成的，目前我国每日排放的工业废水和城镇生活污水量约1亿多吨，每年的排放总量已达到631亿吨，这些污水有80%未经处理直接排入水域，造成全国1/3以上河段受到污染；同时90%以上城市水域污染严重，城市大量未经处理或处理不充分的废污水排入流经城市的河流，使径流水质恶化。以长江流域为例，在废污水排放中，工业废水和生活污水分别占75%和25%左右。主要污染物为悬浮物、有机物、石油类、挥发酚、氰化物、硫化物、汞、镉、铬、铅、砷等。

---

① 牛桂林：《城市环境污染及对策》，《水科学与工程技术》2007年第5期。
② 巨儒：《新时期的城市环境问题与对策》，《青海环境》2007年第4期。

## 2. 大气污染

在城市大气污染物中，对人类环境危害较大的主要有一氧化碳、二氧化硫、氮氧化物、碳氢化合物、悬浮颗粒物、硫酸烟雾和光化学烟雾等。其中颗粒物是影响我国环境空气质量的首要污染物，除燃煤外，工业粉尘、地面扬尘、建筑工地尘、土壤风蚀尘等都对空气颗粒物的浓度有较大影响。此外，工业生产中废气和汽车尾气排放也是造成城市大气污染的主要原因。据2005年监测的522个城市中，4.2%的城市达到国家环境空气质量一级标准，56.1%的城市达到二级标准，39.7%的城市处于中度或重度污染。人口超过百万的特大城市，空气中二氧化硫和颗粒物超标比例较高，空气质量达标比例偏低。

## 3. 固体废弃物污染

随着经济发展和城市人口的增长，城市工业垃圾和生活垃圾也急剧增长。从1987～1996年的10年间，我国城市垃圾产生量增加了近1倍。目前，全国约有2/3的城市处于垃圾的包围之中。城市垃圾产生量还将以每年8%～10%的速度递增。大量的工业及生活垃圾的任意堆放，不仅侵占了大量的耕地，也成为地表水和地下水的主要污染源之一。我国大部分垃圾处理都采用直接填埋法，一倒了之，由于降水及地下水径流的淋滤作用，使垃圾中的易溶有害物质渗入土壤及地下水中，使土壤土质恶化，地下水系统被污染。

另外，由于城市垃圾中含有大量生活垃圾，生活垃圾中的有机物在长期的堆放过程中经发酵作用，产生大量热量及易燃气体，如甲烷、硫化氢等，这些有害气体如不能及时排出，甚至会造成爆炸、火灾等恶性事故。垃圾堆放地周围难闻刺鼻的气味也对城市周围环境及居民生活带来严重影响。

## 4. 噪声污染

声音是由物体振动并由介质传播的自然现象，在物理学上可用频率、波长和声速3个物理量来进行描述。所谓噪声即是人们从客观上感受到的不同频率、不同强度组合而成的干扰正常生活和工作，难以接受甚至损害健康的声音。城市噪声污染被认为是仅次于大气污染和水污染的第三大公害。城市噪声主要来源于工业噪声、市政噪声、建筑噪声和交通噪声等。城市化带来的环境问题除以上污染外，还有光污染、电磁波辐射污染、生物多样性的丧失等多种问题。①

**5. 电磁波辐射污染**

又称电子雾污染,已被公认为是城市公害。城市里的高压线、变电站、电台、电视台、雷达站、电磁波发射塔和电子仪器、医疗设备、办公自动化设备和家用电器,都会产生各种不同波长频率的电磁波,人们长期暴露在超过安全辐射剂量的环境中就会损伤健康。因怀疑有电磁辐射污染,上海的磁浮列车沿线的房价不升反降,市民以"散步"形式表达对磁悬浮电磁污染的担忧。可见,由电磁辐射污染引发的上访问题将会长期存在。②

**6. 城市热岛效应严重**

大多数城市在建设中缺少总体规划,没有从城市整体的角度充分考虑空气的流动性、散热性,城市通风廊道没有或建设不好,空气流动缓慢,污染的气体不能及时排掉,热量散发缓慢,造成热岛效应。③

**7. 生态环境破坏**

生态环境破坏是人类活动直接作用于自然界引起的。这方面的问题主要是植被破坏、土地沙化、水土流失,导致农田、森林、草原和江、河、湖、海、地下水等自然生态系统生产力下降。例如,乱砍滥伐引起的森林植被的破坏、过度放牧引起的草原退化、大面积开垦草原引起的沙漠化、滥采滥捕使珍稀物种灭绝、危及地球物种的多样性、破坏食物链,而植被破坏又引起水土流失等等。由于非农业人口大量聚集,城市建设规模不断扩大,绿地不断减少,森林、草地和土壤等自然地表被砖瓦、水泥等人工地表所代替,城市生态系统的结构和功能也发生了某些不良变化。④

## 二、当前我国城市环境污染的原因

**1. 城市人口迅速膨胀,公共基础设施薄弱**

许多城市公共基础设施的建设,如供热、煤气、排水、城市污水

---

① 赵卫明:《城市化与城市环境问题研究》,《经济论坛》2008年第1期。
② 裴军:《城市环境污染的现状、原因及对策建议》,《中国科技论坛》2009年第2期。
③ 姚勇、于泳:《城市环境问题分析》,《黑龙江科技信息》2008年第11期。
④ 牛桂林:《城市环境污染及对策》,《水科学与工程技术》2007年第5期。

处理、垃圾处理设施和公共绿地等，远远跟不上城市发展和环境保护的需要，甚至是一些应用常规技术就能很容易解决的环境问题，如烟尘、污水、垃圾等也没有得到很好的解决。同时，目前我国各城市仍有大量城市居民直接燃用原煤，分散供热面还在增加。大多数城市的污水处理厂不能满足需要。

2. 很多城市缺少周密而有预见性的总体规划

由于没有周密的城市总体发展规划，致使城市功能分区混乱，或没有很好执行城市总体规划有关的各种功能区和工业合理布局规划，造成了本可以避免的环境污染问题。如有些城市的工业区建在城市常年主导风向的上侧，使城市受到工业废气的严重污染。大多数城市由于历史原因，工厂与居民区混杂，彼此穿插，使城市居民经常处在工业污染物的影响之下。工业废气排放是造成我国城市大气质量普遍较差的主要原因。固体废弃物污染在大城市越来越突出，这种污染也主要与煤的开发和使用有关。

3. 对严重污染环境的项目，污染防治措施不得力

一些严重污染环境的新建、扩建、改建项目，没有得到有效的制止。出于地方利益的考虑，这些项目不但没有被取缔，反而在计划外以各种方式出现，大有与日俱增的趋势，给城市带来了巨大的环境压力。此外，城市民用小炉灶所造成的低空污染，较工业锅炉高架源污染危害更大，治理困难。这是我国城市居住区，特别在冬季采暖期，大气污染特别严重的原因。

4. 技术水平低，能源消耗严重

企业技术水平相对落后，技术改造严重不足，存在高消耗、高能耗、高污染的现象。我国能源利用率低，单位产值能耗大。欧盟的能源利用率为40%，美国为51%，日本为58%，我国只有30%。单位国民生产总值的能耗，按亿美元产值消耗的标准煤（万吨）计算，日本为4.35，德国为4.86，英国为7.31，美国为10.65，我国为21.11。有效利用率的低下，使得许多应该回收利用和循环使用的大量废弃物排入环境，这既浪费了能源，又污染了环境。①

---

① 盛学良、董雅文：《城市化对生态环境的影响与对策》，《环境导报》2001年第6期。

**5. 城市基础设施落后，社会化污染控制能力较弱**

近年来，虽然我国各主要城市在基础设施方面有了较大发展，但仍然跟不上城市的发展。此外，在原有污染问题尚未解决的情况下，以机动车污染为主的新污染源迅速扩展，这在沿海地区城市表现得尤为突出。由于机动车保有量急剧增加，加上排污量大，车辆保养差，路况不好，一些大城市的相关污染已很突出。[①]

## 第三节　我国城市环境污染治理的现行做法

近年来，我国从中央到地方，都采取了一定的积极措施，加大了对城市环境污染的治理力度，具体包括：

（1）重视城市燃料的替代，采用不排烟尘的城市燃气取代煤，使城市烟尘排放明显减低。从 2001～2006 年，城市燃气普及率从 59.7% 上升到 79.1%，升高的趋势十分明显。

（2）增建了数量较多的污水处理厂，加大了对污水的处理力度。城市污水处理率由 2001 年的 36.4% 上升到目前的 55.6%。

（3）城市垃圾回收与分捡体系在建设中，各地都重视对居民区生活垃圾的收集，甚至建立起回收与循环利用体系。

（4）引导工业企业向园区集中。政府采取引导的方式促使企业向园区搬迁、集中，达到产业集聚和污染集中治理的目的。

（5）对环保的投入也大幅增长。随着城市经济实力的增强，许多城市日益重视对环保的投入，包括对燃气、集中供热、排水、园林绿化、城市市容卫生等方面环境保护基础设施投资明显上升。2002 年，全国城市环境基础设施投资 789 亿元，到 2006 年上升到接近 1315 亿元。

（6）从政策和法规上日益重视环境保护，促进环境保护的新机制正在形成之中。许多城市都推进了环境保护一票否决制，在建设项目动工前，都能执行环境保护"三同时"制度，并加强了环评力度，

---

① 孙逊、杨玮：《对我国城市环境污染与防治对策的思考》，《生态经济》2007 年第 7 期；周民良：《中国城市的环境污染与可持续性发展》，《中国地质大学学报》（社会科学版）2008 年第 5 期。

环境影响评价与约束的分量持续加重。

（7）采取了越来越严格的环境标准。无论是在国家产业政策，还是在污染控制政策上，都重视了环境准入标准的建立，增强环境保护标准的约束力度。

（8）市民的环境保护意识逐步提高。在许多工程建设过程中，市民都可以提出不同意见，直至否决一些有严重污染和安全隐患的工程正是基于城市政府与社会各界的努力，不少城市的环境有了较大的改善。2000年，我国设区城市中空气质量达到国家二级标准的比例只有36.5%，原计划到2005年这一比例提高到50%，但最后达到54%。2006年11月，世界银行在对中国120个城市进行调查后指出：那些工业发达、对投资商具有吸引力的沿海城市，环境污染控制也做得较好。在工业废物的处理方面，一些沿海城市的处理率高达95%以上。

但是，应该指出的是，在环境污染的治理上，城市之间还存在着较大的不平衡性。以2006年我国各省区城市污水处理率和城市垃圾无害化处理率为例，总体上看，北京、上海、江苏、浙江、山东、海南等省市的城市污水处理率和城市垃圾无害化处理率都相对较高，而吉林、黑龙江、湖南等省份的城市污水处理率和城市垃圾无害化处理率都相对偏低；另一些省区如新疆、云南、山西、甘肃、安徽、湖北的城市，表现为污水处理率较高而城市垃圾无害化处理率偏低，而天津、广东、广西、贵州和青海的城市，则表现为城市垃圾无害化处理率较高而污水处理率偏低。①

## 第四节 未来我国城市环境治理的创新路径

### 一、城市环境治理的含义与特征

1. 城市环境治理的内涵

城市环境治理，是指各级管理者依据国家和当地的环境政策、环

---

① 周民良：《中国城市的环境污染与可持续性发展》，《中国地质大学学报》（社会科学版）2008年第5期。

境法律法规和标准，运用法律、经济、行政、技术和教育等各种手段，调控人类生产生活行为，协调城市经济社会发展与环境保护之间的关系，限制人类损害城市环境质量活动有关行为的总称。城市环境治理包括大气污染治理、水污染治理、固体废物治理、噪声污染治理等方面。

对城市环境治理的内涵可以从以下方面作进一步理解：

（1）协调发展与环境的关系。城市环境治理的目的是要解决城市环境污染和生态破坏所造成的各类环境问题，保证城市环境安全，实现城市社会经济可持续发展。因此，建立可持续发展的城市经济体系、社会体系和保持与之相适应的可持续利用的资源和环境基础，便成为环境治理的一项重要内容，这也是城市环境治理的根本目标。

（2）城市环境治理的核心是对人类行为的治理。人是各种行为的实施主体，是产生各种环境问题的根源。只有从治理人的行为入手，通过影响、改变和重塑人的经济生产、社会生活、消费等各种行为，才能有效解决各种城市环境问题。所以，人在环境治理中扮演着治理主体和治理客体的双重角色，具有决定性作用，城市环境治理的实质是要限制人类损害环境的行为，鼓励对环境友好的行为。

（3）城市环境治理是城市治理（或管理）的重要组成部分。城市环境治理涉及到包括城市社会、经济、自然环境等所有领域。城市环境治理的内容非常广泛、复杂，与城市其他治理（或管理）工作密切相关，相互影响、制约。

因此，城市环境治理与城市治理（或管理）系统之间是要素与整体的关系，这就决定了城市发展战略与城市环境保护战略，城市治理（或管理）体制、模式与城市环境治理体制、模式的同质性、协调性。城市环境是城市经济增长的物质基础，又是城市经济增长的制约条件。城市经济增长可能导致城市环境污染与破坏，但也只有在城市经济、技术不断发展的基础上，才能不断改善城市环境质量。

城市环境治理的核心是遵循城市生态规律与经济规律，正确处理城市经济增长与环境保护的关系。在城市资源环境经济复合系统中，人处于主导地位，人类的经济活动对城市环境质量起到决定性作用。所以，城市环境治理的本质是影响人的行为，转变城市经济发展模式，在城市生态承载力范围内发展经济，在为满足城市居民物质文化需求与持续快速发展经济的同时，仍能保持良好的生态环境。

2. 城市环境治理的特征

（1）综合性。城市环境治理是一项复杂的系统工程，具有高度的综合性。这主要表现在：

其一，对象和内容的综合性。城市环境治理以城市生态经济系统为对象，既涉及到城市自然生态系统又涉及到由社会、科学技术、管理、政治、法律、经济等组成的城市社会经济系统。这是一个由许多既相互依存又相互制约的因素构成的有机整体。其中任何一个因素发生变化或不协调，都将影响其他因素，甚至使整体失去平衡而发生问题。这就要求城市环境治理必须从整体出发，运用系统分析方法进行综合整治。

其二，治理手段的综合性。城市环境治理的实质是对人的行为施加影响，使之符合城市生态规律的要求，维护城市社会生存发展所必需的环境质量。对降低或损害城市环境质量的行为要加以限制、禁止，对保护和改善城市环境质量的行为要进行鼓励。限制、禁止或鼓励要采取经济、法律、技术、行政和教育等多种手段，并要综合运用。譬如，要限制或禁止污染排放行为，就要制定环境质量标准，要有相应的立法，要进行宣传教育，还要采用排污收费、罚款等经济处置手段。

（2）区域性。由于自然背景、人类活动方式、经济发展水平和环境质量标准不同，不同城市面临不同的环境问题，存在着明显的区域性差别，因此，区域性成为城市环境治理的一个重要特性。譬如，我国南方多雨、北方干旱，各地区自然环境有很大不同；各地区人口密度、经济发展速度、能源资源的多寡也很不相同，生产力布局、污染源密度以及管理水平也有差别，社会环境也存在明显的差异性、区域性。这就决定了城市环境治理必须因地制宜地制定治理目标和治理方针、措施。

（3）群众性。城市居民群体的社会经济活动是造成各种环境问题的动因。要从根本上解决环境治理问题，就要提高民众的环境意识，使人们认识到保护环境、合理利用环境资源的重要性，实现行为方式从大生产、高消费、大排放向清洁生产、适度合理消费、少排放的转变，即从对环境不友好的行为方式转向对环境友好的方式。这一转变过程没有公众的合作是难以实现的。这就要求既充分发挥环保部门的职能、作用，又动员全社会的力量，积极投入环境治理保护工作，实施分工合作、统一协调、综合整治。

(4) 动态性。城市环境治理是一个动态运行过程。一方面随着城市经济、社会的迅速发展，城市生态系统会发生动态变化，使人们不断面临新产生的环境问题；另一方面随着社会的不断进步，人们对环境的认识，对环境质量的要求、控制和处理环境问题的知识技术水平也会不断发生变化。这就要求适时调整环境治理目标、对策和方法，进行动态治理，使城市经济、社会活动不超出环境的承载能力和自净能力。

## 二、未来我国城市环境治理的原则

### 1. 全面规划、合理布局原则

全面规划、合理布局原则要求从经济、社会、环境、生态等多角度对城市各种产业进行合理规划和布局以实现城市经济、社会和环境的协调发展。全面规划、合理安排的生产布局，将实现3个有利于：

(1) 有利于合理开发和利用自然资源。各地区自然资源的性质及其组合特点是不相同的，开发和利用的方式也应因地制宜。将相关生产部门在本地区合理组织起来，便可以达到既保证自然资源的充分利用，又使自然资源和自然环境免遭破坏的目的。

(2) 有利于充分发挥自然环境的自净能力。自然环境的地区差异导致对不同污染物稀释、转化、扩散、净化能力的不同。各地区根据本地的环境容量和自然净化能力特点，确定城镇规模的大小、功能区的划分布局、污染工业的集中与分散等问题，便可以有效实现本地区经济发展与生态环境的平衡。

(3) 有利于区域环境综合防治。通过城市规划和区域环境规划，可以合理调整地区经济结构，合理布局产业，形成综合生产体系，提高资源的综合利用率，把可能产生的污染最大限度地控制在生产过程之中，达到既发展生产，又改善环境质量的目的。全面规划、合理布局是保护环境的战略性原则。实施这一原则可以有效缩小污染的危害范围，防止生态失调，减少环境污染治理费用，为科学地治理环境污染创造基础条件。

### 2. 明确责任、各负其责原则

城市环境治理涵盖整个城市环境经济系统，涉及到个人、企业和政府等行为主体。城市环境治理最终能否取得成效，关键在于相关主体能否各负其责。为此，必须明确各主体保护环境的责任，这就要实施3条具体的原则：

（1）地方政府负总责原则。城市环境质量与城市区域的经济社会发展密切相关，影响环境质量的各种因素分别涉及计划、规划、建设、能源、财政、工业、农业、卫生、商业、交通等部门的工作，因此，城市环境治理是涉及政治、经济、技术、社会各个方面的复杂、艰巨的任务，具有全局性和综合性，只有政府才有足够的权威和能力来组织、协调如此繁杂的工作。这就要求各级政府通过城市规划、经济发展计划合理安排工业布局、调整产业结构、完善城市基础设施，建设具有良好生态环境的社会系统，确保城市经济的持续发展。

（2）污染者付费补偿原则。污染者付费原则也称"污染者负担原则"，是指造成环境污染的单位和个人，负有治理环境污染和补偿损害的责任，而不能将相应责任转嫁给社会和国家。实施污染者付费原则，主要是采取污染费或排污税、环境税等经济手段，提高企业承担的污染成本，使其意识到治理污染的责任，促使企业积极采取措施治理环境污染。实施该原则，能促使环境和资源保护与企业的生产经营相结合，激励企业通过技术改造、创新，提高资源、能源和原材料的利用率，改革工艺、设备，减少物耗、能耗和污染排放，把污染消除在生产过程中。此外，还可以把环境保护责任与经济责任相挂钩，有利于筹集环境污染治理资金。实施这一原则的前提是能够识别污染者、确定环境污染费率并使污染者能够承担污染成本，否则这一原则就不具有实际操作性。

（3）受益者分摊费用原则。面对城市污染问题时，往往难以识别污染者，或者污染者不能承担全部污染成本。譬如，区域性污染往往存在众多污染源，难以分清具体污染者的责任，像生活污水对环境的污染、家用煤炉的烟尘对环境的污染等等，就很难用"污染者负担的原则"来确定责任者并责成其承担治污费用。此时就可以实施受益者分担原则，让所有从污染治理中受益的单位和个人来分担污染治理费用。这样，可以弥补污染者负担原则的缺陷，使污染治理资金得到有效补充。

### 3. 积极预防、保护为主原则

在城市环境治理中，应该主动采取各种预防手段和措施，防止环境污染或将污染限制在最小程度，尽量从产生环境问题的源头预防和解决问题，而不是等环境污染、资源破坏产生后再进行治理。该原则提倡，除非人类清楚其活动对环境的影响，否则必须制止对环境有潜在影响的活动。西方发达国家"先污染，后治理"的历史教训表明，等环境问题产生后再进行治理，要付出更大的经济代价。而且许多环境问题往往具有不可逆转性，一旦产生，即使投入再多的资源，也难以根治。

科学研究成果显示，一些环境问题可能带来累积的、潜在的危害，其后果通常难以预测。因此，贯彻积极预防、保护为主原则不仅可以减少环境治理代价，降低人类面临的环境风险，而且可以改变经济发展模式，构造有利于环境保护和资源持续利用的经济系统，有助于实现经济可持续发展。

根据积极预防、保护为主原则，在城市发展中，要十分重视把环境保护纳入城市经济社会总体发展规划，制定有利于环境与资源保护的经济、技术政策、制度和措施，使经济发展和环境保护互促共进；在城市产业结构和产品结构调整中，要淘汰消耗大、污染重的产业、产品，发展低消耗、轻污染的环境友好型产业、产品，通过经济结构的转变来控制污染的产生；在工业发展中注重发展生态工业，推行循环经济和清洁生产工艺，把污染治理贯穿于整个生产过程；在城市经济建设和城市改造中，必须进行环境影响评价，重视污染治理基础设施的建设和完善，防止新污染的产生。要采取一切可能的手段，在污染发生前就进行控制以保护环境。

### 4. 公众参与、群防群治原则

公众具有参与环境保护的权利和义务。这包括两个方面：一方面，公众具有参与环境保护的权利。环境是人类生存、发展的基础，没有安全的环境就没有人的生命和生存，就更谈不上人类的发展，因此，环境权是一项基本人权，公众参与环境保护的权利在全球也得到广泛的认同和肯定。另一方面，参与环境保护也是公众的义务和责任，保护环境就是保护公众自身的根本利益，公众在享有环境权利的同时，必然也应该承担环境保护的义务。

环境问题之所以产生是源于人类对物质追求的无限性和地球资源

有限性之间的矛盾。1992 年联合国里约大会通过的《21 世纪议程》明确指出："全球环境不断退化的主要原因是非持续性消费和生产方式"，解决办法是，通过改变生活方式提高生活标准，减少对地球有限资源的依赖，并与地球的支撑能力取得更好的协调。由此可见，环境保护和治理是全社会的责任和义务，公众对环境问题负有重大责任。因此，在强调企业、政府责任的同时，也应强调公众对环境的责任。公众不仅要理解、支持政府和企业的环保活动，而且应该身体力行地参与环保行动，形成合理的、绿色的、可持续的生活和消费方式，推动环境友好型产业发展，建设环境友好型社会。

实施公众参与原则，一是要加大宣传力度，努力倡导生态文化，培养公众的环境危机意识，使环境保护理念成为公众的共识和奉行的价值观，让节约资源、保护环境变成公众的自觉行为和生活方式。二是要努力创造条件，提高公众的环保参与意识和参与能力。公众要通过各种途径，积极参与城市经济和社会发展规划、政策、方针的制定，实现决策的民主化、科学化；要广泛参与、监督政府有关部门对规划、政策、方针的实施，监督企业及社会各阶层的行为是否符合可持续发展的要求。

5. 强化法治、综合治理原则

城市环境治理要坚持依法行政，不断完善环境法律法规，严格环境执法；坚持环境保护与发展综合决策、科学规划，综合运用法律、经济、技术和必要的行政办法解决环境问题。强化法治既是防治污染、保护生态的关键，也是参与环境与发展综合决策、推动经济增长方式根本转变的有效手段。要采取有力措施，着力解决法规不健全、执法难度大、违法成本低、违法不究、执法不严等问题。

首先，要完善法规标准体系。要抓紧修订和完善现行法规标准，填补法律空白，重点是做好《中华人民共和国环境保护法》、《中华人民共和国水污染防治法》的修订工作，拟定有关土壤污染、化学物质污染、生态保护、生物安全、遗传资源、臭氧层保护、核安全、循环经济、环境监测、环境损害赔偿等方面的法律法规草案；各地也要完善地方性法规；要完善技术规范和环境标准体系，科学确定标准限值，鼓励各地制定更加严格的地方污染物排放标准；要积极配合司法部门，通过司法手段保障环境执法的权威性和有效性。

其次，要完善执法监督体系。要按照权责明确、行为规范、监督有力、高效运转的要求，明确执法责任和程序，提高执法效率，强化执法监督，坚决做到有法必依、执法必严、违法必究；要深入开展整治违法排污企业、保障群众健康的专项行动，严厉查处环境违法行为和案件；要持续开展环境安全检查，重点排查沿江沿河和人口密集区的石油、化工、冶炼等企业，努力消除环境隐患；要加强危险化学品、危险废物、放射性废物的监管，防范环境风险；各级政府和重点企业要制订应急方案，配备必要设施，提高突发环境事件的处置能力。

再次，要着重落实3项环境管理制度：

（1）落实污染物排放总量控制制度。要将主要污染物排放总量控制指标层层分解，落实到基层和排污单位，加强污染物排放监测统计，综合运用排污许可、排污收费、强制淘汰、限期治理和环境影响评价等各项制度、手段，实现总量控制目标。

（2）强化环境影响评价和"三同时"（建设项目环保设施同时计划、同时施工、同时投产使用）制度。要在加快试点的基础上推进各类发展建设规划的环境影响评价，从源头防止环境污染和生态破坏；要严格建设项目环境影响评价和"三同时"管理，加强环评资格管理，提高环评质量，落实环评责任制；要严格"三同时"验收，尽快扭转重审轻批监管、重事前评价轻事后评估和不审批就开工、不验收就投产的局面。

（3）实行环境目标责任制。要把"十一五"环保目标和任务分解到各级政府，层层抓落实；要建立环境管理绩效考核机制，把环境保护纳入经济社会发展评价体系；要制定科学的评价指标，纳入党政干部政绩考核体系；要建立环境保护问责奖惩制度，严格执行《环境保护违法违纪行为处分暂行规定》。

6. 分类指导、突出重点原则

要因地制宜，分区规划，统筹城乡发展，分阶段解决制约经济发展和群众反应强烈的环境问题，改善重点流域、区域、海域、城市的环境质量。

首先，要加强地区分类指导。在国家区域协调发展战略框架下，西部地区要强化生态保护，依据国家政策、规划，稳步实施生态退耕，继续推进各类生态建设工程，加大荒漠化、石漠化治理力度，加强资源开发活动的环境监管，控制和防止重化工业和资源开发过程中的污染和生态破坏，加强三峡库区及其上游、黄河中上游等重点流域水污染、水土流失防治；东北地区要加强黑土地水土流失和西部荒漠化综合治理，加大资源枯竭城市和矿山的生态修复，推进松花江、辽河、鸭绿江等流域和界河的污染治理，加快生态省和循环经济试点省建设步伐；中部地区要加快环境基础设施建设，加大重点流域水污染治理力度，有效维护区域资源环境承载能力，严格控制污染物排放总量；东部地区要率先推进历史性转变，加快产业结构优化升级，促进增长方式转变，加大长三角、珠三角、京津冀等沿海城市群区域环境综合整治力度，大幅削减主要污染物排放总量。

其次，要逐步实行环境分类管理。按照全国主体功能区域的要求，对4类主体功能区制定分类管理的环境政策和评价指标体系，逐步实行分类管理。

在优化开发区域，坚持环境优先，优化产业结构和布局，大力发展高新技术，加快传统产业技术升级，实行严格的建设项目环境准入制度，率先完成排污总量削减任务，做到增产减污，解决一批突出的环境问题，改善环境质量。

在重点开发区域，坚持环境与经济协调发展，合理利用环境承载力，推进工业化和城镇化，加快环保基础设施建设，严格控制污染物排放总量，做到增产不增污，基本遏制环境恶化趋势。

在限制开发区域，坚持保护为主，合理选择发展方向，发展特色优势产业，加快建设重点生态功能保护区，逐步恢复生态平衡。

在禁止开发区域，坚持强制性保护，依据法律法规和相关规划严格监管，严禁不符合主体功能定位的开发活动，控制人为因素对自然生态的干扰和破坏。

7. 科技创新、科学治理原则

要依靠科技创新、机制创新，推进城市可持续发展能力建设。要大力发展环境科学技术，以技术创新促进环境问题的解决；要建立政府、企业、社会多元投入机制和部分污染治理设施市场化运营机制，完善环保制度，健全统一、协调、高效的环境监管体制。城市环境质量不仅同政府对环保的重视程度、市民的环保意识有关，而且取决于城市的环保科技应用水平：环保科技应用水平越高，资源的利用率就越高，排放的"三废"就越少，生产对环境的负面影响就越小；反之亦然。科学技术对转变城市经济发展方式、调整城市经济结构、提高城市环境质量、改变市民生产生活方式意义重大。

通过创新提高环保科技应用水平,努力使城市将资源的开发利用控制在环境可以自我更新的范围之内,是保护环境的关键所在。为此,应从以下方面进行技术创新:一是进行污染控制技术创新,避免有毒、有害物质直接排放到大气、水和土壤中;二是进行清洁生产技术创新,努力在生产过程中节能、降耗、减污,使整个产品生命周期延长;三是进行循环技术创新,通过从废弃物中回收有用物质,实现废弃物减量;四是进行生态恢复技术创新,消除污染物质对环境的危害,恢复生态系统功能;五是进行污染检测与评价技术创新,检测与识别污染物,评价污染物排放对环境的影响等。

总之,要依靠科技进步,创建新型清洁生产模式,大力节约资源,尽量避免或减少环境污染。[①]

### 三、未来我国城市环境治理创新的具体路径

(1) 确立新的我国城市的环境战略和目标规划。在建立社会主义市场经济体制的过程中,根据国家经济发展速度要求,全国城市分布特征,地区经济的不平衡和因地理条件带来城市环境条件和环境要求的差异,综合城市经济发展和环境保护要求,确立按层次分类的城市发展的环境战略,指导城市经济建设和环境的协调发展。按照新的城市发展环境战略,制定不同类别城市发展环境目标规划,用于修订和完善城市建设总体规划中环境保护目标要求和相应的对策和措施,确保城市建设与环境保护同步行动,达到城市经济效益、社会效益和环境效益的统一。

(2) 建立合理的城市体系和城市结构,严格控制大城市规模和人口增长,合理开发中等城市,积极并加快发展小城市。

(3) 制定严格的城市规划和科学的城市环境综合整治规划,依法实施;加强产业结构调整,严格控制资源能源消耗高、污染严重的工业在城市发展;转变消费观念和消费模式,改变落后的城市能源和资源利用方式。

(4) 积极筹资,加强和改善城市环境基础设施建设。在中央和地方财政建立城市环境保护专项资金,形成城市环境保护投资主渠

---

① 杨士弘:《城市生态环境学》,科学出版社 2003 年版。

道，从而加大城市污染治理和生态建设投入力度；积极开辟城市污染治理资金来源，如发行环保福利彩票、开征居民生活污水治理费和城市污染税等，形成稳固的城市环境污染治理资金融资渠道；加强控制水体污染的基础设施建设，普及和完善城市供排水系统，加快建设城市污水处理厂的步伐。实现城市生活垃圾箱式收集、密封清运；建立家庭和社区垃圾分类收集体系，实行分类处理、回收利用；建设垃圾处理和综合利用示范工程。加强市政道路建设，提高道路运行能力；适度发展立体交通，实现街巷路面硬化。对城市进行生态重建，推行以绿化为主的生态环境建设，建立和恢复野生生物的生长环境，加强旧城、城市废弃土地的生态恢复，建设立体绿化示范工程，增加城市绿地面积。

（5）加强对汽车尾气排放的强制性监管，限制小汽车数量，完善健全城市公共交通体系，开发利用电能、磁能及天然气等清洁能源，逐步取代汽油。

（6）积极开展城市环境保护和治理技术研究，推广国外新技术，依靠科学技术手段有效地解决城市环境问题。推行集中供热，普及型煤，积极开发燃气和清洁能源技术，重点解决烟尘污染。研究推广固体废弃物综合利用技术，使生活垃圾资源化。推行节水和污水治理技术，使废水资源化。

（7）建立健全城市环境法规，适时地推出《城市环境法》和有关标准体系，逐步建立和试行城市环境审计制度，制定强制性的环境管理规定和措施，实施依法管理和保护。

（8）制定政策，鼓励个人、企业参与城市环境保护与建设。

（9）提高全体人民的环境意识，积极加强公众参与；让公众更加了解环境法律的要求和自己所应承担的环境责任和义务，自觉维护应取得的环境权益；公众监督环境污染与破坏的行为，运用法律制止城市环境的恶化。

（10）实施城乡一体化的城市环境保护战略。针对日益严重的城市环境问题边缘化的趋势，城市环境保护战略必须进行相应的调整，使城市周边地区的群众和城市居民享用同等的环境权益。城市生态系统是一个整体，局部的改善不可能实现整个城市环境生态的改善。必须使城市环境保护战略向城乡一体化方向发展，利用城市资金、技术和人才等优势，实施城市反哺农村的战略，统筹城乡的污染防治工作，合理使用城市环境基础设施，共同推进城乡污水和垃圾处理水平的提高。在城市环境管理工作中，制定有针对性的管理手段和考核指标，推进城乡环境保护一体化，改善城市周边地区的环境质量。①

---

① 李继忠：《浅谈城市环境存在的问题与对策》，《商情》（财经研究）2008年第1期。

# 第十三章 城市危机管理

随着城市化进程的推进,城市几乎成了各种危机最频发的地区,城市正受到自然和人为灾害的严重威胁。一方面,城市发展形成的脆弱生态使得城市受到自然灾害的严重威胁;另一方面,城市交通事故、火灾以及环境污染造成的人为灾害也有扩展之势。

联合国1999年7月通过的日内瓦战略,明确提出21世纪全球减灾的重点是城市、社区及建筑安全本身。[①]《中国21世纪议程》指出:"全国70%以上的大城市、半数以上的人口和75%以上的工农业产值分布在气象灾害、海洋灾害、洪水灾害和地震灾害都十分严重的沿海及东部平原丘陵地区。"城市灾害是影响城市安全和正常秩序最为严重的一类危机,应对城市灾害的能力已成为显示城市管理水平的重要标志。由于我国城市人口集中、经济密集度高,城市危机不仅种类繁多,而且呈现出复杂性和相关性。[②]

## 第一节 城市危机的内涵、特征与发展趋势

### 一、城市危机的内涵

学术界对危机没有统一的界定,从政府管理的范畴上看,公共危机是指公共领域面临紧急状况,可能或已经造成严重的公共损失而亟需做出重要决断并付出高额成本方能摆脱困境的情形。危机往往将危

---

① 金磊、杨春志:《21世纪城市综合防灾减灾战略思考》,《城市发展研究》2000年第3期。
② 宋超:《城市危机管理模式新探》,《城市问题》2007年第12期;高其勋、李迎君:《全球化背景下加强我国城市危机管理的几点思考》,《全国商情》(经济理论研究)2007年第5期。

机管理主体置于一种非常态的情境,不同程度地具有突发紧急性、高度不确定性、严重的社会威胁性。在城市化、多元化和全球化的大背景下,城市已经成为危机的集聚地,城市危机管理任重道远。①

具体而言,城市危机是指由不可控制或未加控制的因素造成的,对城市系统中的生命财产和社会物质财富造成重大危害的自然事件和社会事件。② 城市危机大体上可分为4类:一是自然灾害,例如地震、洪水、泥石流等;二是资源的破坏,例如火灾、电力网失效、交通阻塞、网络瘫痪、饮水污染等;三是生态性危害,例如传染病、污染泄漏、食物中毒等;四是犯罪行为,例如恐怖袭击、爆炸、绑架、抢劫等。③

## 二、城市危机的特征

从已经发生的具体事件看,城市公共危机呈现以下一些特点:

(1) 危机事件呈高频率、多领域发生的态势,且越来越多的危机以大城市为起点和终点,向全球蔓延。科学技术的发展和应用也使城市面临与高风险科技系统长期共存的窘境。例如,核电厂、化学工厂、航空器、水坝、核武器等这些高风险科技系统始终隐藏着危机。

(2) 非传统安全问题,尤其是人为危机成为现代城市安全的主要威胁。矿难等安全生产事故、环境污染、重特大交通事故等人为灾害频频光临城市,不时威胁着城市安全,严重影响了人民群众的生产和生命安全。

(3) 突发性灾害事件极易演变为社会危机。城市人口密集、流动量大,交通、信息技术发达,媒体传播迅速,使危机有可能迅速扩散,并超越国界。如果应对不当,危机极有可能变成区域性甚至全国性的社会危机。

(4) 危机事件的共振性。由于城市系统的复杂性、密切相关性与依赖性,公共危机一旦发生,往往共振造成"连锁效应"与"多米诺骨牌效应",使得危机事件日趋复杂,危害极大。

---

① 李芳、邓贵胜:《试析城市危机管理主体的多元化》,《辽宁行政学院学报》2007年第12期。

②③ 张鹏:《构建城市危机管理联动机制,提高城市危机防范能力》,《科技情报开发与经济》2007年第2期。

（5）危机事件日益呈现国际化。在一个更加开放的环境中，世界上任何地方发生的危机都有可能影响到国内，而国内的任何重大危机事件也可能在世界上产生一定影响。①

## 三、城市危机的发展趋势

以前的城市生活是较常态的，而这些年市民对频繁的大小危机应该是印象深刻的，可以说，高风险城市时代已经来临，对于城市政府和市民品质是具体的考验。

1. 城市化和经济的高速度发展与高风险相伴相随

我国城市化发展速度可以说是越来越快，各大城市的经济、社会发展步伐也在加速，随之引发了一系列的变化：

（1）人口和财富迅速向城市尤其是大城市集中，动则上百万、上千万人口的城市不在少数，城市规模在扩大，人口在增加，流动性在增强，而越大、越复杂的系统就越容易被甚至最小、最孤立的事件全面破坏。

（2）城市各种机制或老化或滞后，与城市发展需求不协调，如我国有70%以上的大城市、50%以上的人口，分布在气象、海洋、洪水、地震等灾害严重的沿海及东部地区，全国639个城市有防洪需求，但达到国家规定防洪标准的城市仅占其中的27%。②

（3）城市对公共卫生、社会治安、交通、供水、供电和通信网络等基础设施和系统的依赖程度日益增强，危机在城市更容易造成破坏和社会恐慌，尤其容易引发"危机链"。

（4）我国许多城市缺乏有效的应急体系，即使建立了应急预案和举行各种演习，也容易流于形式，城市公共安全存在管理缺陷。自然灾害、传染病、火灾，甚至恐怖事件等危机时刻威胁着城市的健康发展，而各种现状表明，仅小事件就可能让各方手忙脚乱。2001年12月至2003年6月西安市11起连续涉爆案件，2003年3月海城豆奶中毒事件，2004年7月上海、北京的特大暴雨和2005年浙江和上海的"麦莎"台风，都暴露并凸显了我国城市在应对危机上的不足。

---

① 宋超：《城市危机管理的模式转换与机制创新》，《开放导报》2007年第13期。
② 赵过渡：《中国城市公共危机管理》，《"21世纪的公共管理：机遇与挑战"国际学术研讨会征文》，http：//www.chinareform.org.cn.

## 2. 社会的复杂化增加了城市危机的复杂性和处理难度

城市的相对复杂化使城市更容易发生社会性危机，而社会性危机相对于自然危机有着更高的发生频率，具有更多的变化、更广泛的领域和更大的危险性；在长期的社会转型过程中，不稳定因素更是大大增加，各种社会矛盾在城市相对集中，城市危机发生的频率增加、领域扩大，诸如城市贫富分化、失业下岗、环境恶化、资源短缺、金融风险等都可能成为危机爆发的原因或领域，这些都增加了危机发生的可能性和处理难度。

此外，国际经验表明，当人均 GDP 处于 500 美元至 3000 美元的发展阶段时，往往是经济容易失调、社会容易失序、心理容易失衡、社会伦理需要重建的关键时期，中国各大城市的发展正处在这一范围内。

## 3. 全球化对城市危机的扩大化和普遍化

城市是一个开放的复杂巨大系统，其成长的进程与全球化的进程几乎平行；由于城市的外延大大扩展，城市危机也会超越地域界限，以城市为起点和终点，向全球蔓延。

（1）城市是全球化的前沿，中国城市在加强同国际社会经济联系的同时，面临的不确定性因素增多，可能发生的危机增加，具有危机成因国际化的特征。

（2）随着全球化的不断深化，城市生活和工作的环境和经济社会结构也变得越来越敏感和脆弱，比以往更容易受到社会冲突、恐怖主义、技术性灾难事件、金融危机等的打击，一个很小的冲击都可能引发系统的紊乱和破坏。

（3）在加入 WTO 和全面建设开放社会的背景下，国内的某些危机，迅速输出到国外，如非典，国内危机也是全球性危机的有机部分；来自国际社会的危机，迅速传播并波及、影响国内社会，如越来越严重的城市油荒。

（4）如果不能及时有效地处理好危机，使危机升级，决策者和管理者甚至整个政府和国家不仅会面临巨大的国内压力，还有国际压力。[①]

---

① 李芳、邓贵胜：《试析城市危机管理主体的多元化》，《辽宁行政学院学报》2007 年第 12 期。

## 第二节 城市危机管理的内涵与我国城市危机管理的现状

城市危机管理是指政府针对危害城市安全的突发危机事件,通过监测、预警、预防、应急处理、评估、恢复等措施,达到减轻损失,甚至将危机转化为机会,以保护公民合法的人身和财产权益,维护国家的安全。

当前,我国逐步形成的危机管理模式主要有:

第一,分兵把口。即对引致危机的各种灾害的测、报、防、抗、救、援都实行分部门、分地区、分灾种管理。每一个灾种或几个相关灾种分别由一个或几个相关的部门根据灾害的发生地点在地域上实行属地管理,并且根据灾害产生、发展和结束的各个环节,参照各职能部门的功能实行分阶段管理。这种模式有利于发挥各职能部门、各专业救灾队伍的作用。① 分兵把口的危机管理模式在小规模单灾种发生时是十分有效的,但在城市这个复合系统内则显得力不从心,尤其是随着社会和技术环境的不断变化,危机发生的潜在可能性在逐步增加。

第二,"救火式"的群众运动。一旦某一城市发生了危机,政府、军队、民众就会立即被动员起来,像攻坚战一样在短期内迅速组织强大的资源应对,效果也确实十分显著,但效益则未必最佳。如果是来一场危机就手忙脚乱地像打一场战争,城市政府就会非常被动,经济建设也会受到很大影响。目前,我国绝大多数城市的危机管理服务还基本处于多中心状态,包括"110"公安指挥中心、"119"消防指挥中心、"120"医疗急救服务中心、"122"交通事故处理指挥中心等,由不同部门进行独立管理,这不仅造成资源重复配置、投资分散,而且在应对重特大危机时,难以快速反应,协调作战。因此,危机管理模式的适应性变革迫在眉睫。

我国城市危机管理模式存在的问题主要体现在以下几方面:

---

① 高汝熹、罗守贵:《大城市灾害事故综合管理模式研究》,《中国软科学》2002年第3期。

### 1. 危机管理观念需要更新

我国的许多城市长期以来对危机管理存在重救轻防的观念，以致在减灾的物质和人力资源投入上出现不协调的局面。

### 2. 危机管理模式与急剧扩张的城市规模不相适应

中国的多数城市规模迅速扩大，无论城市的内在结构还是表面形态都变得越来越复杂，而由于原有的管理模式中部门间权责关系的不对称，导致各种危机管理部门之间的"界面关系"模糊，"谁都有责任，谁都有权力负责"，结果导致"谁都没有能力"来负责。①

### 3. 危机管理模式与我国城市高速发展的形势不相适应

我国已成为全球经济发展最快的国家之一，与快速发展相伴而生的危机隐患不断增多，原有的致灾因素和致灾源不断外延、激化，新的灾种和致灾源不断产生。与之对应的是落后的危机管理模式。

### 4. 危机管理模式与城市危机发生特点不相适应

危机具有群发性特点，由于在城市中自然环境受到的人为干预比一般地区更为强烈，危机的群发性特点就更为显著。② 危机的多样性、时空耦合与链状分布等特点决定了危机管理必须是系统化的。我国城市原来按单灾种设置的危机管理组织机构和管理模式与危机的这种发生特点是不相适应的。

### 5. 危机管理的整体效率有待进一步提高

一是城市的减灾资源呈分散状态，各灾种管理职能部门间的资源流动凝滞；二是减灾的信息整合程度较低，各职能部门之间沟通困难；三是减灾队伍结构还不合理，专业化救援力量尚显不足。这都严重影响了危机管理的高效化。③

## 第三节 我国城市危机管理的创新

当前，我们应适应现代城市公共危机的新形势，总结过去危机管

---

① 罗守贵、高汝熹：《城市减灾的基本原则》，《城市》2002年第2期。
② 罗守贵、高汝熹：《论我国城市政府危机管理模式的创新》，《软科学》2005年第1期。
③ 宋超：《城市危机管理模式新探》，《城市问题》2007年第12期。

理中存在的不足，借鉴西方国家成功的城市危机管理经验，积极探索我国城市危机管理的新模式。

## 一、建立健全我国危机管理的法律体系

国外许多国家的危机管理法律体系是以紧急状态法律制度为核心开展相应法律法规的建设。一个健全系统的危机管理法律法规体系，一方面应该能够让政府及其负责人有足够的权力处理危机事件；另一方面又能把这种权力约束和规范在不危害人民和国家根本利益的轨道上来。

美国确立了以《国家安全法》、《全国紧急状态法》和《反恐怖主义法》为核心的危机管理法律体系；俄罗斯形成了以《俄罗斯联邦紧急状态法》、《俄罗斯联邦战时状态法》为核心的危机管理法律体系；日本则有1961年制定的《灾害对策基本法》，1999年修改的《内阁法》，2002年制定但尚未经国会审议通过的《武力攻击事态对应法案》、《自卫队法修正案》、《安全保障会议设置法修正案》等法律；韩国有以《国军组织法》为核心的以应对战争为主要目标的危机管理法律体系；以色列则有以《基本法》第50条紧急状态法为核心的危机管理法律体系。这些系统的危机管理法律法规都旨在引导政府依照法律建立国家危机管理制度，规范危机状态下的政府行为，达到既能有效维护行政紧急权，又能切实保护相对人的各项合法权益。

一个健全系统的危机管理法律法规体系应包含：立法机构依据《宪法》或《基本法》制定的《紧急状态法》及其他相关法律；由立法机构授权政府颁布的有关紧急状态的法规规章。比如，以色列的危机管理机制，就是一个以与紧急状态相关的法令、法规为依据，以危机管理决策部门（总理、安全内阁）为核心，以国家安全委员会为国家安全事务最高决策机构，情报系统、军方（国防部、总参谋部及下属机构）等参谋和执行部门既分工负责又相互协作，发挥整体作用的综合性组织体系。其主要特点是：以紧急状态法规为依据，以政府为核心，动员所有社会资源的全民性准军事化管理。

以色列没有专门的紧急状态法，但在《基本法》中有一些涉及紧急状态的条款，且根据实际情况临时制定有关紧急状态的法令。在紧急状态下，为了保卫国家及公民的安全，维持基本物资供应，保护基础服务设施，政府可以制定适用于紧急状态的法规。紧急状态法规

可临时改变任何法律，使其暂时失效或增设附加条件，也可强行增加征税或征收必需的费用。但紧急状态法规及其手段、权力的运用只能在紧急状态授权的范围内进行，不可妨碍合法的行动，不可规定非法的处罚措施或侵犯人权。

我国没有类似的紧急状态法，虽然有《防洪法》、《防震减灾法》、《传染病防治法》、《消防法》、《气象法》等单体法律，但一方面现代城市危机无论就种类还是频率都是无法预料的，单体法无法涵盖新危机；另一方面单体法的封闭性特点使其在面对突如其来的灾难时操作性大打折扣。因此，当务之急是我国应当及早出台紧急状态方面的综合性法律，以便全面应对防不胜防的各类危机，切实规范危机状态下的行政权力，维护国家安全及公共安全，保护人民生命财产安全。

## 二、建立高效有力的城市危机管理中枢指挥系统

建立危机管理机制的首要任务是要依法组建一个具有足够权力有效动员、指挥、协调、调度地区资源应对危机的中枢指挥系统。这个系统是整个危机管理机制的灵魂。危机反应机制要求政府建立一个高效的常设部门，具有和防疫、环保、防洪防旱、灾害处理等各自为政的政府职能部门进行日常的和应急的快速沟通、协调和共同运作的能力。这种指挥系统一般包括两部分：

（1）决策机构。在资源整合的基础上，建立权威、高效的危机管理决策机构。如俄罗斯的总统和俄罗斯联邦安全会议，美国的总统和国家安全委员会，韩国的由总统、总理及相关部长组成的国家安全保障会议，以色列的由总理、安全内阁、国家安全委员会和国防部组成的专门委员会，而日本则由内阁首相任最高指挥官，内阁官房负责总体协调，通过安全保障会议和中央防灾会议组成危机管理决策体制。

（2）管理机构。即建立专门的、统一的应急处置机构。在决策机构之下设立一个直接隶属于决策层的危机管理机构，从事危机管理的综合协调和应急处理工作。在美国，为鉴别各种潜在危险与危机事件，协调制定和实施联邦危机处理的计划和规划，并通过制定预防和反应计划减轻不可避免的危机的影响，改进有关恢复的服务和援助，并于1979年建立了联邦紧急事务管理署（FEMA）。"911"事件后，

为更有效应对恐怖主义的威胁,又专门成立了美国国土安全部,重构和加强了联邦政府的有关行政部门。此外,各州也分别设立了紧急事务管理局分部,作为当地危机事件处置的管理机构。

同样,俄罗斯的紧急情况部、加拿大的关键基础设施保护与危机准备局等,也在各自的国家层面起着相同的作用。在我国,建立"城市危机管理委员会",将极大提高城市应对危机的能力。

## 三、形成严格高效的城市危机信息管理系统

在城市危机管理领域,信息技术也已成为促进城市危机管理发展的重要工具,美国、英国、日本等发达国家都充分应用现代通信、网络等信息技术建立起科学的城市危机管理机制,并建立了配套的危机管理决策支持系统。就技术水平和实用效果而言,我国的城市危机管理系统尚处于起步阶段,在综合指挥调度、分布式信息资源共享、数字通信模式、基于 GIS(地理信息系统)技术的应急方案优化等方面存在明显不足。现在我国城市最大的问题是信息分散,无法在危难时刻统一调集、迅速汇总。

要实现城市危机管理的信息化和科学化,全面提升危机管理的能力,我国城市首先必须打破现有的面向单灾种、资源分散、各部门各自为政的局面,逐渐改变或替代当前面临危机临时成立领导小组的应对模式,必须尽快构建以统一机构为中心,并形成调度统一、联动协调、信息共享的城市综合危机管理新机制。同时,研制实用的危机管理决策支持系统,以配合和支持新机制的有效运作。这里所说的城市危机管理信息系统,不仅仅是指计算机城域网络系统,还必须包括广播电视、电话、文件传递、特快专递等一切可行的通信手段。在面临诸如地震、恐怖袭击等灾难时,计算机城域网络系统极易遭到重创而陷于瘫痪。因此,城市危机管理信息系统应当充分利用计算机城域网络系统,但绝不能完全依赖。

城市危机管理信息系统与目前的社会组织结构应当吻合,即采用树型结构是最为合理的。但是树型结构的缺点是,一旦某一节点遭破坏,将使相应的树枝瘫痪;中央节点的破坏,将使整棵树瘫痪。为了克服这一缺点,可以考虑以树型结构为主,网状结构为辅。在正常情况下以树型结构运行,而一旦发现某一节点遭破坏,就马上启动网状结构绕开此节点,保证网络的正常运行。如果中央节点遭到破坏,则

备用的副节点上升为主节点马上投入运行。

### 四、建立科学合理的城市危机预警系统

危机预警是指以先进的信息技术平台，通过预测和仿真等技术对危机态势进行有效的动态监测，做出前瞻性分析和判断，及时评估各种灾害的危险程度，并给出参考性对策建议，提高政府应急管理的科学性和高效性。建立科学合理的城市危机预警系统，可以至少实现两大目的：一是及时收集和发现危机信息，对收集到的信息进行快速分析处理，然后根据科学的信息判断标准和信息确认程序对爆发危机的可能性作出准确的预测和判断；二是及时向公众发布危机可能爆发或即将爆发的信息，以引起有关人员或全社会的警惕。

美国纽约市以其高效、全面的危机应对计划和快速反应而享誉全球。纽约之所以能及时有效应对每年几百起的灾难和危机事件，依靠的是其一套完备的紧急事态防御体系。作为世界级综合性现代化国际大都市的日本东京，也于2003年建立了知事直管型危机管理体制，设置局长级的"危机管理总监"，改组灾害对策部，成立综合防灾部，建立一个面对各种各样的危机的全政府机构统一应对体制。截至2003年7月，东京各相关部门共制定了各类应对危机的规划、手册、预案53个。

我国的许多城市长期以来对灾害重救轻防，以致在减灾的物质和人力资源投入上出现不协调的局面。从近些年的实际情况看，许多城市的灾害监测和预警预报能力已经不能适应危机处置工作进一步发展的需要，监测手段、预测预报的准确度都有待增强和提高，某些新灾种的监测预报还是空白，即灾害的预防环节亟待加强。对于能够比较准确预测预报的自然灾害，预防环节带来的效益很大。而在人为灾害的减灾工作中，预防就更为重要。像火灾、交通事故、化学事故等，绝大部分都可以通过技术和管理途径使其发生频率大大降低，在一定范围内可以完全避免。对于不可避免的那部分，由于这些人为灾害的危害机制十分清楚，也完全可以通过周密的准备工作在救援过程中将其危害降到尽可能低的程度。所以，灾害的预防在整个危机管理中居于十分重要的地位。

在我国，应当建立城市危机管理的四级、三层次预警体系。要把突发自然灾害、突发事故灾难、突发公共卫生事件和突发社会安全事

件等4类公共危机事件纳入城市政府危机管理预警体系,并根据突发公共危机事件的紧急程度、危害大小、涉及范围、人员及财产损失情况,由低到高划分为一般（Ⅳ级）、较大（Ⅲ级）、重大（Ⅱ级）和特别重大（Ⅰ级）4级预案,分别以通用的蓝色、黄色、橙色、红色表示。城市突发公共危机事件应急预警体系分为3个层次：第一层次为市政府突发公共危机事件总体应急预案；第二层次为突发自然灾害、突发事故灾难、突发公共卫生事件、突发社会安全事件等4个应急分预案；第三层次为针对该城市多发或频发的以及可能发生的突发公共危机事件的若干个子预案和保障预案。

## 五、构建城市危机管理的社会整体联动机制

城市危机管理社会整体联动机制是一种对城市的各种相关资源进行整合的高度集成的危机管理协调机制,是指危机管理各部门、各方面人员的协调与配合。有效的危机管理联动机制可以把个体的力量转化为整体的力量,从而发挥出整体的最大优势。在构建城市危机管理的社会整体联动机制活动中,应当做到:

(1) 努力培育发达的城市应急文化。通过各种途径,积极提高普通市民和其他各种社会主体的安全意识和安全防范能力,可以大大减少危机事件爆发的可能性,尤其可以很大程度上减少人为灾害和技术事故爆发的频率。美国纽约、华盛顿、洛杉矶等城市政府通过政府各部门、社区志愿者、学区、红十字会、计算机网络等渠道,以及编制《市民安全应急指南》、《工商企业安全应急指南》等小册子,为市民和工商企业等提供危机应对知识,传授众多的求生技巧和安全培训内容。[1]

(2) 充分发挥非政府组织（NGO）在城市危机管理中的作用。NGO作为公民社会的一种重要组织形式,在城市危机救治中扮演着越来越重要的角色。一方面,由于NGO的中性特点,它既是公民社会的自治组织,又与社会各界包括政府与企业保持着广泛联系,在社会上具有较高的可信度,在危机处理中的桥梁与纽带作用非常突出。政府通过NGO能够更好地贯彻其政策,企业也更愿意通过NGO参与

---

[1] 罗守贵、高汝熹:《论我国城市政府危机管理模式的创新》,《软科学》2005年第1期。

危机救治。另一方面，NGO 还是国际合作的重要通道，在现代国际社会里，NGO 已经成长为一支非常重要的力量，有相当一部分组织甚至具有超主权国家的权力，与这些组织的合作有利于调动国际力量解决危机问题。

（3）积极调动城市社区组织在城市危机管理中的不可替代作用。社区自治组织是城市公共治理系统的末梢。社区自治组织的健全发展，以及它在危机管理全过程中功能的发挥，将直接延伸和扩展着城市政府的危机管理能力。社区自治组织在社区的危机宣传、教育培训、危机预防、危机监控和相应危机应急过程中都将发挥重要的不可替代的主导作用。但是中国社会组织化程度相当低，在城市体现为社区建设弱。当危机发生时组织市民进行防范、疏散、救治等都要通过社区等基层组织进行，而现在基本以行政组织为主，而缺乏民众自发组织。因此，应该借鉴现代西方国家社区组织的功能，开展社区睦邻组织运动、邻里守望活动，组建社区危机反应团队、辅助警察和社区志愿者等，为城市危机管理发挥应有的积极作用。[①]

---

[①] 宋超：《城市危机管理模式新探》，《城市问题》2007 年第 12 期；张鹏：《构建城市危机管理联动机制，提高城市危机防范能力》，《科技情报开发与经济》2007 年第 2 期；高其勋、李迎君：《全球化背景下加强我国城市危机管理的几点思考》，《全国商情》（经济理论研究）2007 年第 5 期。

# 第三部分 城市管理的新方法与新领域

## 第十四章 传统城市管理的当代转型：城市治理与城市经营

### 第一节 传统城市管理的特征及缺陷

城市管理作为人类对城市社会公共事务进行科学管理的活动，其根本目的在于充分利用城市资源，维持和促进城市发展，以持续提高城市居民的生活质量，谋取城市居民的公共利益。

我国现行的城市管理模式以政府为唯一管理主体，城市政府既是城市建设、管理和维护的主导力量，也是城市公共资源和资产的所有者、控制者和使用者。它既"掌舵"又"划桨"，承担了几乎全部的城市管理事务。随着城市的发展和社会的进步，这种单一主体的城市管理模式，日益暴露出其不适合现代城市发展的弊端：

1. **公共建设和服务资金短缺**

城市发展和规划的决策权几乎完全掌握在政府手里，同时，城市发展和建设的资金也几乎完全由政府独自承担。在这种情况下，城市政府往往面临着城市建设资金和服务资金严重短缺的问题。

2. **公共服务规模和质量降低**

政府在管理中的官僚主义、机构臃肿、职能错位和效率低下，造成了政府所提供的服务远远不能满足城市居民的需求。

3. **管理手段陈旧单一，缺乏创新**

政府仍然习惯于运用行政权力对公共事务实行自上而下的监督、控制和管理，而不是为公民提供服务，让公民运用自己的权利自下而上地与其互动，政府与公民的关系仍处于被颠倒的状态。

4. 政府规模庞大、机构臃肿

政府把自己看成是管理公共事务的唯一主体，当治理的问题增多，政府管不过来的时候，常常采用增设机构，增加人员和经费的办法，而不是考虑发挥政府之外的其他组织的作用。

5. 政府管理过程缺乏责任感、公开性和透明度

政府更多地强调公民服从管理的义务，而较少注重其对公民和社会所应承担的责任。政府运用权力管理城市时，往往单独行事，没有意识到要向社会和公众公开、透明。

治理理论的兴起为城市管理摆脱困境提供了新的思考维度。改变单一主体的传统管理模式，引入新的治理主体，变"单一独治"为"多元共治"，构建新的城市治理体系，成为时代的呼唤。①

## 第二节　城市治理的产生及其理论基础

### 一、城市治理的产生

随着全球化、信息化、民主化的迅猛推进，城市化进程的加快，传统城市管理面临着巨大的压力和挑战，单一的管理主体已无法满足城市公众多元化的要求，传统的政府管理模式日益引起城市市民的不满。正是在这种背景下，主张主体多元化的城市治理模式被提出和付诸实践，并日益受到推崇。

治理一词源于拉丁文和古希腊文，"它与统治（government）一词交叉使用，并且主要用于与国家的公共事务相关的管理活动和政治活动之中"。在当代西方公共管理改革运动导致的"治理"复兴中，"治理"被赋予了新的含义，指"在一个既定的范围内运用权威维持秩序，满足公众的需要。治理的目的是在各种不同的制度关系中运用权力去引导、控制和规范公民的各种活动，以最大限度地增进公共利

---

① 颜涛、陈燕华：《从主体多元化看城市管理模式的变革与完善》，《成都行政学院学报》2007年第3期；钱振明：《城市管理：从传统到现代的转换》，《中国行政管理》2005年第3期。

益"。这就意味着：

（1）治理的主体并不是唯一的，而是包括政府在内的各种公共的和私人的机构，"治理是政治国家与公民社会的合作、政府与非政府的合作、强制与自愿的合作"。

（2）治理权威的运用不是采用单一的自上而下的强制性行政命令，而是采用上下互动、相互协商、彼此合作的方式。

（3）治理的最终目标是实现善治，即公共利益最大化。善治的本质就在于它是政府与公民对公共生活的合作管理，是国家与公民之间不同于传统的新型关系，是两者关系的最佳状态。治理和善治理念应用于城市管理，成为城市治理模式的强有力的理论支撑。①

联合国人居中心（UN-HABITAT）在"良好的城市治理全球运动"中，界定"治理"的定义来源于全球治理委员会的工作（1995年），并作了适当的修改，使之适用于城市一级：

第一，治理不仅仅是施政。治理的概念涉及承认政府正式当局内部和外部都存在有权力。在许多案例中，治理包括政府、私人部门和民众社会。

第二，治理是一个中性概念。治理可以有多种表现：专横或仁慈，有效或无能。

第三，治理强调的是"过程"。认为城市治理是个人和公私机构用以规划和治理城市公共事务的众多方法的总和。这是一个调和各种相互冲突或彼此不同的利益以及可以采取合作行动的连续过程。它包括正式的体制，也包括非正式的安排和市民的社会资本；城市治理是与全体市民的福利紧紧连在一起的。

良好的城市治理必须使女人和男人都能享受到城市公民的利益。基于城市公民资格原则上的良好的城市治理，强调任何人，无论男女老幼，均不得被剥夺取得城市生活必要条件的机会，包括适当的住房、房屋租用权保障、安全的饮水、卫生、清洁的环境、保健、教育和营养、就业、公共安全和流动性。通过良好的城市治理，使市民们得到发表意见的讲坛，充分发挥其才智，以便改善其社会和经济状况。其要求各国认识到良好治理的重要性，并承诺

---

① 俞可平：《治理与善治》，社会科学文献出版社2000年版；贾西津：《治理结构转型与NGO的角色：全球化下的社会变迁与非政府组织》，上海人民出版社2003年版。

"力求确保大小城市的管理都保持透明、负责任、职责分明、公正、有效和高效率"。

为了在全球范围内推广其"良好的城市治理"理念，联合国人居中心制定了良好的城市治理标准（原则）：①

（1）城市发展的各个方面的可持续性（sustainability）：城市必须平衡兼顾当代人和后辈人的社会、经济和环境需要。领导者必须在可持续的人的发展方面有长远的战略眼光并有能力为共同的福利而调和各种不同利益。

（2）下放权力和资源（subsidiarity）：应根据附属性原则分配提供服务的责任，亦即在最低的适宜级别上按照有效率和具有成本效益地提供服务的原则分担责任。这将最大限度地发挥使市民参与城市管理过程的潜力。权力下放和地方的民主制度应能使各项政策和举措更加符合优先事项和市民的需要。

（3）公平参与决策过程（equity）：分享权力的结果是公平地使用资源。男女市民，特别是穷人，应能平等地选派代表，参与所有的城市决策和资源分配过程，使他们的需要和优先事项得到平等的解决。包容性城市为每个人提供平等机会，获得基本的、适宜标准的营养、教育、就业和生计、保健、住房、安全的饮水、卫生和其他基本服务。

（4）提供公共服务和促进当地经济发展的效率（efficiency）：城市必须有健全的财政制度，以具有成本效益的方式管理收入来源和支出，并根据相对优势，使政府、私人部门和社会各界都能正式或非正式地对城市经济作出贡献。

（5）决策者和所有利益攸关者的透明度和责任制（transparency and accountability）：人人有机会获得信息和信息的自由流通对于透明和责任分明的管理至为重要，法律和公共政策的实施应做到透明而具有可预测性，政府官员应始终保持专业能力和个人品德的高标准。

（6）市民参与和市民作用（civic engagement and citizenship）：在城市中，人民必须积极参与谋取共同的福利。市民，尤其是穷人，必须得到权力来有效参与决策过程。另外，还有一个包容性

---

① *The Global Campaign on Urban Governance*, Concept Paper 2nd Edition：March 2002. http://www.unhabitat.org/governance.

（Inclusiveness），既是一个原则也是一个目标，其贯穿于整个城市治理过程。①

## 二、城市治理的理论基础：社会治理理论

20世纪60年代以后，西方资本主义国家进入了以强调平等、多元等社会价值观为基础的后现代社会，经济生产方式的空间性既强调跨越边界、区际差异，也强调控制和协调，在此背景下，产生了一种与西方后工业社会民主政治要求相适应的社会管理理论——社会治理理论，主要用于与国家公共事务相关的管理活动和政治活动中。尽管人们对社会治理理论有不同的解释，但它主要包括两个内涵：

第一，认为社会管理的权力中心是多元的，可以是公共机构（政府），也可以是私人机构（行业协会等非政府组织），还可以是公共机构与私人机构的合作组织，突出强调了在政府与市场之间权力和利益的平衡再分配理念，不再是传统的集中管理和控制，而是多元、分散的网络型、多样性管理。

第二，治理理论主张社会管理不是传统的以控制和命令手段为主，实行简单的、纵向的、自上而下的垂直式管理，而是一种上下互动的地域空间管理过程，并主张多元化管理主体通过相互对话、协调、合作等途径，确立共同的目标，实施对公共事务的共同管理，以达到最大程度地动员和利用多种资源，补充市场交换和政府自上而下调控两方面的不足，最终达到"双赢"的管理格局。②

总之，治理就是计划与市场相结合、集权与分权相结合、正式组织与非正式组织相结合的"新型社会管理"，成为当今城市治理的重要基础理论。③

---

① 申剑、白庆华：《从城市管理走向城市治理》，《上海城市管理职业技术学院学报》2006年第5期。
② 张京祥、庄林德：《管治及城市与区域管治——一种新制度性规划理念》，《城市规划》2000年第6期。
③ 陶希东：《中国城市治理：理论、问题、战略》，《华东理工大学学报》（社会科学版）2005年第3期。

## 第三节 走向现代城市治理的基本路径

### 一、当前我国城市治理存在的问题

1. "人治"浓于"法治",缺乏合作精神的城市文化价值理念问题

城市治理是民主、法治、平等、自由等文化价值理念的综合反映。具有几千年封建历史的中国,在特殊的生产方式和社会制度下,劳动人民往往成为专制统治下的被动承受者,而非是共公事务的主动参与者与自治者。更有甚者,在长期儒家治国思想指导下,法律的职能在于维护宗法社会的集体利益,通过治家而治国,以维护君权、族权为核心的"三纲",成为封建立法的最高原则,以家族为本位、以血缘为纽带的宗法纲常伦理法也就成了中华法律的主要内容。在长期的专制统治下,皇权至高无上,法律是权力的附属。[①] 在此影响下,历代官僚从本位主义出发,在自己所管辖的事务和区域范围内,按照个人的思想修养、道德标准和价值观来管理和处理社会事务,以"人治"思想在"治人"。

改革开放以来,虽然国家强化了立法和司法体系建设,一些城市政府也都制定了很多地方规章,似乎形成了"依法治市"的局面,但实践充分表明,各级城市管理中仍存在大量的"人治"事件和钱权交易,远未形成市民正常表达利益需求、维护市民利益、社会依法监督参与的法治框架,依然缺乏城市治理要求的法治、平等、协商、参与、互动、合作等价值理念和机制。

2. 政府职能转变不到位、非政府组织发育缓慢的"城市强政府、弱社会"问题

自改革开放以来,转变各级城市政府职能,逐渐成为我国政治体制和经济体制改革的中心环节,尤其在加入WTO背景下显得更为迫

---

① 刘伟:《论"人治"与"法治"产生的社会土壤及现实目标选择》,《湖北社会科学》1999年第8期。

切。但目前而言，大多数城市政府仍然实行经济主导型管理模式，仍存在干预企业经济行为的现象，很多企业有事仍找"市长"而不找"市场"。城市政府经济职能转换的不到位，严重制约着企业平等权利的实现，难以在城市治理中发挥企业层所应具有的决策和参与作用；也使大中城市中的行业协会、环保组织、基金会、志愿者等非政府组织缺乏独立性和非政治性，发育缓慢，在城市规划管理中很难发挥应有作用，这就从根本上制约着城市多元化网络治理体系的建立。

3. 传统封闭、形式单一的城市公众参与机制问题

公众参与是实施城市治理的主要力量和组成部分，没有公众和市民的参与，城市治理只能是一句空话。目前，我国城市规划仍停留在封闭状态，承袭了计划经济体制下政府包揽社会生活一切方面的传统管理模式，缺乏一个公众参与的机制。规划师和城市管理者缺乏与公众保持沟通的传统，大部分领导和规划师只是在理论上承认公众参与的重要性，但并没有把公众参与上升到城市规划决策以至一切决策的最初出发点和最终目的高度上来，绝大多数的规划决策由城市的主要领导人立项定案，使公众难以关心和支持城市规划与建设。尽管当前城市规划过程已有一定程度的公众参与，但仅是一种事后的、被动的参与，是初级阶段的参与，与真正城市治理所要求的公众参与仍具有很大的差距。

4. 各自为政、条块分割的跨界组织管理问题

由于我国长期以来对城市行政区实施各自为政、自上而下的垂直式行政组织与管理模式，各城市政府只对具有行政隶属关系的上级政府负责，而地域相邻、没有隶属关系的同级城镇之间缺乏必要的横向经济联合和协调机制，使得不同城市之间在重大基础设施、交通网络、资源开发、生态保护等跨界项目建设中存在因行政区划分割而带来的区际矛盾和冲突，增大了区域内耗，这在我国长江三角洲、京津唐、珠江三角洲等城市密集区，表现得更加突出。当前这种注重竞争、缺乏合作的城际关系，严重威胁着我国城市密集区（大都市区或都市圈）的空间整合与协调发展，如何构建切实有效的跨界组织管理机制，是当今城市区域治理中面临的主要问题之一。①

---

① 陶希东：《中国城市治理：理论、问题、战略》，《华东理工大学学报》（社会科学版）2005 年第 3 期。

## 二、走向城市治理的具体路径

按照治理理论的解释,治理是一种上下互动的协调过程,它寻求各个主体间的协调;它依靠的不是正式的规章制度,而是合作、协商、伙伴关系,确立认同和共同的目标。当然,这种现代城市"治理"也可能失效。要克服治理的失效,使治理更加有效,就必须建立"良好的治理"。世界银行《2003年世界发展报告:变革世界中的可持续发展》强调通过实现"良好的城市治理"争取城市的最佳功效。要实现从传统城市管理向现代城市管理即治理的转换,关键是:

### 1. 转变观念,全面实施依法治市战略

彻底消除城市政府官员所具有的官本位意识和儒家文化"人治"思想,全面按照市场经济的要求,树立法治、平等、自由的价值理念,实施"依法治市",是实现我国城市治理的首要任务。加强城市的法制建设,必须要制定城市治理的法律、法规。① 要根据现代城市治理的需要,在已有《刑法》、《民法》和城市管理相关法规、条例的基础上,通过一定的立法程序,制定或修改《城市规划法》、《城市建设法》、《城市生态环境保护法》、《城市市容管理法》、《城市公共交通法》、《城市公用事业法》、《城市公共设施保护法》、《城市公共秩序管理法》、《城市居民区管理法》、《城市公共参与法》、《城市政府法》等法律、法规,形成一个覆盖城市治理全部领域的城市治理法规体系。同时要对城市治理目标、治理程序、治理方式做出明确的、可供操作的规定,从而明确政府、企业、社会团体和居民各自的责任和义务,全面构建有法可依的城市共同治理模式。②

### 2. 加强政府能力建设,重新定位政府角色

在城市治理中,政府的核心主导地位不会因其他主体的参与而有所动摇。面对日益复杂的城市问题,政府要承担起核心治理者的责任,必须"再造"自身,提升治理能力,转变角色,增进治理的合法性、有效性和回应性。

---

① 踪家峰等:《城市治理分析》,《城市经济、区域经济》(人大复印资料)2002年第3期。

② 罗秋香、陈迅:《现代城市治理的多元主体及其互动关系》,《上海城市管理职业技术学院学报》2009年第1期。

(1) 实现政府再造。美国学者戴维·奥斯本和特德·盖布勒在《改革政府：企业精神如何改革着公营部门》中，阐述政府再造的 10 大原则：掌舵而不是划桨；授权而不是服务；把竞争机制注入到提供服务中去；改变照章办事的组织；按效果而不是按投入拨款；满足顾客的需要而不是官僚政治的需要；有收益而不浪费；预防而不是治疗；从等级制到参与和协作；通过市场力量进行变革。[1]

这种"再造"并不是简单的组织精简和重组，而是对政府治理理念、原则、结构、行为等进行的系统革命，甚至要把企业经营的理念引入到政府部门中，建立以结果和服务为导向、以公众为顾客的新的政府治理理念，从而为其充分发挥核心治理者的作用奠定组织基础。

(2) 重新定位政府角色。城市公共产品的具体生产与管理属于"划桨"的理论视域范围，应通过市场竞争机制由各种非政府组织和企业承担，而政府专司"掌舵"之责，即规划好城市的格局，监管好城市的建设与日常运作，制定好城市各类公共产品的生产、使用、维护的规则与政策等。进一步说，政府应实现从"全能"政府到"有限政府"，从"传统部门利益型"政府到"现代公共服务型"政府的角色转变。

(3) 增强政府回应性。政府应主动接近市民，及时处理市民提出的要求，甚至主动去发现并解决市民面临的困难，增强政府的回应性。首先通过扩大公众参与，增加市民在城市公共事务治理中的发言权和参与机会；其次是下放权力，增强基层政府的责任感，使公共服务更加符合基层社会和公众的需要。

(4) 转变人治观念，实现依法行政和依法治市。城市治理是平等、民主、法治等文化价值理念的综合反映。要彻底消除政府官员所具有的官本位意识和"人治"思想，树立法治、平等、民主的价值理念，依法行政，最终实现"依法治市"，这也是实现我国城市治理的关键环节。[2]

3. 发展非政府组织，弥补政府治理之不足

传统城市管理中的政府管理所具有的局限性需要由独立于政府之

---

[1] 戴维·奥斯本、特德·盖布勒：《改革政府：企业精神如何改革着公营部门》，上海译文出版社 1996 年版。

[2] 颜涛、陈燕华：《从主体多元化看城市管理模式的变革与完善》，《成都行政学院学报》2007 年第 3 期。

外的非政府组织来弥补。在美国，城市社区管理并不由政府承担，在社区甚至根本就没有政府基层组织或派出机构，而是依靠社区居民自由组合、民主选举产生的社团组织如社区管理协会、社区管理委员会、社区管理服务中心等来行使社区管理职能。

在我国，随着政府职能的进一步转变，非政府组织发展越来越快，作用也越来越重要，但存在着总量不足、结构不合理、发展不平衡、独立性差、作用难以发挥、管理体制不顺、运作和管理不够规范等许多问题。发展非政府组织，首要的是营造非政府组织健康发展的有利的外部环境。在西方学者彼得·斯拉茨看来，一个有利于非政府组织发展的环境包括明晰的法律框架、有利的税收待遇、均衡的调节系统、用于非政府组织有效治理和运作的规范、足够的资源。① 斯拉茨的这一看法对中国非政府组织的发展具有一定的现实意义。

在中国的现阶段，发展非政府组织最重要的是加强法律保障、政策鼓励和资源配置。加强法律保障，就是致力于建立法治秩序，撤销严格而烦琐的社团审批手续，实行方便的申请登记制度。只要各种非政府组织不从事违反法律的活动，就应对其成立、存续、发展给予保护，尤其是要保障它们的财产安全和成员的人身安全。

加强政策鼓励，就是要通过制定必要的政策对各种非政府组织的发展给予鼓励，对非营利性、带有社会公益性的非政府组织可以考虑给予更多的减免税待遇和奖励措施。

加强资源配置，重要的是政府通过资金方面的资助等途径扶持和培育非政府组织，以及政府转变自身职能，主动退出某些领域，把这些领域让位给非政府组织。在资源配置机制中，公民和企业是政府之外的另两个最基本的要素。公民个人既可以志愿者和组织者的身份参与非政府组织的活动，也可以捐赠资金和实物帮助非政府组织。企业的资助亦是非政府组织不可缺少的资源。非政府组织可以通过宣传和游说动员有一定社会责任感的企业家以各种方式支持自身的活动，或通过联合举办活动获得企业的支持。发展非政府组织，充分发挥其在城市治理中的作用，还需要加强非政府组织的自身建设，提升非政府组织的能力。从国内和国际经验看，非政府组织只有能更好地解决一

---

① ［美］彼德·斯拉茨：《关于为非营利和慈善组织创造有利实施环境的思考》，《中国青年科技》1999 年第 10 期。

些长期性的社会问题,满足政府、企业未能或不能满足的需求,才能获得政府和公众的认同,才能真正获得生存与发展的空间。也就是说,非政府组织解决实际问题的能力将决定非政府组织未来的发展。①

当然,非政府组织本身也具有内在的局限性,即所谓的"志愿失灵"。实现现代城市治理,必须建立政府与非政府组织之间良好的合作关系,使双方都能发挥出自己的比较优势。②

4. 构建城市政府、非政府组织和公民平等、合作、协商的伙伴关系

多元治理主体之间(政府、非政府组织、公民等)是合作伙伴关系,应通过友好协商和交流,共同治理城市。在具体事务的处理上,凡是非政府组织和公民能够独立自主解决的事情,政府就不要插手,最终形成政府、非政府组织、公民各司其职,合作治理城市的良好运作体制。把治理理论应用于现代城市管理之中,构建多元主体的城市治理体系,这对我国城市的和谐发展,构建"一个丰饶的城市、一个生态可持续的城市、一个适于居住的城市、一个安全的城市、一个主动包容差别的城市、一个关爱的城市",具有决定性的意义。

5. 加快区域制度创新,实施跨界组织管理战略

当前在我国特殊的"行政区经济"运行时期,如何加快区域制度创新,通过局部行政区划的兼并、合并,以及建立具有跨界职能的区域协调机构,全面实施跨界组织管理战略,是克服区域经济一体化发展中的行政分割,促进区域经济融合和空间协调治理的主要议题。为此,采取以下3种模式:

(1) 建立高度集权的都市区(圈)政府,在城市政府之间通过兼并或合并的方式,建立一级介于省和市之间的实体行政机构,负责都市区范围内的统一规划、建设和部分行政职能。

(2) 建立松散的区域协调机构(非政府机构),针对都市区范围内难以统一行使行政职能的情况,建立跨界职能的非政府协调机构,通过协商解决跨界矛盾。

(3) 建立负责都市区部分跨界职能的准联合政府组织(或称都

---

① 邓国胜:《中国非政府组织发展的新环境》,http://www.wtolaw.gov.cn.
② 钱振明:《城市管理:从传统到现代的转换》,《中国行政管理》2005年第3期。

市联盟),① 主要是针对都市区范围各城市之间由于受行政区划限制而难以有效实施跨界职能的现状,建立具有部分行政职能的都市区准联合政府,协调各城市政府之间的利益,重点解决政府之间的基础设施、环境保护与整治等公共服务中的矛盾。

同时,要注重建立大都市区城市发展论坛、大都市区高级顾问智囊团、市长联席会议制度等协商组织和行业协会等市场化社会中介组织,充分发挥其特殊的协调与指导功能,全面构建我国大都市区政府与非政府组织、计划与市场、集权与分权相结合的城市—区域治理新模式。②

## 第四节 城市经营管理的内涵

城市经营管理这一理念是20世纪70年代首先由西方发达国家的城市管理者提出的。从20世纪70年代开始,随着人类科技和信息技术的发展,西方一些发达国家的生产力发展水平提升很快,由于技术进步和产业革命的催化,经济体系发生了结构性的变化,这种经济体系的结构性变化与城市发展和管理之间的矛盾也日益显现出来。原先在工业化过程中所形成的城市管理体制和运行机制已经不能适应城市化的演进步伐。与此同时,随着城市化步伐的日益加快,与城市化过程相伴生的城市发展与建设资金短缺的突出矛盾摆在了发达国家城市管理者的面前。在这一个现实背景之下,一些西方发达国家的城市管理者认为,城市的建设和发展也要尊重市场价值规律,运用市场机制对城市的资源进行重新配置和整合。作为城市政府,把城市当作一个资源系统抑或说是一个巨大的"资本",对其加以整体经营管理。

在我国,城市经营管理概念由谁提出、何时提出,目前仍存在较大争议。一种观点认为是上海前市长汪道涵提出的,他在1998年中国城市经济学会一次研讨会上提出城市现代化要走"经营城市"之

---

① 刘君德、汪宇明:《制度与创新——中国城市制度的发展与改革新论》,东南大学出版社2000年版。
② 陶希东、黄丽:《美国大都市区规划管理经验及其启示》,《城市问题》2005年第1期。

路；另一种观点认为城市经营是由大连市前市长薄熙来提出并付之实施的；等等，不一而足。经营城市的理论研究，目前尚处于探索阶段，对城市经营概念及内涵也众说纷纭，尚无权威的定义，但是从目前的研究来看，大致可以分为以下几类。

## 一、资产经营管理论

资产经营管理论认为城市是国家长期巨额投资形成的，是重要的国有资产。市长的职责就是集中精力把城市本身的事情做好，把市民安顿好，把软硬环境搞好，使城市保值增值。否则，如果一个城市疏于管理，就会逐渐荒废，变成脏乱差的城市。从经济学的眼光来看，就意味着悄悄地贬值，也就是国有资产的流失。

该论点还认为，城市经营管理就是围绕城市的发展重点，把城市中可经营的资源，如土地、基础设施、生态环境、文物古迹和旅游资源等有形资产，以及依附其上的名称、形象、知名度和城市特色等无形资产，通过对其使用权、经营权、冠名权等相关权益的无形资产的市场运作，最大限度地盘活存量，引进增量，广泛利用社会资金进行城市建设，实现城市资源配置的最优化和效益最大化。

## 二、竞争论

竞争论认为城市经营管理是指，城市政府将市场手段和行政手段相结合，借助市场力量将可经营性资源资本化运作，减少对可经营性公共产品的支出，降低半经营性领域公共产品的成本，使城市有限的财政资本集中投入非经营性公共产品的生产，从而实现政府以同样的资金营造更好的投资环境和人居环境，提高城市竞争力。

竞争论强调的城市经营管理的对象和目标与资产经营不同，认为城市经营管理的对象既包括可经营性资源，也包括非经营性资源。城市政府对可经营性资源进行资本化运作，是为了通过更多地筹集资金（比如经营土地）和减少可经营性公共产品的支出（比如交通），来更好地发展非经营性领域的公共服务（比如基础教育、政府的 R&D 投入等）。

竞争论认为，城市经营管理的出发点是城市的形象。城市的形象既包括外感的物质形象，又包含内在的精神形象。城市经营管理的目标不是单纯地提高政府财政收入,也不是简单地追求城市的增值,而是为了提高城市竞争力,树立城市品牌。城市品牌的树立,有助于提高城市对各种资源的支配力,并使其在城市之间的竞争中支配更多的资源,有助于强化城市可持续发展的能力。

## 三、经营公共物品或公共资源说

这种观点认为,城市经营管理是政府根据城市功能对城市环境的要求,运用市场经济手段,对构成城市空间、城市功能和城市审美载体的各种可资经营的城市资源进行资本化的市场聚集、重组和营运,以实现这些资源资本在容量、结构秩序和功能上的最大化与最优化,从而实现城市建设投入和产出的良性循环、城市功能的提升和城市的可持续发展。

## 四、城市要素说

城市要素说认为,"城市"要素是个十分丰富的概念,至少包括城市人口、城市土地、城市地域空间、自然景观、历史文化、产业结构、经济功能、经济容量、资本、城市形象、投资环境等。城市经营管理就是要对一切城市要素如产业、土地、资本、无形资产、城市环境、城市文化通过优化组合,如有学者提出,城市经营管理是政府依据城市发展战略,广泛利用市场机制和商业手段,充分挖掘、合理开发资源,组织资源、资产、资本、资金的市场化运营,增值财富,优化产业发展和城市建设,借以提高城市的总体功能、环境质量和综合实力,使城市资产得到最大增值,实现城市可持续发展的一种谋略和行为方式。

也即是说城市经营管理就是城市要素的优化组合:即城市产业的优化组合、城市土地利用的优化组合、城市资本的优化组合、城市无形资产的创造、城市环境的优化组合、城市文化的优化与提升。

## 五、城市市容环境说

这种说法认为作为城市最大的国有资产,城市经营管理就是把建筑在城市土地基础上的城市区域内地下和地上空间范围内的市容环境作为一种特有的资源去经营,以提高城市价值,达到城市资产保值的目的。①

综合各种对城市经营管理概念及内涵的表述，我们认为，城市经营管理的概念可以从狭义和广义两个角度理解。

狭义上的城市经营管理就是运用市场经济的手段，对构成城市空间和城市功能载体的自然生成资本（如土地）、人力作用资本（如路、桥）及其相关的延伸资本（如路、桥冠名权）和其他经济资源要素等进行集聚、重组和营运，盘活存量，吸引增量，走出一条"以城建城、以城养城、以城兴城"的城市自我增值、自我发展的市场化道路；

广义上的城市经营管理是指把城市作为一个整体性的产品进行经营，通过城市定位和形象塑造，依托某种有形或无形的城市优势，做大做强，将城市塑造成一个具有自身特色的知名品牌，并通过品牌效应吸引和集聚更多的外来资金、人才和产业，从而提升城市的综合竞争能力，最终达到使城市不断增值和可持续发展的目的。

## 第五节　城市经营管理的特征

要全面深刻地理解城市经营的内涵，还必须在认识城市经营管理科学概念的基础上，把握城市经营管理的特点。

### 一、城市经营管理的阶段性

城市经营管理不是一蹴而就的事，它贯穿于城市的整个发展过程。城市发展的不同阶段，城市经营管理的内涵和内容会呈现出不同的特点，比如，根据市场机制发育的阶段性和城市政府对竞争的不同适应程度，城市经营管理划分为3个阶段：

初级阶段，仅仅着眼于如何解决城市基础设施资金短缺，属于城市公共设施投融资体制改革式城市经营管理。

第二阶段，已考虑到如何提高城市自身整体的市场价值，将城市

---

① 全伟：《城市经营概念及其内涵刍议》，《经济师》2006年第10期；杨全山、任立兵：《城市经营管理及其基础理论探析》，《大连海事大学学报》（社会科学版）2007年第2期。

作为最大的国有资产来进行保值增值式的经营，也就是所谓的"整体资产增值式城市经营管理"。

第三阶段，城市经营管理的内容包括了影响城市竞争力的所有方面。就是不同的城市，城市经营管理的内涵和内容也可以相异。

## 二、城市经营管理的系统性

城市经营管理是一个系统工程，城市经营管理的理念应自始至终贯穿于发展的各个环节，不应仅仅局限于城市的规划和建设领域。

## 三、城市经营管理的价值增值性

城市经营管理是增进城市价值的重要战略和发展理念，而城市价值来自组成资产的城市价值和城市各主体的价值增值。

总之，城市经营管理的概念内涵是动态的、发展的，它至少包含了以下内容：

其一，城市经营管理最初是为突破城市建设的瓶颈，运用市场经济机制筹集城市建设资金一种思路，随后演变为中国城市管理与城市建设的崭新模式；

其二，城市经营管理是中国城市政府职能的重要内容和最活跃表现，是中国城市政府的一项体制创新，是一种新的城市政府管理模式；

其三，城市经营管理的提出和发展实质上是对城市和城市政府的反思，即城市政府如何适应经济全球化和激烈竞争的要求并做出相应的职能转型；

其四，城市经营管理具有一定的边界，城市发展的诸多事情和城市政府的转型不能全部包括在城市经营中。

城市经营管理作为城市发展的一种新的理念，在我国已经被越来越多的城市管理者所接受，而且随着城市的迅速发展，以及城市自身品位的不断提高，城市经营理念将会不断得到深化和发展。因此，通过理论的不断探讨和实践的不断磨炼，城市经营管理的内涵也必将日趋成熟和完善。[①]

---

[①] 王延华：《我国城市经营理念的内涵及其发展》，《辽宁行政学院学报》2006 年第 3 期。

# 第十五章 城市形象管理与城市更新管理

## 第一节 城市形象的内涵与层次

什么是城市形象？顾名思义，城市形象是城市的外在面貌。由于现代城市是一个多子系统结合在一起的多面体，城市形象也必然呈现出多面的特点。为了便于说明问题，把城市形象从外向内分为3个层次。

### 一、物质层的形象

主要是指各类房屋建筑的布局及其所体现的艺术风格；交通、通信、电讯、环卫、绿化及其他城市基础设施的状况和水平；商场里琳琅满目的商品及其所体现的城市经济实力，以及社会公共秩序的状况等。这个层次的形象给人的虽然是表面印象，但却是先入为主的第一印象，对人们今后的看法会产生一定的影响。

### 二、管理层的形象

主要是指窗口行业的服务水平；公共事务的各级各类管理机构设置的合理性；管理体制的科学性和管理水平的高低；城市各级政府依法行政的情况等。当人们在这个城市住下来，并开展了各种活动，较为深入地接触了这个城市后，这个层次的形象便会在人们的心中留下较为深刻的印象。

### 三、思想层的形象

主要是指市民言行、人际关系、社会风气等以及从中折射出来的市民素质和思想觉悟。当人们在这个城市久住并与各方面人士接触增多后，这个深层次的城市形象便会在人们心中留下难忘的印象。如果人们感受到的是：市民的言行文明热情，人际关系和谐，社会风气积极向上，多数市民都谦和宽容，这个层次的形象便会在人们心里留下温暖的回忆，使人们感受到家的温馨，很难忘怀。如果相反，即使前两个层次留下的是较好印象，人们也会厌恶这个城市。①

## 第二节 城市形象管理及其原则

城市形象的管理是一个涉及多方面因素的巨大的系统工程。既涉及政治的、经济的因素，也涉及文化的、社会的因素；既涉及历史的因素，也涉及现实的因素；既涉及硬件的因素，也涉及软件的因素。搞城市形象管理的最终目的是使城市的整体形象得到优化。因此，进行城市形象管理，以采用立足整体，统筹全局的系统方法为最佳。这种方法就是从整体内部各因素间相互作用的实际出发，进行具体的分析和全面的整合，从而达到正确认识整体和优化整体的目的。为了更好地运用这个方法，取得最佳效果，需要注意以下几个原则。

### 一、城市形象管理要与城市的功能性质相吻合，发挥城市功能的潜在作用

如同人的形象要符合这个人的身份、职业与地位一样，城市形象也要与城市的功能性质相吻合。现代城市是个巨大的系统，城市功能也是多层次的。城市学认为，现代城市的功能可以分为：主导功能、一般功能与基本功能三类。这三类功能并不是截然不相干、互不联系的三种功能。

所谓城市主导功能是指起主导作用的城市子系统或主导产业所显示出来的城市内部的能力或机能。主导功能决定了这个城市的性质。比如，有的城市钢铁生产是主导产业，这个城市的性质便是钢铁城；有的城市旅游业是主导产业，这个城市的性质便是旅游城；如此等

---

① 张楠楠：《城市形象问题研究》，《商业经济》2008 年第 1 期；刘小静：《城市形象识别系统的结构研究》，《南华大学学报》（自然科学版）2008 年第 1 期。

等。城市的主导功能是城市的个性。

所谓城市一般功能是指为主导产业配套服务的产业所显示的能力。城市的形象管理,首先就要与城市的主导产业、城市性质相吻合,换句话说,就是钢铁城要有钢铁城市的样子,旅游城要有旅游城的样子。

所谓城市基本功能是指无论任何性质的城市,除去主导产业和配套产业的生产外,它还是人们进行分配、交换、消费等活动的地方,是人口聚居之地,人们要在这里生活、成长、繁衍。为人们生活服务的功能就是城市的基本功能,这是所有城市的共性,城市的形象管理也要体现这个共性。城市的形象管理要与城市的功能性质相吻合,要善于把城市的个性与共性有机结合起来加以体现,把城市功能的潜在作用充分发挥出来,城市的形象建设就能在显示城市的"身份"上取得良好效果。

## 二、城市形象管理要发掘城市的文化内涵,以文兴城

城市本身就是一个文化实体。城市形象管理的高标准就是创建文明城市。因此,发掘城市的文化内涵,以文兴城,这是顺理成章的事,也是得民心的事。实践证明,在城市的历史和现实中,在广大市民的内心,都蕴藏着丰富的文化内涵,这是建设城市文明形象的丰富资源。不少城市的经验表明,只要加以重视,善于发掘和利用文化资源,城市的形象管理就会取得很好的效果,具体做法则要从实际出发来确定。

有的城市大量投资,有目的地兴建文化设施,营造具有浓厚文化气息的环境氛围。比如,上海市在文化设施建设上结出了丰硕的成果:东方明珠广播电视塔、上海博物馆、上海图书馆新馆、上海体育场、上海大剧院等一大批文化设施,加上遍布全市的几十个区域文化中心,上海的文化设施建设已取得了举世瞩目的成就。

实践证明,坚持以文兴城的方针,对城市各方面的文化内涵发掘得越深,城市的文明形象就越鲜明,城市的形象管理便步入了良性循环的轨道。

### 三、城市形象管理要保持城市的时代风貌、传统优势和地方特色

从人类历史长河的角度来看，城市是在生产力发展和社会生活进步的前提下，人类为自身的需要创造的适于居住和活动的空间形式。城市产生后，在历史进程中仍在不断发展变化，当然是越发展越适宜于当时的生产力发展水平、科技发展水平和人文需要。

从城市管理的客观规律来看，这个过程并不是一味的遗弃，也不是一味的继承，而是一个既有批判，又有继承的过程。目前，在每一个城市的建设中，都既有新的创造，又有旧的保留，因此，在城市的形象管理中，既要保持时代风貌，又要发挥传统优势，还要具有地方特色。把三者有机结合起来是一个难题，也是一个研究课题。

广州市在这方面提供的经验值得一提，广州市既是广东省的省会，又是一座具有岭南特色的国家级历史文化名城。广州市肩负着继承传统与现代化建设的双重重任。他们找到了一个历史与现实的结合点，那就是建设好北自越秀山经起义路、南经海珠桥至江南大道的传统中轴线。在这条传统中轴线两侧分布着 30 多个文物古迹和现代活动场所。这条中轴线可以说是连接广州市的古代和现代的文化轴线，是展示广州历史名城传统格局和名城风貌的重要历史地段，也是广州市多次修编的城市总体规划的重要内容。把这条中轴线两侧建设好，就是把广州市城市形象建设的时代性、传统性、地域性有机地结合起来。

### 四、城市形象管理要把以人为本，把提高人的素质放在首位

马克思和恩格斯早在 1846 年写的《德意志意识形态》一文中就指出："城市本身表明了人口、生产工具、资本、享乐和需求的集中；而在乡村所看到的却是完全相反的情况，孤立和分散。"城市人口的集中是首要的，其他几个因素的集中也是因人而异的。可以说，城市本身就是人为了自身的各种需要而创造的一种聚居形式。没有人的创造和需要，城市就不可能出现，也没有存在的必要。因此，必须看到，在城市形象管理中，除了物的形象外，还应有人的形象，而物

的形象也是人创造的。归根结底，市民素质是城市形象建设的灵魂。

因此，进行城市形象管理千万不能只见物不见人。不少创建文明城市取得的成功经验告诉我们，要把提高市民素质看作是城市形象建设的核心和关键，认真抓住、抓好。比如，大连市认为，市民的行为是市民素质的外在表现，要使市民自觉遵守行为规范，大连市坚持从基础抓起，一件一件地抓，持之以恒。他们从1980年开始，用了3年时间在全市职工中进行职业道德基础建设，培训职工58万人次，提高了从业人员的职业道德素质。从1991年起，大连市又开展了"净化语言、文明用语"活动，引导市民向粗话、脏话"宣战"，大力推行和普及文明用语，并利用报纸、电台、电视台举办市民学习日、英、俄三国日常文明用语50句讲座，在市民中形成了告别粗话、脏话，使用文明用语的良好语言环境。大连市还特别注意选择有利于提高市民素质的管理方式进行大胆尝试，以此来检验和培育市民的公德意识。1992年9月，大连市在人民广场放养了1000只鸽子。开始有人怀疑鸽子能否在广场生存下来，但有关部门却坚持下来，想办法引导群众爱护鸽子并参与管理。时过3年，不仅鸽子没有减少，还繁衍到了4000只，这检验锻炼和提高了市民的素质。①

## 第三节 城市形象管理的程序与设计的步骤

### 一、城市形象管理的一般程序

1. 建立城市形象发展委员会

城市形象的管理是非常复杂的系统工程，在实施的过程中需要理顺各方面的关系，对影响城市形象的各种因素加以细分和研究，在价值层次、目标层次、行为层次、视觉层次、评价体系上进行系统的设计。为了保证工作的顺利开展，一般应该成立以政府领导为首的城市形象发展委员会，由政府领导和相关方面的专家共同参与，通过行政的力量去组织协调，以保证项目的顺利进行。另外，委员会最主要的

---

① 张楠楠：《城市形象问题研究》，《商业经济》2008年第1期。

工作是对城市形象的管理和塑造过程的一些重大事项进行决策，比如方案的最终确定、传播活动如何开展等等。

2. 城市形象管理的准备工作

城市形象管理的准备工作就是大量收集有关这个城市的一些资料，进行归纳整理，以便于开展设计工作。在漫长的历史长河中，产生了大量与城市形象设计有关的因素，总体来讲可以分为以下几大类：历史背景、地理状况、文化背景、硬环境状况（包括城市的总体布局、基础设施、自然资源、规模等）、软环境状况（包括经济发展水平、产业结构、市民素质、科技发展水平、城市精神、道德风尚等）。要想准确找到一个城市的优势和劣势，就必须大量占有资料，并在此基础上进行认真的分析，为城市形象管理工作做好准备。

3. 城市形象的定位

所谓城市形象定位，就是充分挖掘城市的各种资源，按照唯一性、排他性和权威性的原则，找到城市的个性、灵魂和理念。其定位是进行城市形象管理的基础，充分体现了一个城市发展的目标指向。在对城市基本资料充分研究的基础上，仔细制定城市形象定位策略并进行可行性研究论证，是城市形象管理非常重要的环节。

## 二、城市形象设计的具体步骤

城市形象设计的具体步骤一般分6步：

（1）确定理念要素。在城市定位的基础上，汇集各方面的意见，确定城市理念。城市理念的要素主要有：城市发展战略、城市发展口号、城市发展规划等等。

（2）设计城市理念名称。就是要用准确、简练、对人有亲和力的语言文字形象表达设计内涵，使人易读易记。有震撼力，能够突出城市的文化内涵。

（3）确定视觉识别设计机构。请专家对众多设计机构进行比较、评价，从中挑选部分进行候选，由城市形象发展委员会最后审定，确定设计机构，双方签订合同，商订有关计划要求。

（4）进行视觉识别设计。即由设计机构进行设计，城市形象发展委员会负责提出修改意见。城市形象设计主要包括城市标识设计，标准色、标准字设计以及图案与文字组合规范设计等城市形象识别设计，只有好的设计，才能留给人们深刻的印象。

(5) 确定视觉识别设计样稿。即通过城市形象发展委员会审定，确定设计样稿，由设计机构进行城市形象识别系统手册的制作。

(6) 设计行为识别系统。即根据理念识别内涵，组织专人进行设计，然后提交城市形象发展委员会讨论通过。行为识别系统设计也可与视觉识别系统同时进行，城市的行为设计主要包括公务员行为规范、居民行为规范、企业行为规范、媒介行为规范等要素。①

## 第四节 当前我国的城市更新管理

### 一、城市更新与城市更新管理的内涵②

"城市更新"自20世纪50年代在西方发达国家城市管理领域被提出以来，其概念逐步地被国际社会广泛接受。城市更新包括两方面内容：一是城市客观物质实体（建筑物等硬件）的拆迁、改造与建设；二是生态环境、空间环境、文化视觉环境的改造与延续，包括社会网络结构和心理定势。

从客观物质实体看，城市更新管理的核心是效率即损毁消耗最少的物质财富和文化财富，最大限度地实现城市发展和公众社会福利的提高；从社会内容方面看，城市更新管理的核心是公平即保护弱势群体利益，公平公正地调整好社会各阶层群体的利益关系，让各个相关利益群体在城市更新中都能分享到城市进步的文明成果。

### 二、当前我国城市更新管理中存在的问题及原因③

#### (一) 当前我国城市更新管理中存在的问题

1. 城市更新的手段单一、规模过大、速度过快

城市发展是一个连续不间断的过程，城市更新是城市在发展过程

---

① 王润华：《浅议城市形象设计》，《科技促进发展》2008年第11期。
② 姜杰等：《论城市更新的管理》，《城市发展研究》2009年第4期。
③ 赵涛、李煜绍、孙蕴山：《当前我国城市更新中的主要问题分析》，《武汉大学学报》（工学版）2006年第5期。

中的一种自我调节和完善的功能。城市更新的内涵应不仅包括物质要素（如建筑、道路等）的更新，还应包括非物质要素（如社会、经济功能等）的更新。城市更新的手段包括维护、修复、拆建等多种，并常常综合在一起使用。

在我国目前的城市更新改造中，城市更新被片面地理解为拆旧建新，在急功近利的思想指导下，大拆大建，规模过大，速度过快，而导致相应的政策和法规的制定以及规划的编制无法跟上，从而带来一系列问题，如在建设上粗制滥造等。

一些城市在短短几年内就将旧城基本拆迁改造完毕。如武汉市自20世纪90年代初期以来，随着土地有偿使用和房屋商品化政策的实施，房地产业的兴起，以及大量外资的引进，城市更新改造的步伐大大加快，大拆大建，虽然城市的面貌日新月异，但却带来了许多难以解决的问题。

2. 旧城区开发强度过大，导致新的环境恶化

随着房地产业的兴起，我国的城市旧城区逐渐成为房地产开发的热点。我国的城市旧城区通常是城市的中心区，人口密集，商业发达，具有很高的区位价值。

在经济利益的驱动下，房地产开发商在旧城区更新改造中，常常不惜损害城市的整体社会效益和环境质量，进行高强度开发，导致旧城区建筑容量过大，建筑密度过高，从而带来新的环境恶化，城市的整体环境质量严重下降。

3. 城市旧城区基础设施建设滞后

我国的城市旧城区的基础设施一直存在着不足的问题，由于资金短缺，许多基础设施年久失修。在旧城区更新改造中，房地产开发商热衷于建设办公和商业建筑物，不愿建设投资大但收益低的基础设施，而政府部门由于资金有限无法及时投资修建基础设施。

此外，由于房地产开发商为获得高额利润而在旧城区更新改造中不遗余力地提高开发强度，给城市基础设施带来巨大压力，导致旧城区基础设施不足的问题更加突出。

4. 城市历史文化风貌和景观特色严重丧失

我国的城市大多有着悠久的历史和璀璨的文化，有着独特的历史文化风貌和景观特色。但从目前来看，我国的城市更新改造大多缺乏对城市的历史文脉的尊重，缺乏对城市的历史文化内涵、地方特色以

及地方风情的深入研究。许多历史文化古迹和风貌在城市更新中被破坏甚至被完全摧毁，而新建的建筑又毫无地方特色和风貌，造成千城一貌的局面。

5. 城市旧城区社区大量解体

在我国的城市旧城区更新改造中，许多城市在经济利益至上的不正确的价值观引导下，从地价的级差效应出发，将旧城区中原来的居住用地大量地置换为办公和商业用地，从而导致城市旧城区中的大量社区解体，传统的社区居住文化圈被打破。为追求高额的利润，在旧城区中新建的居住建筑大多数是高档商品住宅，价格昂贵，是大多数拆迁居民所不能承受的。在这种情况下，大多数原有居民只能被迫搬迁到城市郊区，随之而来的是就业难、上学难、购物难、上下班路程过远等一系列问题，从而导致旧城区居民由过去的"盼改造"转而"怕改造"，严重危害了社会的和谐与稳定。而且在拆迁中严重损害居民利益的事件时有发生，屡禁不止。

### （二）当前我国城市更新管理中问题产生的深层次原因

1. 城市更新行政管理体制改革滞后

我国现行的城市行政管理体制还带有浓厚的计划经济色彩，存在着严重的缺陷。

（1）城市行政管理机构设置过多、重复，责权划分不清楚或不合理，如武汉市和城市建设与更新直接相关的行政管理部门就有十几个之多，如计委、建委、规划与国土局、房产局、城管局、园林局、交委、水务局、环保局、综合开发管理办和人防办等，其他城市情况也基本相似。

（2）城市行政管理机构层次多且各层级之间的责权划分不明确或不合理，如武汉市的城市行政管理机构一般分市级、区级和街道级共三级，其他大中城市情况也类似。

此外，政府干预和调控手段落后，难以适应社会主义市场经济发展的需要。由于这些体制缺陷的存在和其他因素的影响，在城市行政管理过程中存在着决策时间过长、审批环节过多、效率低下、争功诿过、互踢皮球、有法不依、执法不严等弊端。这些缺陷和弊端严重影响了政府部门与企业部门、非政府组织、社区组织与居民等之间的沟通网络的运行和协力关系的发展，从而影响了城市更新的顺利进行。

### 2. 相关法规体系与政策不完善

目前在城市更新领域，我国还没有专门的城市更新法，只有一些相关的法律、行政法规与部门规章，如《城市规划法》、《城市房地产管理法》、《城镇住宅合作社管理暂行办法》、《协议出让国有土地使用权规定》等。由于城市更新的运作没有明确而切实可行的法规与政策依据，常有模棱两可的情况发生，并常因此而产生利害关系人之间的各种纠纷。"法制"的缺乏必然导致"人治"，从而导致了各种决策失误与腐败的产生。

### 3. 城市更新改造规划编制方法滞后

城市更新改造是一项复杂的系统工程，涉及许多复杂的社会、经济、环境和文化等问题。当前我国的城市更新改造规划编制仍然停留在纯物质规划阶段，目标单一，可操作性不强，难以适应我国现阶段的城市更新改造的多样性、复杂性和艰巨性，从而在实践中无法真正有效地指导城市的更新改造。

### 4. 公众参与机制不健全

目前我国城市更新改造中的公众参与仍处在发展的初级阶段，公众参与机制还很不完善。从政府部门、企业部门到广大民众，普遍缺乏公众参与的观念，缺乏对公众参与的内涵、价值观、机制和行动力的正确认识，整个社会还未形成公众参与的文化。

与城市更新有关的政府部门与企业部门对各自的资讯过于垄断，对许多应该释放的资讯不及时发布，相关非政府组织、社区组织与广大民众往往由于不能及时得到相关资讯而无法真正有效地参与到城市更新中。在很多情况下作为城市更新改造的利害关系人的本地居民与社区组织并没有被给予平等的合作伙伴地位，甚至被排斥在外，这是导致在拆迁中严重损害居民利益的事件时有发生的重要原因。

## 第五节 完善我国城市更新管理的对策

### 一、树立全面系统的城市更新的理念

科学发展观的核心是"坚持以人为本"；基本内容是"树立全

面、协调、可持续的发展观";根本目的是"促进经济、社会和人的全面发展"。构建社会主义和谐社会就是建设"全体人民各尽其能、各得其所而又和谐相处的社会"。为全面贯彻落实科学发展观和推进社会主义和谐社会建设,我国的城市更新改造必须从片面地强调规模与速度、片面地追求经济效益向以人为本的、全面的、协调的、可持续性发展的方向转型。城市更新应从城市整体的利益出发,全面调整城市的整体功能和布局,不仅应注意物质环境的更新和优化,还应考虑非物质环境的更新和优化。

## 二、建立和完善相关法规体系

完善的法律与规范体系是城市更新改造顺利进行的重要保障。在借鉴国外先进经验的基础上,应根据中国国情制定城市更新改造专门法规,并建立和健全配套的法律与规范体系,从而为城市更新改造的进行提供明确的法规依据。

## 三、完善城市更新改造规划编制体系

城市更新规划编制应由传统的纯物质规划,向全面的、系统的、综合性的规划方向转变。城市更新规划不仅要考虑物质要素的规划设计,还要研究城市更新改造的社会、经济、文化等方面的要素。在借鉴国外先进经验的基础上,广泛吸收社会、经济、文化、法律等多学科参与,积极探索适合我国城市更新特点的规划编制方法。

## 四、全面推进协力制在城市更新改造中的发展

协力制已经成为西方现代城市更新政策中的一个不可缺少的要素。但对于它的含义学者们仍存在着不同的看法。作为一种政策性工具,协力制的含义是在实践中不断地演变的,这一点在英国30多年来的城市更新政策与实践中表现得尤其明显。

在英国,协力制的理念最初出现于20世纪70年代后期,当时的英国城市更新政策是以政府为主导,协力制是作为一种政策性工具以加强中央政府与地方政府之间在提供公共服务时的协调。到了80年代,英国城市更新政策转变为以市场为主导,以房地产开发为主要方式,协力制也转变成为一种将城市更新的责任转移给私人部门的手

段,这一时期的协力制主要是指公私协力制(public private partnership)。

自20世纪90年代以来,随着英国城市更新政策从以市场为主导向综合性的方向转变,协力制也转变成为一种整合所有相关力量与资源(包括公共部门、私人部门和社区等)的手段,公共部门、私人部门和社区等多方合作的协力制逐渐成为西方现代城市更新管治机制的主流。协力制没有单一的理想模式。协力关系总是源于它所处的特定的政治、经济、社会和文化环境,并在此背景下演化,因而具有不同的特征。

根据西方现代城市更新的实践,在构建协力关系时应遵循以下原则:

(1)应有清晰的战略视野和明确的行动框架;
(2)应基于本地区和区域的条件;
(3)应体现共同的权利、利益、抱负和认识;
(4)应明确各合作伙伴的职责;
(5)必须让本地居民与社区组织作为平等的合作伙伴参与进来;
(6)应根据具体情况的变化进行调整。

要在我国城市更新改造中全面推进协力制的发展,首先应通过全民教育普及协力的观念,在全社会形成协力的文化。其次,要改革现行的城市行政管理体制,转变城市政府职能,建立办事高效、行为规范、运转协调、公正透明的城市行政管理体制。

针对目前城市行政管理体制中存在的阻碍协力关系发展的主要问题,建议采取以下措施:

(1)精简机构,改革行政审批制度,提高行政效率:按照"精简、统一、效能"的原则精简机构,撤并职能重复的机构,压缩管理层次,合理划分权责,裁减富余人员,并实现机构设置和人员编制的法定化。改革现行的行政审批制度,减少审批事项,提高效率和反应灵敏度。

(2)改革行政管理模式:改革现行的行政管理模式,提高办事效率和服务水平。一是实行政府部门服务承诺制度。二是简化办事程序,实行联审联办制度,建立各种行政审批联合服务中心,提供"一条龙"服务,在行政审批联合服务中心中实行窗口服务制、首长问责制、电子报批制等工作制度。

(3) 实行政务信息公开制度和行政决策咨询制度,实现决策的科学化和民主化。

其一,实行政务信息公开制度,建立政务信息数据库和公众查询系统,通过各种媒介及时发布资讯。

其二,实行行政决策咨询制度,组织科研机构参与行政决策预研,建立和健全与企业部门等的沟通网络,建立和健全公众信息反馈系统,实行重大决策听证制度。此外,在一些大城市,尤其是历史文化名城,如北京、上海、西安、武汉等,应设立专门的城市更新改造机构,统一负责城市更新改造及协调协力关系的运作。

其三,应充分发挥非政府组织的积极作用来推动协力制的发展,城市更新改造是一项非常复杂的系统工程,需要解决许多复杂的社会、经济、环境和文化等问题,涉及许多利害关系。在制定城市更新政策时必须充分考虑所有利害关系人的权益和立场。然而,作为利害关系人的政府部门、企业部门和居民等在对城市更新改造等公共事务的认识上有时存在着很大的差异,而使他们之间的合作与协力困难重重。因此,在推动协力关系时,有时需要由非政府组织(Non-governmental Organization)作为中介团体来协助。

其四,要建立和健全公众参与机制。协力制的力量只有当在它之中融入了公众参与的精神才能真正地展现出来。城市更新改造的成果是社会产品,公众是当然的利害关系人。公众参与能够提高决策的质量和保证项目的有效实施。应通过立法确认公众参与的地位与权限,规范公众参与的形式和程序,进一步完善相关的政务信息公开制度、咨询制度、申诉制度和反馈制度。相关政府部门与企业部门等应通过各种形式鼓励公众参与旧城更新改造工作,通过各种传播媒体及时提供公众相关的资讯,应让公众参与旧城更新改造的决策、设计、评审、实施及营运全过程,监督整个项目的发展。只有如此,协力制的观念才能够普及和深化。

# 第十六章 创新型城市管理

## 第一节 创新型城市的基本问题

### 一、创新型城市的内涵

创新理论的创始人熊彼特认为,"创新"是新技术、新发明首次在商业中运用,是建立一种新的生产函数,实现生产要素的一种从未有过的新组合。围绕这一概念,后来的研究者逐步建立起以创新为核心的经济发展理论,并广泛指导于科技、产业等生产实践领域。创新型城市是各个国家和地区对城市发展所提出的一种新的定位目标。作为一种新型城市形态,其内涵和评价标准都在进一步探索中。

参照相关领域专家学者著述,借鉴世界先进创新型城市经验,对创新型城市概念可探索性的界定为:把"创新"作为一种科学思想方法论和社会实践方法论,运用到城市整体建设中,将创新发展战略提升到城市主导发展战略的高度,能有效整合城市产业创新、管理创新、科技创新和服务创新能力等创新要素,与周边地区和城市协调发展,从而形成的具有极强创新能力和综合竞争力的城市。

这一定义包括如下3层含义:

(1) 创新型城市是以自主创新为价值取向的城市发展模式。它要求以深化科技体制改革、激发科技创造力推动自主创新,充分发挥科技、智力资源在城市创新中的主力军作用,进一步发挥好高新技术产业在推动自主创新方面的龙头作用,使城市经济增长与发展主要依靠科技进步力量。

(2) 创新型城市强调城市创新要素、环节、成分的优化组合与生态化配置。它要求遵循人类创新活动的规律,使各种城市创新要素、环节、成分合理匹配、有效协调,形成有序运行、良性互动的创新生态系统,使创新活力充分迸发,大力提升城市创新能力。

(3) 创新型城市追求城市创新的集成效应、系统效应、整体效应，而不满足于城市经济社会如科技、产业、文化、公共管理等某一方面的单一突破与创新。因此，它以构筑城市创新链、培育创新网、营造创新集成效应为着力点，强调合理整合各种创新资源，形成聚合效应，以产生远远高于单一方面创新的社会效益和城市竞争力，大力提升和推进城市整体文明水平。可见，创新型城市的建设是一项社会系统工程，它将会促成城市社会的整体转型与全方位变革。[①]

## 二、创新型城市的构成要素

创新型城市主要有4个基本要素：

(1) 创新主体——创新活动的行为主体，包括城市人才创新主体，企业、大学、研究机构等机构创新主体，以及以产业集群、产学研联盟等形式存在的创新群主体；

(2) 创新资源——创新活动的基础，包括基础设施、信息网络、技术等；

(3) 创新制度——保障创新体系有效运转，包括激励、评价和监督等创新机制，以及政策、法律法规等创新政策；

(4) 创新文化——维系和促进创新的基本环境，包括城市文化观念、创新氛围等软环境，以及参与国际竞争与合作的开放的外部环境等。

创新型城市的构成要素表明：城市创新能力对社会经济的影响是一个长期的过程，城市社会经济发展水平是过去长期创新和社会经济发展的结果，并不是当期创新导致的直接绩效。一个城市的社会经济发展水平越高，所能提供的创新资源就会越多，创新环境就越佳，城市的创新水平就会越高，支撑城市创新的能力就越强；创新能力的提高反过来又会进一步促进城市经济社会的发展，这是一个良性循环的反馈过程。创新型城市的演化轨迹是各要素之间的综合联动和反馈效应的结果，城市创新提供了城市发展的动力，城市发展支撑了城市创

---

① 李永胜：《论创新型城市的含义、特征及其实现途径》，《天府新论》2008年第1期。

新，不断推进城市向更高级的创新形态演进。①

### 三、创新型城市的能力结构

受地理位置、资源禀赋、历史文化等多因素的影响，不同的城市具有不同的社会和经济发展基础，从而决定各城市创新要素数量和质量上的不均。创新城市建设的目标，核心是提升城市综合创新能力，确保竞争优势。这需要对城市内部各种创新能力进行集成，同时既要保持与周边城市、地区的联动和协同，又要充分利用城市现有资源，创新思路上形成差异化。创新能力是构建创新型城市的基础，具体包括以下方面。

#### 1. 城市产业创新能力

产业创新指在一定产业环境下，产业由一个层次向更高层次的跃升。它包括传统产业的结构调整、新兴产业的培育与成长、夕阳产业的淘汰及产业集群的形成。产业是城市经济的支柱，城市经济的增长过程从根本上说是城市产业成长的过程，同时也是产业结构优化和产业发展水平不断升级的过程。与国家产业结构相比，单一城市往往不具备完整的产业体系，所以，更具有开放性。因此，产业创新能力直接决定着城市的增长活力。

以新加坡为例，2005年瑞士洛桑管理学院发表的全球竞争力报告显示其全球竞争力排名第三，这与它近10年巨大的产业创新力度密切相关。制造业一直是新加坡经济发展的主动力，但随着知识经济时代的来临及全球制造业竞争加剧，原有产业受到强烈冲击。政府适时提出以知识经济为基础，大力发展创意产业，并将其定为21世纪的战略产业，努力使新加坡成为"全球文化和设计业的中心"，通过创意产业与传统制造业并举来提升城市创新能力，全力打造创新型城市。这一巨大的产业创新行为取得了空前成功，新加坡一跃成为亚洲创意枢纽。据2002年的统计，新加坡创意产业增加值占GDP的21.8%~31.2%，而且最近10多年来创意产业的产值和就业人数的增长率均高于同期GDP和总就业人数的增长率。

---

① 马志强、朱佳佳、洪涛：《创新型城市建设对策探讨》，《经济师》2008年第12期；梁湖清、朱传耿、马荣华：《知识经济影响下城市创新问题的若干理论思考》，《经济地理》2002年第3期。

2. 城市管理创新能力

城市管理创新主要体现于对不适应甚至阻碍城市发展的相关体制及政策的摈弃，并勇于尝试和制定能促进城市经济社会协调发展的系列政策及措施，是体制创新和政策创新的集成。日本东京是亚洲地区甚至世界范围内经济最有活力的创新型城市之一，一个重要原因在于其创新型城市政策的制定。从 2000 年起，日本对高新技术企业、信息产业采取多种减免税收政策、增设专项科研税务贷款、设立研发储备金。此外，政府在选择支持项目时，有严格的选审标准，并倾向日本原来薄弱的基础性原创领域。一系列的管理创新政策成为东京构建创新型城市的"加速器"。

同样，在我国经济最发达的城市——上海，管理创新的力度和成效也十分突出。早在 1996 年就已确立了"建管并举，重在管理"的城市发展思路，建立了分级分权管理的架构，并实施机构改革和精简人员，以进一步理顺关系，强化管理，为城市各项经济活动创造了宽松的政策环境。

3. 城市科技创新能力

现代城市是以科学技术为核心的先进生产力的集中地，这决定了城市经济的现代化进程离不开科技创新的巨大推动作用。城市科技创新能力主要体现在知识创新能力、技术创新能力、成果转化创新能力、科技管理创新能力及科技中介服务创新能力等方面。

在世界城市发展历史上出现过许多依靠科技创新实现城市崛起的案例，最为典型的如韩国大田。这个原本土地贫瘠、资源匮乏、面积不大的小城市，现今却以巨大的经济能量和创新能力成为"亚洲新硅谷"，一个关键因素就在于选取了一条以科技创新促进城市创新发展的道路，即由一所成功的大学，推动形成一座研发与成果转化融为一体、科研与产业密切结合的高科技科学城，一座成功的科学城又推动产业和区域的经济发展，构建一座成功的创新型城市。

4. 城市服务创新能力

城市服务创新能力既包括以政府为主体的公共服务如合理的城市规划、高效便捷的基础设施建设等，也包括以行业协会或企业为主体针对消费者的服务行为。在其内容上主要包括服务理念、服务方式的创新及服务水平的提高。

城市服务创新能力直接影响一个城市的形象和魅力，更是聚集和吸引生产要素的关键因素。从这个意义上而言，无论是美国纽约市几十所高等院校为适应城市发展需要主动筹建与知识经济衔接的新专业的举动，还是我国广西南宁市建立我国第一套城市应急联动系统的行为，都属于城市服务创新能力的一种具体体现。产业创新、管理创新、科技创新、服务创新是一条相互依存、相互制约、相互促进的创新关系链，它们构成了创新型城市的创新基础。①

## 四、创新型城市的特征

### 1. 创新性

创新性是创新型城市最基本的特征，它被根植到创新型城市的发展理念中去。城市发展理念决定了一座城市的发展前景和途径选择，创新性的发展理念对于制定城市创新发展战略、指导创新实践具有非常重大的意义。当创新理念融入到城市产业规划、制度体制、城市结构和个人技能中时，能够为创新型城市的持续协调发展提供有效途径。这种创新性的理念是涵盖科技创新、制度创新、管理创新、服务创新和文化创新的综合创新理念。

### 2. 可持续性

可持续发展是经济、环境、社会"三位一体"的发展，它要求采取新的途径，依靠科技进步在发展经济的同时实现环境保护，达到经济效益、环境效益和社会效益的统一。创新型城市作为一种全新的发展模式，必须具备可持续发展的特征。

一方面科技创新是城市实现可持续发展的基本保障，城市依赖高新技术和现代科技寻找基于环保意识的经济增长动力，谋求城市经济可持续增长；

另一方面，各创新要素的协同合作是实现城市持续创新的根本，在创新型城市环境下，企业创新的需求推动科研院所积极研发新的技术，政府引导、协调创新活动，中介服务机构为创新行为提供资金及其他资源的支持，以实现创新项目的产业化，从而推动城市创新活动持续进行。

---

① 胡树华、牟仁艳：《创新型城市的概念、构成要素及发展战略》，《经济纵横》2006年第8期。

### 3. 集聚性

麦克尔·波特曾指出,群聚区能够提高生产率,能够提供持续不断的改革动力,促进创新,激发新的企业的诞生。创新型城市集聚着大量的经济要素和创新要素,各个创新要素之间的相互融合,紧密合作,从而产生了相对完整和密集的产业链,随着产业资本要素的不断汇聚最终形成了一个具有完整产业链的产业集群。

创新型产业和企业的集聚是创新型城市的重要特征,由于产业集聚区域比其他地区更容易吸取资本、技术以及专业人才,因此,进一步推动了创新型城市内新思想和新技术的诞生。创新产业和创新人才集聚的自强化机制,形成了创新型城市持续创新和发展的巨大动力。[①]

## 五、建立创新型城市的必要性

### 1. 顺应国际城市的发展趋势

创新是一个民族进步的灵魂,是国家兴旺发达的不竭动力。面对全球范围的科技革命和创新浪潮不断迭起,国家的综合实力逐渐体现为以科技创新为支撑的经济实力,国与国之间的竞争演变为科技实力的竞争、人才的竞争,归根结底是自主创新能力的竞争。城市是实施创新战略的集合载体,是创新能力的培育基地。建设创新型城市是建设创新型国家的具体化和特殊化。综观国际上先进城市的发展历程,其产生、发展最终取决于城市的科技创新能力。

目前我国城市总体自主创新能力还较弱,城市竞争力与发达国家城市相比,存在较大差距。为顺应国际城市发展趋势,谋求新一轮国际竞争格局中的优势地位,我国各大城市实施构建创新型城市发展战略具有重要的现实意义。

### 2. 转变经济增长方式的有效途径

传统的数量型经济增长方式依靠高投入、高消耗推动经济增长。近年来城市面临着资源紧缺、环境污染严重等问题,这种消耗性增长方式已经不能满足我国城市发展的需要。它逐渐被质量型经济增长方式所取代,即通过技术进步和劳动力素质等因素推动经济增长。

---

① 陈玲、徐向农:《创新型城市创新系统的构建及运行机制分析》,《科技创业月刊》2009年第5期。

当前，构建创新型城市的核心是提高城市自主创新能力，利用自主技术成果调整投资结构，加大对信息产业的投资，正是走新型化工业道路的本质体现。城市依靠科学技术创新逐步使经济实现从要素驱动型增长向创新驱动型增长转变，让科技进步成为转变经济增长方式的重要途径。

3. 提升城市竞争力的永恒动力

城市竞争力是城市所特有的、难以被模仿的，与其他城市相比能够聚集更多生产要素、实现更优化的资源配置、创造更多社会财富的一种综合能力和素质。城市的可持续发展和持久竞争优势来源于其核心竞争能力，即城市含有的高技术及其社会高效率。

创新是获得高技术的源泉，城市加大对高科技产业的投入、完善技术创新的优惠政策等才能保持持续创新的行业核心技术。因此，构建创新型城市，加强和完善产业创新、制度创新、创新投入等措施是提升城市竞争力的永恒动力。[1]

## 第二节 国外创新型城市的理论与实践

### 一、国外创新型城市的理论研究

随着对创新研究的深入，创新型城市作为创新型国家的重要组成部分，受到学者们的日益关注。

从20世纪80年代初开始，国外学者开展了创新型城市的研究，比较有代表性的研究有：

(1) 比特·霍尔的"城市文明"。英国伦敦大学教授比特·霍尔在《城市文明：文化、科技和城市秩序》中，认为，那些有创新特质的城市往往"处于经济和社会的变迁中，大量的新事物不断涌现，融合并形成一种新的社会"。城市创新依赖于不同文化的交流融合、不同思想的碰撞激励、不同的人聚集交流，从而创造新事物，成为创新的源泉。

---

[1] 冯之浚：《知识经济与中国发展》，中共中央党校出版社1998年版。

(2) 兰德瑞的"创新型城市"。英国的查尔斯·兰德瑞是创新型城市研究的国际级权威。他提出创新型城市必须具备以下特点：开放的思想；具有独立个性；交通便利；城市生活富有弹性；高质量的人居环境；立足地方，面向全球。

创新型城市必须具备以下条件：高技能劳动力；激励、引导的规制；动态的思想家、创业者和实干家；独立人格的人；充分的智力基础设施；完善的内外通信联系；企业家文化等。

(3) 詹姆斯·西门的"创新型城市"。英国牛津大学的詹姆斯·西门等学者较系统地对欧洲创新型城市进行了实证研究。研究认为城市创新主要源于4个方面：一是典型的集聚经济的"内部范围效应"；二是同一部门的企业空间集聚；三是城市化经济与创新进程有很强的相关性；四是全球化效应。

创新型城市的成功主要依靠两种核心"城市资产"：一是高质量的知识劳动者；二是便利的基础设施和通信。

其他学者，在创新型城市的评价方面也进行了研究，如美国的理查德·佛罗里达教授开发了"创新力指数"来测算城市的创新程度。

国内学者对创新型城市理论的研究始于20世纪90年代末。许多专家学者从创新型城市的类型、城市创新的做法、城市创新的影响因素、城市创新的途径、城市创新的系统、城市创新系统与国家和区域创新系统的关系等方面开展了大量的研究。但总的来看，目前国内外对创新型城市理论的研究还不成熟。[①]

## 二、国外创新型城市建设的实践

20世纪80年代以来，欧美一些发达国家兴起了对国家创新体系和区域创新体系的理论与实证研究，英国罗伯特哈金斯协会（Robert Huggins Associates），还提出了评价全球主要城市的知识竞争力理论框架和模型，建立了评价区域和城市知识竞争力的指标体系，对全球主要区域知识竞争力进行综合评价。[②] 从国际的经验来看，创新型城市建设没有统一的规格，不同城市有不同的历史、文化背景，经济与科

---

[①] 刘好、王新玲：《创新型城市理论的历史渊源》，《管理观察》2008年第7期。

[②] Robert Huggins Associates. *World Knowledge Competitiveness Index* 2004. United Kingdom：Oakfield House，2004.

技的发展水平也不一样,应该有不同的创新特色和标准以及建设路径。美国的硅谷成为"创新谷"的成功经验对我们建设创新型城市有很好的借鉴意义。

美籍学者李钟文和威廉·米勒等人认为,硅谷的优势来自其整体的创新环境和创新、创业精神以及创新活力。在《硅谷优势——创新与创业精神的栖息地》① 一书中,李钟文和威廉·米勒等人指出了硅谷成功的10个特点:

(1) 良好的游戏规则,包括法律、法规、体制和管理。
(2) 知识密集,创意能够得到最快速度的传播。
(3) 流动的高质量劳动力。
(4) 以结果为导向的精英体制。在硅谷,才华与能力主宰一切。
(5) 鼓励冒险、容忍失败的氛围。
(6) 开放的商业环境和知识的分享。
(7) 产、学、研互动。
(8) 企业、政府与非营利机构之间的良好合作。
(9) 高质量的生活。
(10) 专业化的商业服务机构。

创新是不同主体和机构间复杂的相互作用的结果。技术变革并不以一个完美的线性方式出现,而是这一系统内各要素之间的反馈和相互作用的结果。这一系统的核心是企业,是企业组织生产和创新、获取外部知识的方式。这种外部知识主要是来源于企业、公共或私有的研究部门、大学和中介组织。

2005 年世界银行发表了一份《东亚创新型城市》的研究报告,② 提出了创新型城市的一系列标准:如拥有较强的研究、开发与创新能力;政府治理有效,服务高效;拥有优良的交通、电讯等基础设施和功能完善的城市中心区以及充足的经营、文化、媒体、体育及学术活动场所;拥有受教育程度较高的劳动力队伍;拥有多样化的、高质量的居住选择;切实重视环保;接纳各种文化的碰撞和融合等。

国际上许多城市成功地开展了创新型城市的建设实践。韩国大田、美国纽约、英国伦敦和芬兰赫尔辛基等城市通过整合创新能力、

---

① 李鹏程:《北京建设创新型城市的四要义》,《北京青年工作研究》2006 年第 2 期。
② 李其武:《国外构建创新型城市的实践及启示》,《前线》2006 年第 2 期。

选择适合自身发展的道路,提升了综合竞争力。

韩国大田是一个自然资源缺乏的小城市,20世纪70年代,通过科技创新带动了经济的发展,经济总额占到了韩国的20%。为了摆脱经济过分依赖加工型产业的状况,从根本上提升国家综合竞争力,韩国投入15亿美元在大田市建设大德科学城,并将韩国高等科学技术学院由首尔迁入大德科学城,使大德科学城获得了强劲的发展动力。大德科学城通过集聚人才和资金,科技成果直接面向企业,形成了总体规模现代、科研设施先进、人文精英荟萃的专业化科研基地。通过推动成果推广转化,形成了与产业密切结合的高科技企业孵化基地和IT产业集群,推动了大田市产业发展和区域经济发展。

美国纽约通过大力发展生产服务业,打造世界第一金融中心。为了适应知识经济发展的要求,纽约及时调整发展战略,积极建立适应知识经济要求的教育体制,依托世界金融中心优势,大力发展金融、保险、管理咨询等对人力资本及知识资本要求较高的生产服务业,通过知识来提高产业附加值,不断提升城市创新能力,打造创新型城市。

英国伦敦发布了《伦敦创新战略与行动计划(2003～2006年)》,建设"世界领先的知识经济",关注企业创新在建设创新型城市中的作用,在组织机构中全面培育创新文化,构建"知识天使"网络,组织有开发新产品、新工艺和新服务指导经验的人员,将创新产品、创新工艺和创新服务的理念提供给中小企业,并通过实施"青年展望项目"和"教学公司项目",加强人员与技术交流,推动知识和技术转移,促进高校与企业之间的合作,建立产学研结合的有效创新平台和运行机制。

芬兰赫尔辛基为了在全球竞争中获胜,与赫尔辛基技术大学共同设立了"创新型城市计划",在人才培养、城市规划、信息、能源、交通、废物处理等领域开展合作,计划通过伙伴之间的合作,激发城市的创造力和创新精神。

国外建设创新型城市的成功经验启示,实施自主创新战略,建设创新型城市是全社会共同参与、全方位体系联动的城市整体创新,需要一个循序渐进的发展过程,需要采取一系列多层次的政策措施和对策。[1]

---

[1] 戚湧:《创新型城市建设对策研究》,《科学学与科学技术管理创新型城市研讨会论文选》2006年11月15日。

## 第三节　我国创新型城市建设与管理的未来路径

### 一、构建创新型城市的评价指标体系

1. 创新型城市评价指标体系构建的原则

为了使所建立的评价指标体系能系统全面、客观准确地评价创新型城市建设进程和管理水平，并有助于及时发现创新型城市管理过程中存在的问题，为各级政府和有关部门制定创新型城市战略目标和发展计划并顺利实施提供参考，构建评价指标体系应遵循以下几条原则。

（1）系统性原则。创新型城市是一个复杂的社会经济系统，由创新投入、创新过程、创新环境以及创新产出等子系统综合构成，各子系统之间及子系统内部都应包括一系列相关指标。同时，系统性原则要求在设置指标时要充分考虑定性指标和定量指标相结合，静态指标与动态指标相结合，既考虑现实情况，同时关注发展性指标，并且这些指标又有内在联系，成为有机的整体。

（2）导向性原则。由于各个城市地理位置、资源禀赋、经济基础及科技水平等方面的差异，不同城市建设创新型城市所选的道路和发展战略必然存在区别。创新型城市评价指标体系应发挥引导功能，即引导各级政府和有关部门在创新型城市建设中注意那些容易忽略的方面、构成瓶颈效应的方面以及具有优势的方面，因此，在选取的指标中较多关注了对创新企业和产业、创新网络、创新成果转化、创新环境等方面的评价，以期对我国创新型城市建设发挥导向性作用。

（3）可操作性原则。可操作性原则要求：其一，要全面体现创新型城市的内涵，便于有的放矢，揭示创新型城市建设的进程与发展现状，以便有针对性地提出创新型城市建设的意见。其二，指标不宜过多，要删繁就简，简明易懂，有关数据易于获得，便于分析、评价和监测。同时，尽可能地减少各指标之间的相关程度，避免重复和交叉。其三，各项指标数字化，定量指标数据应保持其真实、可靠和有效，而定性指标应尽量通过专家间接赋值或测算予以转化为定量数据

(如等级)。①

(4) 可比性原则。这里所说的可比性原则包括两层含义：一是在指标体系中，选择参数的统计口径和范围要前后保持一致；二是指标应便于有关人员了解创新型城市建设的现状、变化趋势，比较创新型城市在不同时期的信息，从而全面、客观地评价过去、预测未来。此外，可比性原则要求评价指标体系还应便于与国内其他城市甚至国外城市之间的比较。②

2. 创新型城市评价指标体系构建

依据创新型城市评价指标体系设计的基本原则，以创新投入、创新过程、创新环境和创新产出4个方面为主要内容，可以提出一套综合评价指标体系。

(1) 创新投入。创新投入是创新型城市建设的前提和基础，是整个创新链条上的起点，可以分为财力投入和人力投入两个部分。全社会R&D经费投入占GDP的比重指标是目前国际上衡量创新投入最通用的指标。考虑到目前我国大部分城市研发投入的总比例较低，政府的直接投入能有效引导其他创新主体的投入，因此，加入了地方财政科技拨款占财政支出比重指标反映一定时期政府财政政策的倾斜度。

企业是创新的主体和主要源泉，是科技成果的主要应用者，一定程度的研发经费投入是提高企业创新能力和竞争力的保证，因此，选用了企业研发经费占销售收入比重指标反映企业对创新的重视程度以及企业的发展潜力。

人力资源不仅是知识和科学技术的载体，而且是保持创新活力的源泉所在，它直接决定了城市自主创新能力的强弱和创新型城市的实现程度。我们主要选取了每万人大专以上学历人员数、各类专业技术人员占总人口比重、科学家与工程师占科技活动人员比重这3个指标。

(2) 创新过程。创新过程是城市范围内政府（官）、企业（产）、大学（学）、研发机构（研）、中介服务机构（介）等创新主体之间以及创新主体与外部环境之间的相互适应、相互作用的互动过

---

① 张义梁：《国家自主创新能力评价指标体系研究》，《经济学家》2006年第6期。
② 王仁祥、邓平：《创新型城市评价指标体系的构建》，《工业技术经济》2008年第1期。

程。创新的这种互动过程包括两个方面的内容：

一方面是知识流动。知识流动是知识吸收的催化剂。美国的经验表明，产学研官介之间的合作能有效促进知识在创新网络中及时准确顺畅地溢出和技术的扩散，而科技服务中介在这一过程中发挥着极其重要的作用，中介机构通过把企业、科研机构、市场和政府联结成一个紧密的创新网络，使网络内企业与其他行为主体之间的联系更加紧密，使技术扩散的经济效益和产业带动效应得以实现，增强产业尤其是高新技术产业的创新辐射能力，从而提高城市的综合竞争实力。此外，外国直接投资也是实现高新技术国际转移的重要途径之一。因此，可以选取产学研合作的状况、科技服务中介服务水平和外国直接投资这3个指标来衡量知识的流动程度。

创新过程的另一个方面是知识吸收。原始性创新、集成创新和引进、消化、吸收再创新是目前世界科学技术发展的主流。作为发展中国家，自身的技术创新是技术追赶的主动力，但是引进的新技术可以作为催化剂促进本国的研发活动，对引进的新技术进行很好的消化、吸收，在消化吸收基础上再创新，才能在技术引进中提高自主创新能力，减少对外部的技术依赖。因此，我们选取了技术引进和消化吸收能力和技术创新频率这两个指标。

(3) 创新环境。创新环境是创新活动得以开展的基本保障，直接决定着城市创新的整体效率，同时对每个行为主体的工作效率产生很大影响，这种环境不但包括信息网络、科研条件等硬环境，而且还包括金融环境、对外开放程度、技术环境、法制环境等软环境。硬环境能有效地降低经济系统中活动开展的成本，提高效率，对于硬环境的衡量，本书选取了万人口互联网用户数，该指标具有概括性、代表性，且较易定量，反映了信息化对创新和经济发展的支持程度；选用了城市人均铺装道路面积来反映城市的基础设施状况。同时，考虑到自主创新对于知识的需求和图书馆作为知识传播的重要载体，还加上了每百人公共图书馆藏书量指标来进行综合衡量。[①]

创新型城市的硬环境在一定时期内的变化是有限度的，而金融环境、对外开放程度、技术环境、法制环境等软环境对城市创新产生直

---

① 隋广军、胡希：《企业自主技术创新环境研究——基于长三角与珠三角的评价》，《甘肃社会科学》2006年第5期。

接的决定性影响，软环境的改善能够弥补硬环境的缺陷并级数化放大硬环境的吸引力，最终成倍提高创新环境综合水平。

企业尤其是中小企业始终是促进自主创新、加快创新型城市建设的主力军。但我国城市的大多数中小企业缺乏创新能力、融资能力和成果转化能力，难以形成建设创新型城市的科技成果供给集群，造成了科技创新与产业创新的"短腿"现象。① 因此，选择企业融资难易度指数指标反映一个城市资本市场的发展状况和金融业服务质量。

在经济全球化背景下，提高经济发展的外向度，增强对国外资源占有和利用的能力，改善对外贸易水平是促进城市创新和经济发展的重要推动力量。

在技术环境方面，技术环境是城市创新和科技发展的基础，一个开放、公平、竞争、诚信有序的技术市场有助于实现生产要素的优化配置，推动科技创新活动的开展以及知识的溢出和技术的扩散。

而法制健全程度尤其是知识产权制度和政府的有关科技立法对于鼓励创新活动、提高城市创新潜力以及促进高新技术产业化等方面起着重要作用。

因此，在创新软环境方面除了选取企业融资难易度指数指标以外，还加入了年度城市进出口总额增长率、万人技术成果成交额、法制健全程度指数这 3 个指标。

（4）创新产出。创新产出是城市自主创新的结果，同时也是创新型城市建设所追求的目标，可以从科技成果、实现产业结构优化和经济增长方式转变以及促进城市可持续发展等 3 个方面予以评价。

科技成果是城市自主创新的直接结果，包括论文、专利等。论文是新知识的产生，是投入人力资源和财力资源进行 R&D 的结果，反映了一个城市创新主体的素质，且三大检索系统（SCI、EI 和 ISTP）收录的科技论文数是目前国内公认的测量科学研究的科学指标之一。而专利是发明人的重要智力劳动成果，对开发新产品、有效仿制、技术改造和专利申请等可提供技术信息，较接近创新的商业应用，且专

---

① 隋映辉、赵琨、丁海洋：《建设创新型城市面临的问题及政策建议》，《国际技术经济研究》2007 年第 7 期。

利数据能较全面地反映各地区的发明和创新信息。① 此外，国家级科技成果奖也是创新科技成果之一。基于以上理由，选用三大检索系统收录的科技论文数、每万人3种专利申请量和获国家级科技成果奖数这3个指标来衡量城市创新的科技成果。

创新实现产业结构优化和经济增长方式转变是科技成果产业化的结果，自主创新的科技成果只有经过商品化、市场化过程才能转化为直接的生产力。新产品销售收入占所有产品销售收入的比例直接反映了创新的经济效益，可以用于衡量创新的科技成果向直接的生产力以及经济转化的效率，而全员劳动生产率则反映了创新成果通过各种渠道转化为生产力。创新及创新科技成果的运用最终将促进产业结构的发展和变化，提高科技对城市经济发展的贡献率。因而，创新实现产业结构优化和经济增长方式转变层面以新产品销售收入占所有产品销售收入的比例、全员劳动生产率、第三产业增加值占 GDP 比重和科技进步贡献率等指标来衡量较为适合。

在创新促进城市可持续发展层面，遵循社会—人口—经济—资源—环境等可持续发展思想，从城市创新与资源利用及环境保护的关系角度来设定评价指标，因此，在指标设计时选用了人均 GDP、城镇登记失业率、万元 GDP 综合能耗和环境质量指数这4个指标。②

## 二、进行创新型城市建设与管理的具体对策

### 1. 大力培育有利于自主创新的先进城市文化

文化可以创造生产力、提高竞争力、增强吸引力、形成凝聚力。文化可以提高市民素质，有什么样素质的市民，就有什么样的城市。建设创新型城市，培育先进的创新文化是基础。

创新是人类最富激情和创造活力的实践活动，发展创新文化，培养人们深厚的思想力、活泼的想象力、灿烂奔放的创意能力和超越自我的进取心，才能为自主创新提供丰富的营养、高昂的激情、不竭的动力与不息的生命活力，使创新人才频现、创新思想迭出、创新观念

---

① 任胜钢、彭建华：《基于 DEA 模型的中部区域创新绩效评价与比较研究》，《求索》2006 年第 10 期。
② 王仁祥、邓平：《创新型城市评价指标体系的构建》，《工业技术经济》2008 年第 1 期。

不断、创新源泉涌流。所以，在创新型城市建设中必须大力培育以"创新"为价值取向的"自由平等、开放宽容、开拓进取、敢冒风险、求新求异、团结协作、胸怀宽广、尊重知识、尊尚创新、勇于创业"的先进城市文化，不断提升市民文明素质，使创新成为广大市民的生活方式、思维方式、工作方式和价值追求，形成激励创新、支持创新、宽容失败的浓厚创新氛围，进而化为城市上下、方方面面、各行各业协同一致的创新行动，共同推进创新型城市建设。

例如，作为我国首批沿海开放城市之一的温州市，在改革开放后获得了飞跃发展，创造出了"温州模式"，其经验固然很多，但最重要的一条就是它形成了"与时俱进、观念更新、不畏艰难、敢为人先、抢抓机遇、勤劳创业"的先进城市文化，使整个城市弥漫着自主创新的浓厚文化氛围，从而使它成为我国创新型城市的先导。①

2. 加强创新型城市建设的战略规划，形成特色与核心竞争力

创新型城市建设应该根据自身独特的历史、经济、文化、环境和地理特点与当地的实际，加强发展战略和总体规划研究，对城市科技资源进行深入的分析，摸清底数，充分挖掘城市在自然资源、地理位置和智力资源方面的优势，理清发展模式、创新增长方式，解决科技经济两张皮的问题，形成各具特色与优势的教育、科技与经济体系，促进科技与经济的紧密结合，增强城市的整体竞争力，并通过中心城市的极化——扩散效应，推动区域经济发展。要加强创新型城市建设的评价工作，构建科学的评价指标体系，把城市自主创新能力的提高作为地方政府绩效考核的重要内容，建立相应的制度保障。②

目前，随着创新型国家战略的实施，各地建设创新型城市的积极性很高，但建设的实际行动往往有些迟滞，在一些地方创新成为了一种时髦的口号和一种标签，这表明大力加强自主创新在城市和区域经济社会发展中的意义和重要性，已得到社会各界的普遍认同，但如何大力贯彻自主创新战略，进行创新型城市建设，加强城市的自主创新理论与实证研究，是城市政府和创新理论学术界当前必须认真思考的

---

① 马志强、朱佳佳、洪涛：《创新型城市建设对策探讨》，《经济师》2008年第12期。

② 中华人民共和国科学技术部专题研究组：《我国区域自主创新能力调研报告》，科学出版社2006年版。

一个问题。

3. 加强制度创新，完善城市政府公共行政管理与社会服务职能

新制度经济学认为，制度作为科学技术进而成为生产力发展的根本动因，对经济社会的发展起着决定性的作用。可以说，制度前进一小步，管理前进一大步。建设创新型城市，政府的公共行政管理体制和运行机制创新是关键，必须建立城市社会资源有效配置、经济有效运行的制度，设计和创新能够最大限度地发挥人的积极性和创新性进而提高社会整体创新能力的社会环境和制度安排。

政府要制定完善的激励政策，大力鼓励自主创新，加强知识产权的激励和保护，加强对外交流与合作，形成跨区域创新合作的机制和多元化、多渠道、高效率的科技投入机制。要通过深化改革，创新政府管理模式，强化服务职能，为实施自主创新战略、建设创新型城市营造良好环境、提供良好的制度保障。①

4. 建立以市场为导向、产业化为目标、企业为主体、官产学研金介紧密结合的城市技术创新体系

当前，企业研发投入少、研发能力不强、自主知识产权不多，已成为影响城市核心竞争力和发展后劲的重要因素。自主创新必须坚持为经济社会发展服务的战略取向，城市的发展应该走技术创新为主的道路，实现从城市制造向城市创新转变。

要明确城市自主创新的重要技术领域和重点企业，着力培育一批具有较强自主创新能力和国际竞争力的科技型企业，推动城市的高新技术产业化，形成城市在一定领域具有比较优势的产业规模性集聚，培育产业集群和经济增长极。

要大力扶持循环经济相关产业，为以减量化、再使用和再循环（3R）为原则的城市循环经济发展创造良好的条件。

要强化企业在城市技术创新体系中的主体地位，深入推进政府、企业、高校、科研机构、金融机构和社会中介服务机构之间的紧密结合，组建产学研技术联盟，推动优秀企业的技术外溢，提高城市产业整体水平，提高产学研合作的层次和深度。

建立一批企业的工程技术中心和技术研发中心，提高企业特别是

---

① 李永胜：《论创新型城市的含义、特征及其实现途径》，《天府新论》2008年第1期。

中小型企业以及高新技术企业的自主创新能力。在大力加强技术创新的同时，要不断将城市的知识创新、源头创新和集成创新以及对外引进消化吸收再创新推向深入。

5. 加强城市人力资源管理创新，形成有利于创新型人才脱颖而出的体制、机制和社会环境

人是城市创新的主体，人力资源是城市的第一资源。城市之间的竞争，本质上是创新型人才的竞争。一个城市如果没有大批高素质的创新型人才，就不可能在激烈的全球竞争中赢得主动和优势。创新型城市战略的实施，关键是要花大力气积聚大批具有较强自主创新能力的优秀人才，积极培养和造就一批创新型企业家和创新型技术专家，通过优化创业环境和改善生活环境，努力形成吸引创新型人才、留住创新型人才和发挥创新型人才作用的政策、环境和制度。

6. 建立城市多层次的自主创新支持系统和公共服务平台

我国科技资源非常短缺，城市的自主创新缺乏足够的基础条件支撑和保障。据有关部门统计，目前我国大型科研装备利用率只有25%，而发达国家达到170%～200%。针对目前城市自主创新资源短缺与科研装备浪费、共享不足现象并存的问题，必须大力加强城市多层次的自主创新支持系统和公共服务平台的建设，打破目前小而全的"小生产"模式，加强重大自主创新基础设施的前瞻性布局与合理规划，注重围绕解决关键技术问题的能力建设搭建公共自主创新平台，鼓励共建、共享创新基础平台，通过加强资源管理，有效整合城市的各类创新资源，加强城市科技资源的共享，解决自主创新资源短缺的矛盾。

另一方面，要加强城市生产力促进中心、技术产权交易所和资产评估、科技信息服务以及金融、财会等中介服务机构的整体规划与建设，形成比较完善的城市创新体系。[1]

7. 不同区域创新型城市的构建应有不同的发展模式和路径选择

尽管创新型城市建设的目标是一致的，但是，由于不同区域城市的自然资源、区位条件、人文历史背景、区域功能定位等方面存在的差异，因此，在构建创新型城市中应该有不同的发展模式与战

---

[1] 戚涌：《创新型城市建设对策研究》，《科学学与科学技术管理创新型城市研讨会论文选》2006年11月15日。

略选择，做到扬长避短，发挥比较优势，形成各具特色的发展道路。

具体来说，不同区域城市应该紧密结合自己的区位条件、自然环境与历史文化特点等，选择若干有优势的创新支撑点，充分发挥城市拥有的各种潜在优势，建设具有鲜明城市特色的创新网络体系，打造城市核心竞争力，提升城市创新力。

例如，地处西部内陆、作为周秦汉唐等十三朝古都的西安市，历史文化资源深厚，有丰富的文化珍宝，又有特色鲜明的民族文化和一定实力的现代文化，文化底蕴深厚，并且高等院校密集，科研机构众多，人才、智力资源丰富。因此，西安的创新型城市建设应该紧紧围绕科技、人才、文化产业创新这三大支点，构造自己的城市创新体系，尤其应该依托科技、人才、文化资源优势进行集成创新，做大做强西安的文化产业，把西安建成中国的文化产业中心。

再如，合肥市依托其拥有中国科技大学等高校48所，中科院合肥物理研究院等科研院所95所，拥有丰富的高层次人才资源和强劲的科技创新能力等科技优势，正在建设科技创新型城市，它走的是通过提升科技创新能力增强城市创新力的另一条路径。

## 第四节 城市数字化管理

### 一、城市数字化管理的内涵

数字化管理（Digital Management DM）是指利用计算机、通信、网络、人工智能等技术，量化管理对象与管理行为，实现计划、组织、指挥、协调、控制与创新等智能活动和管理方法的总称。城市数字化管理有两层基本含义：一是城市管理活动的实现是基于网络的，即城市的自然资源、知识资源、信息资源和财富可数字化；二是运用量化管理技术来解决城市的管理问题，即管理的可计算性。[①]

有人说，2000多年前，人们为了找水而聚集在一起，产生了水

---

[①] 周伟龙：《关于数字化城市管理若干问题的探讨》，《电脑与电信》2007年第12期。

稻；如今人们为了寻找信息而聚集在一起，出现了互联网。今后的趋势是什么，那就是数字化城市。据有关权威人士的说法，一个百万人口的城市，在其他投入不变的情况下，只要数字化水平达到"基本运用"的程度，GDP 就可以增加 2.5~3 倍，城市的形象和竞争力也将大幅提升。可以说，今后随着城市建设的日渐成熟，大规模建设必然退位，高效科学管理城市的重要性必然凸现，因此，数字化城市管理的重要性将越来越突出。

与此同时，有关专家认为，"数字化城市管理这辆车太大太沉"，它涉及到城市建设乃至地理信息系统等方方面面，就当前的情况而言，数字化城市管理的发展要想提速，使得城市管理真正取得实效，依然需要勇于突破发展瓶颈。①

## 二、当前我国实现数字化城市管理的障碍

当前，影响我国实现数字化城市管理的瓶颈主要有 6 个：

（1）资源整合问题。城市数字化是个超级系统，信息量巨大且出自众多部门，整合的任务极为繁重。即使整合起来，要方便应用也还有大量工作要做，这当中软件、设备、人才、服务等"一个不能少"。

（2）观念问题。其中，主管部门的观念是个大问题。如何摈弃老套的形式主义，如何让这些主管部门、主管人员具备从规划、技术、执行、监管、维护、推广等数字化城市建设流程中所需要的多方面知识、常识和标准？当然，不是苛求他们去全面地、细节的掌握这些新知识、新技术，而是起码要能让他们通过培训、考察等快捷的办法快速"洗脑"，具备数字化城市规划建设的新观念，具备鉴别优劣、客观审核、组织协调、统领指挥、科学监管数字化城市建设的新思想和新眼光。观念一日不更新，数字化就只能在褴褛中或是在口头上短暂绽放光芒。

（3）技术问题。并不是说我们缺少这种技术，而是在技术建设的过程中带来的人为干扰问题，尤其是在主管部门"不懂装懂"、"懂得太少、太表面"的情况下，那些负责数字化建设的机构或承建企业，往往就容易唯利是图，为了个人私利而去钻主管部门不懂技术

---

① 苏园园：《论数字化城市管理》，《信息技术与信息化》2007 年第 5 期。

的空子，不管是否实用、不管是否必要，完全不按数字化城市建设的流程出牌，而是什么工程利润大又易操作就推销什么，而往往这些在具体的建设中又不能充分地整合，而是相互脱节。

（4）资金问题。数字化城市建设最关键的是资金上的投入，一个系统的建设，需要不断的投入、改进、协调，整个系统需要很多部门的联动，因此，政府的投入和支持是决定性因素。

（5）监管问题。建设过程中缺乏科学有效的监管。

（6）基础的问题。数字化城市建设的前期基础工作没有做好，比如数据库，比如各部门的任务分工、组织协调，比如整体规划的细化、细节的执行。[1]

### 三、推进我国数字化城市管理的具体路径

简单来说，实现数字化城市管理重点做好6项工作：

（1）科学编制数字化城市管理工作实施方案，合理确定本区域实施数字化城市管理的构架模式、网络建设内容与方法步骤。

（2）完善城市管理数据库，高质量完成单元网络数据、城市管理部件数据、空间地理数据、地理编码数据以及业务数据、系统运行数据等数据的采集、分析、整理，建立完善的数字化城市管理系统平台和协同工作平台，并制定数字化城市管理部件与事件管理的工作标准。

（3）加快整合现有的电子政务、交通管理监控系统、城市管理监控系统、公用事业监控系统、市政公用12319系统、城市地理信息系统等管理资源，建立信息资源共享的网络系统。

（4）将数字化城市管理工作所需经费列入年度财政预算，逐步加大资金投入，安排好各项工作经费。

（5）围绕区域评价、部门评价、岗位评价等要素，构建完善的数字化城市管理综合监督考核评价体系。

（6）强化管理人员岗位培训和继续教育，全面提高城市管理队伍业务能力。[2]

---

[1] 石宇良：《信息化与数字化城市发展历程》，《北京城市学院学报》2008年第2期。
[2] 苏园园：《论数字化城市管理》，《信息技术与信息化》2007年第5期。

### 四、实现我国数字化城市管理的保障

1. 加快信息基础设施建设，实现资源共享

信息网络是城市信息化的基础设施，建设数字化城市就必须根据国家的统一规划要求，并结合本城市经济社会发展的实际状况，加快信息基础设施建设，为数字化城市的构筑提供具有相当规模、结构合理、高速宽带的数字化、网络化环境。

（1）要加快城市空间信息基础设施的建设和应用。由于空间信息资源是支撑数字化城市的重要基础，是数字化城市运转的能源，就应在制定地理空间信息标准规范的基础上，完善城市地理空间信息系统和遥感对地观测，建立城市的地理空间与信息交换网络体系，使基础地理空间信息资源数据库的网络互通互联，并加强信息资源的整合，实现城市地理空间信息的共享。

（2）建设高速、宽带多媒体基础网络。采用先进技术加快现有通信网络的改造和升级，建成宽带、高速、互通互联的基础网络，构筑以满足经济、社会发展以及国家安全需要的城市信息化基础设施平台，包括公共信息资源交换平台、公共应用平台、公共数据库交换中心、CA中心、数据网关和互通网关等系统，同时加快建立以政务信息、经济信息和科技信息为基础的公益型数据库和商用数据库体系，实现网络的宽带化、综合化和智能化。

（3）加强对城市信息基础设施建设的统筹规划与分步实施工作，并尽力引入竞争机制，在加快干线传输网建设的基础上，适时推进电信网、广播电视网和互联网的融合，实现网络资源的共享。

2. 利用网络技术将推动数字化城市的进程

显而易见，数字化城市的进程依赖于网络技术的发展。它需要建立一个能综合各种资源在内的应用平台。然而计算机网络经过长期的发展，不同的操作系统和应用程序以不同的格式在网络上存储大量的信息，一个网络管理员无法在一个集中的信息库中，以方便的方法管理网络信息和资源。用户必须使用不同的应用程序获取不同的信息和资源，这大大地增加了用户的负担，也使许多信息难以共享，从而在一定程度上制约了网络的发展，因而需要一种新的技术，能够以通用的格式实现信息的存储和共享，实现网络的共享。

在继 Internet 之后，出现了新的网络技术，它也被称作是"下一代 Internet"、"Intemet2"、"下一代 Web"。网络是借鉴电力网的概念提出的，网络的最终理想是希望使用网络时，就如同使用电力一样方便。我们在使用电力时，不需要知道它是从哪个地点的发电站输送出来的，也不需要知道该电力是通过什么样的发电机产生的。不管是水力发电，还是核反应发电，我们使用的是一种统一形式的电能。信息网络也希望给最终的使用者提供与地理位置无关、与计算设备无关的通用信息服务。

网络是把整个因特网整合成一台巨大的超级计算机，实现计算资源、存储资源、数据资源、信息资源、知识资源、专家资源的全面共享。网络的根本特征是实现资源的有效共享。在实现数字化城市要求的海量存储、空间与信息的共享、协调作业以及应用集成等功能。①

## 第五节 城市网络化管理

### 一、城市网络化管理的产生背景

网络化城市管理模式是在特定的背景下产生的，具体包括：

（1）我国传统的城市管理模式管理机构规模庞大、管理人员繁多、运营成本越来越高；

（2）管理空间划分不明确。城市管理在总体上应统一，但具体工作应有明确分工。传统城市管理模式缺乏统一调度，层次混乱，责职不清，面对不同的管理对象，或者是多龙治水，或者是无人问津，互相扯皮的现象经常发生；

（3）管理方式落后，过多地依赖突击管理和运动式管理，结果经常造成管了又乱，乱了再管的局面，浪费了行政资源，降低了管理效果；

（4）管理粗放，城市管理信息的获取和处理均显得被动和滞后，不能做到精确、高效、处理及时；

（5）对城市管理各职能部门的工作成效缺乏统一的评价标准及

---

① 郝力：《数字化城市管理新模式》，《地理信息世界》2008 年第 4 期。

合理的、可操作性强的强化机制，对各职能部门的制约和监督流于形式。

这些老大难问题依靠传统方法已无法解决，需要寻求新的方法模式，而网络化就成为一种较好的选择方式。①

### 二、城市网络化管理的内涵

网络化城市管理模式是一个新兴概念，人们对于它的认识不尽相同，比较有代表性的观点有几种：

一种观点认为，城市网络化管理是对资源的整合以及协同利用，它基于城市电子政务专网和城市基础地理信息系统，运用"3S"（RS、GIS、GPS）技术、地理编码技术和移动信息技术，以数字城市技术为依托，将信息化技术、协同工作模式应用到城市管理中，建设网络化城市管理平台，实现市、区、专业工作部门和网络监督员四级联动的管理模式和信息资源共享系统。

另一种观点认为，网络化城市管理模式就是采用万米单元网络管理法和城市部件管理法相结合的方式，应用、整合多项数字城市技术，研发"城管通"，创新信息实时采集传输的手段，创建城市管理监督中心和指挥中心两个轴心的管理体制，再造城市管理流程，从而实现精确、敏捷、高效、全时段、全方位覆盖的城市管理模式。

还有观点认为，网络化城市管理模式是以信息化为手段，综合集成各种管理服务资源，在特定的社区网络内，及时发现并综合解决各类问题，更好地满足群众需求和管理需要的一种创新模式和机制。

以上观点所处角度和概括方式各不相同，但在基本认识上是一致的。本书认为：城市网络化管理模式，是指综合应用计算机技术、无线网络技术、信息化技术等数字技术，通过建立城市管理信息系统和创建新的城市管理体制，采用"万米单元网络管理法"、"城市部件管理法"、"城市事件管理法"等新方法而形成的城市管理运行的新架构。它依托统一的城市管理数字化平台，将管理辖区按一定的标准划分成单元网格，通过加强对单元格中部件和事件的巡查，建立监督和处置相分离的主动发现、及时处置城市管理问题的一种方式。

---

① 姜爱林、任志儒：《网络化城市管理模式初探》，《中国市政工程》2007年第3期。

### 三、城市网络化管理的基本构成

#### 1. 万米单元网络管理法

万米单元网络管理法就是在城市管理中运用网络地图的思想，以1万平方米为基本单位，将城市划分成若干个网格状单元，由城市管理监督员对所分管的万米单元实施全时段监控，同时明确各级地域责任人为辖区城市管理责任人，从而对管理空间实现分层、分级、全区域管理的方法。

#### 2. 城市部件管理法

城市部件管理法，就是把物化的城市管理对象，作为城市部件进行管理，运用地理编码技术，将城市部件按照地理坐标定位到万米单元网络地图上，通过网络化城市管理信息平台对其进行分类管理的方法。这种方法———将城市管理内容具体化、数字化，使城市部件有序、精确定位。

#### 3. 城市事件管理法

事件是指人为或自然因素导致城市市容环境和环境秩序受到影响或破坏，需要市政管理部门处理并使之恢复正常的事情和行为的统称。事件大体分类包括：市容环境、宣传广告、施工管理、突发事件、街面秩序等。事件管理法则是指将上述各类事件纳入管理范围，并按照不同的事件明确责任单位和处置时限的管理方法。

#### 4. 无线数据采集

城市管理监督员使用相应功能的信息采集器——装有"城管通"软件的手持终端在所划分的区域内巡查，将城市部件和城市事件的相关信息报送到城市管理指挥监督中心，同时接受城市管理指挥监督中心和领导的工作派遣与调度。

无线数据采集系统通过移动传输网络和 LBS 系统、短信网关、GRPS 大客户平台相连接；手机终端用户通过移动 GPRS 网络以专用 APN 号接入 GRPS 大客户平台，连接至无线数据采集系统，进行各类数据传输（如：现场照片、地图数据浏览、录音信息、表单等），以及实现现场位置定位、短信收发、语音呼叫等功能。无线多媒体信息采集系统将采集的数据高速传输至数字化城市管理后台处理系统进行分析和协同处理。

### 5. 监督和管理的分离

网络化城市管理系统需要通过整合政府的城市管理职能，建立城市管理监控中心和指挥中心，形成城市管理体制中的"两个轴心"，将城市管理的"监督"职能和"管理"职能分开，各司其职、各负其责、相互制约。

城市管理监督中心的主要职能是负责城市管理监督与评价工作的专门机构，实现问题信息收集、问题处理结果监督及管理状况综合评价等功能。城市管理指挥中心的主要职能是主管城市综合管理和城市市政基础设施、公用事业、环境卫生、城市环境综合整治的工作部门，负责指挥和协调各专业部门、派遣问题处理任务、反馈问题处理结果。[①]

## 四、当前我国城市网络化管理存在的问题

### 1. 对网络化城市管理模式的认识和理解不够全面

网络化城市管理模式是新生事物，人们对它的认识还不够深入，或者存在这样或那样的偏差。有些人没有认识到信息化手段在当前及未来管理工作中的重要地位，认为推进网络化城市管理模式是超前行为；有些人对改革传统城市管理模式的紧迫性估计不足，认为网络化城市管理模式可有可无；有些人不顾实际情况，主张立即全面推广网络化城市管理模式；有些人将"网络化城市管理"简单地看作是按片划分责任人的"土办法"；有些人对网络化城市管理模式的理解仅停留在卫生管理和治安管理问题上，不清楚网络化城市管理模式能够带来的巨大作用。这些都是在思想认识上亟待破除的问题。

### 2. 推广使用的投入成本和转换成本还比较高

网络化城市管理模式是建立在数字技术和数字设备基础之上的，因此，在传统城市管理模式向新模式转换过程中，需要投入大量资金用于添置设备、调试系统、培训人员。另外，在传统管理模式向新模式的转换过程中，精简人员、淘汰设备都会带来一定的转换成本，两者相加是一笔不小的支出。

网络化城市管理模式推广虽然尚在起步阶段，但已经可以看出一

---

① 王爽：《城市网络化管理模式研究》，《软件导刊》2009 年第 3 期。

些苗头，一些中小城市为了跟风炒概念，已经扛起了网络化城市管理的大旗，然而我国的现实决定了现阶段并不是所有城市都适合推行网络化城市管理模式，如果不顾本地实际情况，一味追求硬件设施建设，很容易造成资源浪费。因此，这种倾向是值得警惕的。

3. 现有管理人员尚不适应网络化城市管理的需要

从技术层面上讲，网络化城市管理模式包含的技术工具运用、信息系统维护、技术规范制定等工作都需要具有一定经验技能的人员来完成，即使是聘请网络监督员，也要从使用"城管通"、移动POS机等基本业务入手加以培训；从抽象层面来讲，只有充分了解民主管理、反馈控制等现代管理思想，才能够透彻掌握网络化城市管理模式的内涵。因此，网络化城市管理模式的推进需要具有一定专业知识的人员与之配套，在当前情况下，整合人力资源，加强人员培训，是亟待解决的问题。

4. 缺乏统一专门的配套政策法规

现有的法律法规政策都是与传统城市管理模式相配套的，网络化城市管理模式作为一种新型的城市管理模式，与传统城市管理模式有先天的矛盾，因而在实行过程中难免会遇到这样或那样的问题，这就需要通过及时、有效的政策来修正问题，使这一模式不断走向成熟规范。

另外，网络化城市管理模式的推行是一种由上而下、由试点到全国的变革过程，要保证这一过程顺利进行，需要相关政策的支持，最明显的是在经费问题上，政府应从政策上明确推进网络化城市管理模式的经费来源和预算安排，保证专款专用、特事特办。

## 四、未来我国城市网络化管理的发展路径

1. 加强宣传，提高人们对新模式的全面认识

人们对新生事物的认识和接受都需要一定过程，网络化城市管理模式作为一种新生事物，也需要大力宣传才能够形成认识。因此，学术界、企业界、政府、媒体，都应该动员起来，通过会议、新闻、图书等多种形式，对推行网络化城市管理模式的必要性、网络化城市管理模式的基本原理和作用等广泛宣传，加强公众尤其是城市管理工作者对网络化城市管理模式的认识和理解。

## 2. 因地制宜，逐步推进网络化城市管理模式

网络化城市管理模式的建设和运行都处于探索阶段，经验有限，而我国基础设施相对薄弱、资金相对紧张的中小城市不在少数。如果一哄而上，在全国范围内一刀切似地全面推广，必然会有部分项目流于表面文章、政绩工程，造成极大的浪费。因此，应该先选择不同区域、不同类型、不同级别、有代表性的城市实施多元、多级的网络化城市管理模式示范工程。在基础理论、关键技术的应用与创新、建设与管理方案等方面做进一步探索，积累更丰富的经验。在总结试点经验的基础上，对发现的问题及时进行归纳总结，切实解决影响城市网络化管理成效的突出问题，从实际情况出发，分地区、分层次、分步骤地推广网络化城市管理模式，让人们了解网络化，让管理者掌握网络化。

## 3. 因势利导，积极发挥政府的引导推动作用

网络化城市管理模式是行政管理在城市管理领域的创新，因此，在推行、实施过程中免不了要打上政府行为的烙印。在当地基础条件适宜推广网络化城市管理模式的前提下，政府应当明确自己作为第一推动者的角色，由党政干部挂帅，抽调专门工作人员，落实部门领导责任，从推动城市良性发展、全面建设小康社会的高度出发，充分发挥引导作用，动员社会各界力量，积极倡导、推行网络化城市管理模式，将推行网络化城市管理模式列入重点工作计划，集中力量解决新模式推广中的难点问题，加大经费投入力度，做好经费预算安排，保证经费来源，加快政策制定和法规建设，从各个方面对与新模式相关的各类建设和研究给予鼓励和支持。

## 4. 互促互动，加强试点市、区之间的工作联系

加强试点城市（区）之间的横向联系，形成定期座谈机制，加大沟通力度，通过相互之间的学习与交流，降低信息获取成本，促进网络化城市管理模式理论研究与实践工作进一步深入。针对大城市，还应加强同一城市内部市级平台与区级平台之间的联系，避免区与区之间、区与市之间的相互封闭，甚至各自研发系统软件，搭建不同的平台，造成不必要的浪费，给从全市角度统一管理、整合资源带来困难。最好能够通过市区两级平台协调整合，实现全市统一筹划和功能优化组合，强化市级平台在全市范围内的领导和协调职能，使其行政资源得到更有效的发挥，强化区级平台的实际管理功能，推动管理属

地化。

**5. 尊重市场规律，积极发挥企业的重新主体作用**

网络化城市管理模式所需硬件涉及到的都是复杂高端的现代信息技术，对其研发需要投入大量的人力、物力、财力，因此，应总结推广北京市东城区和其他试点城市（区）成熟的信息技术，进行转让应用，积极发挥企业产品研发重新的主体作用，形成完整的产业链，避免各城市重复研发，造成资源、资金、时间浪费。

**6. 便民利民，切实提高网络化技术的实用性和易操作性**

网络化城市管理模式在建设过程中要注意提高技术手段的实用性和易操作性，争取实现"傻瓜化"操作。高精尖的技术是我们改进管理方式、提高管理水平的有力工具，但是，技术的使用者和受众不是科技工作者，而是广大的管理工作者和市民。因此，在网络化城市管理模式推广过程中，技术人员应多与用户沟通，充分考虑工具的实用性和易操作性，优化用户界面，降低操作难度，使其能够被普通人认可接受。这样做一方面可以缩短适应时间，提高技术使用者的热情，另一方面也可以降低人员培训成本。

# 第十七章 生态城市管理与宜居城市管理

世界已由20世纪的城市化世纪和工业文明世纪进入21世纪的城市世纪和生态文明世纪。据专家统计,1950年,全世界每百人中只有29人生活在城市,而现在世界上已有超过一半的人口居住在城市,预计到2050年,全球将有80%的人口生活在城市。随着城市化进程的加快,城市生态环境问题十分突出,热岛效应、温室气体排放、酸雨、大气和噪声污染等表明城市是全球环境问题最严重的区域。实践表明,建设生态城市,走可持续发展之路,是世界各国解决城市社会经济发展与生态环境保护冲突的最佳选择。[①]

人类从渔猎文明发展到农业文明,又从农业文明发展到工业文明,而现在正面临工业文明向一种新文明的转变,这种新文明被称之为生态文明。每一次文明更替都促进了社会大发展,同时引起人类住区结构和本质的深刻改变。人类社会从工业文明向生态文明的转变,昭示着人类住区将进入新的人类聚居模式——生态城市。

## 第一节 生态城市的内涵与模式

### 一、生态城市的内涵

"生态城市(ecoeity)"是在联合国教科文组织(UNESCO)发起的"人与生物圈(MAB)计划"研究过程中提出的,该计划提出要开展城市生态系统研究课题,内容涉及城市人类活动与城市气候、生

---

① 张庆彩、计秋枫:《国外生态城市建设的历程、特色和经验》,《未来与发展》2008年第8期。

物、代谢、迁移、空间、污染等。① 这一概念提出后，受到全球的关注，其内涵随着社会和科技的发展，不断得到充实和完善。

生态城市是在生态系统承载力范围内，运用生态经济学和系统工程方法改变传统经济建设和城市发展的模式，建立的是一个自然和谐、社会公平和经济高效的复合系统，是具有自身人文特色的、自然与人工系统相互协调、人与人之间和谐共处的理想人居环境。②

生态城市的科学内涵主要体现在以下 7 个方面：生态城市的"生态"，不是纯自然的生态，而是自然—社会—经济复合共生的城市生态系统；生态城市在空间上不再是"城市市"，而是"区域市"，是一种城乡空间的融合；③ 城市生态安全和卫生可靠、优质；城市产业实现生态化和高效益；城市交通、信息传递、物资供应等运转系统和管理系统快捷、高效；创造现代城市风貌，完善区域生态支持系统；发展高水准生态文化和高度的社会文明。

从生态城市的概念和内涵可以看出，生态城市是社会—经济—自然复合生态系统，是自然科学与社会科学的交叉，又是时间（历史）和空间（地理）的交叉。通过对城市的历史和现实情况的整体把握，通过生态整体规划设计实现社会—经济—自然复合系统的协调，既要能保证城市持续增长，更要保证城市发展的质量；既要满足城市发展对资源环境的需求，更要满足居民的基本需求。应做到环境清洁优美，生活健康舒适，人尽其才，物尽其用，地尽其利，人和自然协调发展，生态良性循环，达到人与自然的和谐与可持续发展。

## 二、国内外生态城市的发展模式

### （一）国外生态城市的发展模式

国外生态城市建设实践始于霍华德的花园城市，自此以后，一些国家相继进行了生态城市的实践，并取得了一定的成效。

---

① 王如松、周启星、胡聘：《城市生态调控方法》，气象出版社 2002 年版。
② 颜京松、王如松：《生态城市及城市生态建设内涵、目的和目标》，《现代城市研究》2004 年第 3 期。
③ 黄光宇、陈勇：《论城市生态化与生态城市》，《城市环境与城市生态》1999 年第 6 期。

1. 循环经济推动式

循环型生态城市是以循环经济为支撑的生态城市。在循环经济型生态城市建设中，以废弃物"零排放"为理想目标，其核心是建立新型生态工业循环体系。日本是较早提出建立循环型生态城市的国家。1997年日本通产省（现为经济产业省）提出了"生态城市"的规划，以"零排放"为目标，在全国范围内积极推广循环城市建设。到2001年6月，日本14个地区建立了循环型生态工业区，这些工业园区很多是集环保研究、环境技术开发、实验和产业化生产为一体的生态工业区。它们通过引进成熟的环保技术和企业，进行大规模再循环利用生产。通过全国范围生态工业园区的建设，日本逐步积累了整体社会达到"零排放"的技术和经验，为最终实现循环型生态城市和循环型社会奠定了良好基础。①

2. "零碳"模式

城市是人口和工业密集区，也是全球气候变暖的主要责任者。零碳城市是针对这种现状提出的一种缓解全球气候变暖的城市发展模式。②"零碳"并非真正的不排放，而是指通过采取各种环保措施抵消人类活动中排放的二氧化碳等温室气体，使城市在总体上不增加大气中的温室气体含量。世界上一些城市已经明确提出要建设零碳排放城市，并已经制定出具体的建设日程。如英国政府承诺到2012年在全国建立10个零碳生态城镇。

3. 公交引导式

公交引导的城市发展模式是将公共交通系统作为城市发展的骨架，引导城市沿公共交通干线有序扩张，避免城市空间摊大饼式的无序蔓延。同时，公共交通主导的发展模式有利于满足高密度用地开发下的出行需要，增强社区活力，有效控制和引导小汽车的发展，改善城市环境。如丹麦的哥本哈根利用公交引导城市发展，成功建立了方便快捷的城市交通系统。

4. 公众参与式

公众参与是国外生态城市建设取得成功的重要原因之一。澳大利

---

① 李海峰、李江华：《日本在循环社会和生态城市建设上的实践》，《自然资源学报》2003年第2期。

② 英发起：《"零碳城市"活动》，《中国环境报》2005年3月4日。

亚的怀阿拉市在生态城市的公众参与方面为其他城市树立了典范。如怀阿拉生态城市咨询项目的中标方在各种场合宣传怀阿拉的生态城市项目，频繁在怀阿拉中小学宣传怀阿拉生态城市项目的内容和意义，并开展由年轻一代参与的短故事竞赛，让他们想象怀阿拉市的未来生态城市图景，以便从中获知年轻人的需要，从而有利于进行生态城市的设计。巴西的库里蒂巴市让儿童在学校受到与环境有关的教育，而一般市民则在免费的环境大学接受与环境相关的教育。丹麦的生态城市项目包括建立绿色账户、生态市场交易日、吸引学生参与等内容。这些项目的开展为生态城市的设计和建设奠定了良好的基础。①

5. 社区驱动式

社区驱动是指社区的规划、设计、建设、管理和维护全过程都由社区居民参与，是一种社区自助性的开发方式。在可能的情况下，社区居民可以通过各种方式参与生态城市的建设。加拿大的哈里法斯市创立了"社区驱动"的一切程序，并在社区的设计、建设、管理等各个方面邀请社区居民参加，包括对生态城市的项目建设决策以及投资资源等都交由社区社团来进行投票和管理。社区还设有城市生态中心作为公共教育场所，公众在这里通过图书馆、展览、咨询、报告等方式可方便地知晓城市生态的有关知识，了解生态城市规划、设计和建设进展。这种广泛的和深度的公众参与使得生态城市建设获得了巨大的成功。

6. 项目推动式

项目推动式是指通过具体的建设项目作为突破口来推动生态城市建设。世界著名的德国弗莱堡生态城市就是建立在一系列别具特色的项目之上的。弗莱堡生态城市建设项目包括两个方面。其一，大气环境保护项目。依据交通污染占大气污染 80% 的调查结果，弗莱堡通过加强对于城市与周边地区之间的公共交通系统管理和鼓励自行车使用来进行环境保护，极大地减少了由交通发展而导致的环境污染。其二，能源利用的环境保护项目。通过节约能源、使用新型能源以及发展热电联合等三个方面来减少环境负担，提高城市生活质量。其中，在节约能源方面，通过提高能源价格以及分发节能灯等方式来减少居

---

① 侯爱敏、袁中金：《国外生态城市建设的成功经验》，《城市发展研究》2006 年第 3 期。

民的能源消耗。在开发新能源方面，利用对太阳能研究、开发和生产项目的资助以及建设"太阳能城市"等措施来推广新能源利用。此外还有城市垃圾处理项目等。每一个项目都具体明确并有系统的推进措施，保证了生态城市建设项目按科学经济与社会学的轨道稳步推进。①

7. 紧凑型发展模式

紧凑型发展模式就是采取混合使用和密集开发的策略，使人们的居住地更靠近工作地点和日常生活所必须的服务设施所在地的模式。紧凑型城市不仅包含地理的概念，更重要的是还包含城市内在的紧密关系以及时间、空间的概念，包括建筑物的高密度、城市的整体规划布局、每一个建筑群之间联系的紧密度和配套设施功能的完善等。②

国外提出的城市乡村模式是紧凑型城市的典型代表模式。城市乡村模式是一种紧凑的、功能混合的、适宜步行的邻里模式，是一种具有多元文化与自然特征的乡村小城镇式的社区模式。在城市乡村里，人的一切需求都可以在步行以及骑自行车范围内得到满足，紧凑型模式是针对目前无限扩张蔓延的郊区化城市发展模式所提出的一种理想城市发展模式。③

## （二）国内生态城市发展模式

我国生态城市建设实践始于20世纪80年代。最早正式提出建设生态城市口号的是江西省宜春市。自此以后，许多城市开始了生态城市建设的探索和实践。

1. 山水园林生态城市

山水园林生态城市要求城市建设不但要具备生态城市的特点和功能，还要有具有文化底蕴的园林，是园林与生态的有机结合体。山水园林生态城市具有自然生态和园林诗画的意境。还有一些城市提出建

---

① 杨乐平、张京祥：《重大事件项目对城市发展的影响》，《城市问题》2008年第2期。

② Isabel Maria Madaleno, Alberto Gurovich. "Urban versus rural" no longer matches reality: an early public agro-residential development in periurban Santiago. Chile. Cities, 2004年第6期。

③ 薛梅、董锁成、李宇国：《内外生态城市建设模式比较研究》，《城市问题》2009年第4期。

设"山水生态城市"或者"园林生态城市",其本质与山水园林城市是相同的。广州市提出用 20 年的时间,把广州建成"园林置于城中,城置于园林中"、经济实力雄厚、文化底蕴深厚、社会发展进步、人民生活富裕、人与自然高度和谐、生态环境优美、兼备岭南自然景观与人文景观及山水特色的山水园林生态城市。

2. 森林型生态城市

森林型生态城市是指城市建设过程中重视森林建设,通过提高城市森林覆盖率来实现美化环境、净化空气的目的。高的森林覆盖率是森林生态城市最显著的特征。我国明确提出建设森林型生态城市的是郑州市。郑州市计划依托郑州市地貌和主要地表构筑物,从大中小三个层次构建森林生态景观带,营造森林保护圈层和网络。郑州市提出,到 2013 年城市森林覆盖率330.6%,城市周边森林达到 100 万亩以上,人均公共绿地 310 平方米。

3. 滨海型生态城市

滨海型生态城市模式是具有特殊地理区位的城市如滨海城市、港口城市提出的。这些城市在生态城市建设过程中提出注重海洋资源和海洋环境的保护,城市建设充分彰显"山、海、岛、城"于一体的滨海特色,同时大力发展海洋特色经济,增强海洋经济的支撑能力,并以此为龙头带动城市经济的发展。我国的烟台市、天津市都提出要建设滨海型生态城市。

4. 阳光型生态城市

阳光型生态城市是指城市建设充分体现阳光型生态产业、生态文化和生态景观的特征,提出建设阳光型生态城市的城市通常具有日光资源充足、生态环境良好的优势。我国山东省日照市在城市建设过程中提出要依托日照市良好的生态资产(阳光—大海—金沙滩)、交通运输条件和丰富的土地资源,在生态系统可承载的能力范围内,通过技术创新、体制改革、产业转型和能力建设,发展以光合资源产业、物资集散产业、阳光型休闲产业、阳光型能源产业和海洋资源产业为主导的富裕、健康、文明的阳光型生态城市。

5. 节水型生态城市

节水型生态城市主要是针对一些地区在城市化进程中出现的水资源匮乏、水质污染和灾害性天气带来的城市供水安全问题所提出的生态城市建设模式。节水型生态城市在城市的建设过程中主要是依靠提高城市污水回用率,进行海水淡化以及雨水利用等手段来缓解城市水资源匮乏的现状。① 厦门市是我国第一个提出建设节水型生态城市的城市。为了缓解水资源的匮乏现状,厦门市在城市建设过程中通过利用其临海的区位优势,加大海水利用力度,实施雨水利用,结合再生水回收利用与引水水源流域的污染防治等措施来构建城市立体供水安全保障体系,用以解决城市供水安全问题,从而保障经济的快速发展与社会安全。

6. 旅游生态城市

旅游生态城市是针对目前我国旅游专业化城市粗放型的发展现状提出的一种生态城市建设模式。与其他生态城市模式相比,旅游生态城市在城市建设过程中注重与城市旅游功能密切结合,如注重对旅游资源的开发与保护以及城市环境建设,注重协调城市居住环境、城市环境与旅游环境之间的关系,通过旅游生态城市建设使城市生态系统、旅游系统、经济系统、社会系统处于相互协调、相互促进的动态平衡状态。我国广西的桂林市、山东的泰安市等都提出要建设旅游生态城市。②

另外,近些年国内的一些城市也已经开始进行循环型生态城市的实践。2002 年贵阳市被批准成为了我国第一个循环型社会示范城市。到目前为止,我国已经有很多城市提出要建设循环型生态城市。再者,紧凑型城市发展模式最近也开始在我国受到重视。③

### (三) 国外生态城市发展模式对我们的借鉴意义

总结国外生态城市发展模式和实践,其成功的经验主要体现在以下几个方面。

1. 具有可操作性目标是实现生态城市的前提

国外的生态城市建设都制定了明确的目标,并且有具体可行的项

---

① 文琦、刘彦随、延军平:《生态节水型城市评价指标体系研究》,《干旱区资源与环境》2007 年第 10 期。

② 杨美霞:《基于循环经济理论的专业化旅游生态城市建设——以张家界为例》,《资源环境与发展》2007 年第 1 期。

③ 李文婷等:《生态城市及其规划的研究进展与问题》,《上海师范大学学报》(自然科学版) 2007 年第 4 期。

目内容作支撑。这些目标实现的可能性非常强，都有突出的重点建设项目领域。例如被誉为全球"生态城市"建设样板的美国加州伯克利，它的生态城市建设实践就建立在一系列具体的行动项目之上，如建设慢行车道、恢复废弃河道、沿街种植果树、建造利用太阳能的绿色居所、通过能源利用条例来改善能源利用结构、优化配置公交线路、提倡以步代车、推迟并尽力阻止快车道的建设等等。这样清晰明确的目标既有利于公众的理解和积极参与，也便于职能部门主动组织规划并实施，保障了生态城市建设能够稳步地取得实质性的成果。

2. 公众参与是生态城市建设的重要环节

在国外成功的生态城市建设过程中，政府都尽可能鼓励广泛的公众参与，无论是规划方案的制订、建设项目的实施，还是后续的监督监控，都有具体的措施保证群众的广泛参与。倡导并落实一个城市成为生态城市的基础是对其市民进行环境教育，培养其环境责任感。美国生态学家雷吉斯特提出的生态城市建设的十项计划中，第一项就是普及与提高人们的生态意识。巴西的库里蒂巴市对此十分注重，儿童在学校受到与环境有关的教育，而一般市民则在免费环境大学接受与环境有关的教育。

并且，国外生态城市建设的管理者都主动与市民一起进行规划，有意与一些行动小组特别是与环境有关的小组合作，使他们在一些具体项目中成为合作伙伴；同时，又使他们保持自由，可以抨击当局的某些决策。这种做法，在很多城市收到了良好的效果。可以说，广泛的公众参与是国外生态城市建设得以成功的一个重要环节。

3. 完善的法律及管理体系是成功的重要保障

国外的生态城市目前均制定了完善的法律、政策和管理上的保障体系，确保生态城市建设得以顺利健康的发展。一些国家从国家层面到地方层面，都对生态城市建设的立法工作极为重视，通过立法，已经为生态城市建立了一套绿色（或生态）法律保障体系，包括绿色秩序制度、生态激励制度、绿色社会制度等。

另外，国外生态城市在管理体系方面也取得了丰富经验。例如，澳大利亚著名生态城市哈利法克斯近十年的建设，自始至终都是由著名的非营利机构——澳大利亚生态城市委员会组织实施。该机构具有丰富的专业知识、先进的理念和高超的组织能力，将政界、建筑、森林、采矿和能源的组织、自然保护组织，以及如南澳大利亚燃气公司等企业和遗产保护委员会等来自各方的力量都凝聚到生态城市的建设活动当中，保障生态城市规划和建设项目的顺利开展。

4. 突出的重点领域是生态城市建设的支撑点

国外生态城市建设的一个突出特点是其问题指向性，它往往不试图在城市中全面铺开地进行生态城市建设，而是面向问题、抓住重点、逐步推进，针对城市发展中面临的突出问题，如交通拥挤、地面硬化、垃圾污染等问题，集中力量促使一两个问题解决，并在解决问题的过程中积累经验、培养人才、教育公众、树立形象、凝聚人心，逐渐扩展到对其他问题的解决。①

## 第二节 我国生态城市管理的未来路径

### 一、我国生态城市发展面临的问题

生态城市毕竟是一个新生事物，人们在摸索管理生态城市的道路上势必会碰到许多问题，目前我国在生态城市发展中存在的问题主要有以下几点。

1. 经济和生态发展不协调

改革开放之初，我国将发展等同于经济增长。一些城市只注重了城市经济的增长，采取粗放型的经济增长方式，忽略了自然生态的发展，以牺牲城市自然生态环境为代价换取城市经济的"暂时繁荣"。20世纪90年代以来，人们逐渐认识到城市自然生态环境的重要性，开始加大对自然生态保护和恢复的投入，但先前长期的破坏对城市造成的影响已经严重制约着城市的健康发展。

2. 对生态的认识不足

20世纪90年代以后，充斥人们脑海的"生态"无非都是开发商和当权者为了自己的私利而炒作的概念，这些滥用的"生态"概念直接影响了人们对"生态城市"的理解，从思想上增加了生态城市

---

① 王青：《国外生态城市建设的模式、经验及启示》，《青岛科技大学学报》（社会科学版）2009年第1期。

建设的难度。

3. 城中村的问题没有得到妥善解决

城市化进程加快，但城中村的建设却没有引起社会足够的重视。由于城中村内部存在着不少问题，大多数城市改造都粗鲁地将其直接拆除从而消灭了其自身的活力，失去家园的农民工自然就会流浪街头，对城市安全构成潜在的威胁，这直接和"生态城市"的建设目标相背离。

4. 城市的生态环境较差

一是城市生态环境恶化。空气质量、水体质量、绿地面积、生物多样性等方面，都远远落后于发达国家城市水平。二是城市资源十分短缺。由于我国自然资源分布不均衡，突出表现为许多城市饮用水资源、矿产资源、天然气等自然资源十分短缺，已成为制约城市快速发展的重要因素。[①]

## 二、未来我国生态城市管理的具体方略

1. 生态城市管理的指导思想和目标

指导思想：以城市生态学和环境经济学为理论指导，以可持续发展为主题，以城市规划为蓝本，以环境保护为重点，以城市管理为手段，建立政府主导、市场推进、执法监督、公众参与的新机制，建设经济、社会、生态三者保持高度和谐的城市。目标：创建清洁、优美、安静的城市，全面实现可持续发展，建设高效的生态产业和人们的需求与愿望得到满足、和谐的生态文化与功能相整合的生态景观，实现自然、农业和人居环境的有机结合。[②]

2. 生态城市建设的具体措施

（1）转变思想，提高环保和生态意识。从不可持续发展思想向可持续发展思想转变。其内涵包括：从追求近期的直接经济效果转向追求长期的间接经济效果；从追求单一的经济高效率转向追求经济、生态合并的高效率。这是生态城市建设的思想基础。没有这个转变就不

---

[①] 吴岩、杨子夜：《生态城市建设存在的问题及对策》，《现代农业科技》2009年第5期。

[②] 张国明、卞延彬：《建设生态化可持续发展的中国城市》，《吉林建筑工程学院学报》2003年第4期。

可能有忧患意识、危机感和责任感。提高公众的生态意识，就是使人们认识到自己在自然中所处的位置和应负的环境责任，尊重历史文化，改变传统的消费方式，增强自我调节能力，维持城市生态系统的高质量运行。

(2) 加快理论研究，建立生态城市理念，制定生态城市指标体系。长期以来，城市建设的理论和政策都是重资源开发，以发展国民经济为主线兼顾市民的基本生活要求。因此，必须针对我国国情建立一套适用于生态城市建设的科学理论和指标体系。

其一，生态城市应采用整体的系统理论和方法全面系统地理解城市环境、经济、政治、社会和文化间的相互作用关系，政府应积极支持和组织环境经济学家和相关领域的专家学者探讨、研究，使环境经济学研究的领域扩大，发展成为包括"新财富理论"的多科学、多层次、多分支、交叉性综合性学科。

其二，生态城市建设的目标是多元化的，分解为人口、经济、社会、环境、生态目标、结构优化目标以及效率公平目标，这些目标又应按生态城市建设的阶段（初级、过渡、高级）分解为阶段性的目标，形成评价指标体系，用它在建设的各个阶段来衡量城市生态化速度与变化态势、能力和协调度，在生态城市评价指标体系的指导下来编制城市规划条例、城市建设条例和城市管理条例。

(3) 创建生态城市环境保护新机制。环境质量是生态城市建设的基础和条件。建立政府主导、市场推进、执法监督、公众参与的环境保护新机制是生态城市建设的保障。

政府应成为生态城市建设的主导力量，应加大力度，有效引导，规定、维护、激励整个社会保护和建设生态环境的行为：一是加强生态环境保护监督队伍的建设，完善体系，加强力量，提高人员素质和敬业精神；二是强调城市政府在生态环境保护的社会行为中的地位和责任，制定和实施生态城市建设的相关政策。

市场推进就是环境保护引入价值观念，建立和推广市场机制。明确人与自然的关系、企业与自然的关系，配合宣传教育提高公众和企业的环保意识和契约意识，以达到遏止环境滥用，促进公众和企业认识环境的使用价值、自然的生态价值和生命支持功能，降低资源消耗和减少污染的目的。

公众参与就是需要群众性参与的生态文明创建活动。公众是城市的生产者、建设者、消费者、保护者。因此，生态城市建设应鼓励尽可能广泛的公众参与，无论从规划方案的制订、实际的建设推进过程，还是后续的监督监控，都应有具体的措施保证群众的广泛参与。

（4）把握关键环节——生态城市建设规划。生态城市总体规划应全面地从城市的经济、社会、生态环境各方面进行综合研究。以人为本制定战略性的、能指导和控制生态城市建设与发展的蓝图与计划。生态城市总体规划应把生态建设、生态恢复、生态平衡作为强制性内容。生态城市规划除了常规内容外，还应重点考虑以下问题：

一是建设生态城市首先应确定城市人口承载力，人口承载力不是指城市最大容量，而是指在满足人们健康发育及生态良性循环的前提下人口的最大限量；

二是城市的产业结构决定了城市的职能和性质以及城市的基本活动方向、内容、形式及空间分布；

三是提高资源合理利用效率，加快资源开发及再生利用的研究和推广，在城市区域内建立高效和谐的物流、能源供应网，实现物流的"闭路再循环"，重新确定"废物"的价值，减少污染产生。

（5）重视城市间、区域间的合作。城市和区域是密不可分的。城市是区域的核心，区域是城市的基础。两者相互依存、互相促进。城市及区域间不断地在进行着物质、能量、信息的交换。生态城市的建设特别要强调城市间、区域间的分工协作、协调发展。①

## 第三节 宜居城市的内涵与构成要素

### 一、宜居城市的内涵

目前，学界对宜居性和宜居城市并没有统一的定义，但是，对宜居城市的定义大多包含自然环境、城市形态和市民生活等方面。加拿大大温哥华区制定的"Cities PLUS"远期规划对城市宜居性的定义是：宜居性是指一个城市系统能够为其所有市民带来生理、心理和社会等方面的福利和个人发展机会。适宜的城市空间能够为市民提供丰

---

① 李莉等：《我国生态城市建设的关键和对策》，《环境科学导刊》2009年第1期。

富的精神文化财富。宜居性的重要原则是公平、尊严、可达性、欢畅、参与和权利保障。①

P. Evans 对城市宜居性的定义包括两个方面：生存和生态可持续性。生存意味着良好的居住条件，离住地不远的工作，适当的收入以及为实现健康生活的公共设施和服务。但生存必须是生态可持续性的，它不能导致环境的退化，否则就会降低市民的生活质量。所以，宜居城市必须将生存和可持续性两者结合起来，在保护生态环境的前提下，实现所有市民的生存需求。②

D. Hahlweg 以自身为主体，设想出一个宜居城市：在宜居城市中，能健康地生活，能方便地出行——步行、骑车、坐公交，或是自己开车。宜居城市是为所有人而不只是为富人修建的，它应该安全、有魅力。尤其重要的是，宜居城市能够为老人和儿童提供绿地让他们玩耍和相互交流。总之，宜居城市是所有人共享的城市。③

E. Salzano 对宜居城市的定义是：宜居城市连接起历史与未来。宜居城市尊重历史的足迹，能够保护留存下来的场所、建筑和城市布局，同时，它也尊重我们的后代。在宜居城市中，所有自然资源都能够得到充分的利用，以保证城市可持续发展，因此宜居城市也是可持续城市。宜居城市能够为社区及其市民提供物质和社会两方面的福利，并促进市民不断发展。在宜居城市中，公共空间是社区和社会生活的中心。宜居城市是一个从市中心延绵至郊外住宅区的网络——在这个网络中，人行道和自行车道将所有的活动场所和社会生活联系起来。④

Timothy D. Berg 回顾了众多学者推动纽约建设宜居城市的相关研究。他创造了宜居城市运动（The City Livable Movement）这一概念以概括这些学者的思想。他指出，宜居城市运动的核心思想就是重塑城

---

① Cities plus. *A Sustainable Urban System: The Long-term Plan for Greater Vancouver*, http://www.wd.gc.ca/ced/wuf/liv-able/defaulte.asp, 2003.

② P. Evans. *Livable Cities? Urban Struggles for Livelihood and Sus-tainability*. California, USA: University of California PressLtd, 2002.

③ D. Hahlweg. "*Seven Aims for the Livable City*" in Lennard. Making Cities Liv-able, International Making Cities Livable Conferences. California. USA: Gondolier Press, 1997.

④ E. Salzano. "*Seven Aims for the Livable City*" in Lennard. Making Cities Livable, International Making Cities Livable Conferences. California. USA: Gondolier Press, 1997.

市环境,在城市形态上,要建设适合行人的道路和街区,恢复过去的城市肌理;在城市功能上,要实现城市的工作、居住、零售等综合职能;应增强城市的多样性,使其变得更适宜一般市民的居住。①

此外,还有学者并没有直接定义宜居城市,而是从目标、原则等角度来描绘宜居城市。H. L. Lennard 提出了9个宜居城市的标准,分别是:

(1) 在宜居城市中,市民能够感受到彼此的存在,而不是相互隔绝;

(2) 市民能够面对面地交流;

(3) 有许多活动和庆典将市民聚集起来,每个市民都以普通人的身份参与其中;

(4) 市民感到安全;

(5) 公共空间能够作为相互学习的地方,每个市民都能成为别人的师长和楷模;

(6) 城市应当具备经济、社会和文化等多方面的功能,不能有所偏废;

(7) 市民彼此尊重;

(8) 城市环境具有美感;

(9) 市民意见得到尊重,市民能够参与到城市发展的过程中。②

结合国外学者的相关研究,立足中国的现实国情,本书认为,宜居城市是指经济、社会、文化、环境协调发展,人居环境良好,能够满足居民物质和精神生活需求,适宜人类工作、生活和居住的城市。宜居城市有广义和狭义之分:狭义的宜居城市是指气候条件宜人、生态景观和谐、人工环境优美、治安环境良好、适宜居住的城市,这里的"宜居"仅仅指适宜居住;广义的宜居城市则是指人文环境与自然环境协调,经济持续繁荣,社会和谐稳定,文化氛围浓郁,设施舒适齐备,适于人类工作、生活和居住的城市,这里的"宜居"不仅是指适宜居住,还包括适宜就业、出行及教育、医疗、文化资源充足

---

① Timothy D. Berg. *Reshaping Gotham: The City Livable Movementand the Redevelopment of New York City*. 1961~1998, Purdue University Graduate School, 1999.

② H. L. Lennard. "*Principles for the Livable City*" in Lennard. Making Cities Livable, International Making Cities Livable Conferences. California, USA: Gondolier Press, 1997.

等内容。

宜居城市有宏观、中观、微观3个层面的含义。从宏观层面来看，宜居城市应该具备良好的城市大环境，包括自然生态环境、社会人文环境、人工建筑设施环境在内，是一个复杂的巨系统；从中观层面来看，宜居城市应该具备规划设计合理、生活设施齐备、环境优美、和谐亲切的社区环境；从微观层面来看，宜居城市应该具备单体建筑内部良好的居室环境，包括居住面积适宜、房屋结构合理、卫生设施先进，以及良好的通风、采光、隔音等功效。在国内宜居城市建设实践中，对宜居城市的概念应采取广义的理解，注重宜居城市宏观层面和中观层面问题的研究与解决。①

## 二、宜居城市的构成要素

综合分析国内外学者对宜居城市的观点，本书认为城市宜居性的构成要素主要包括以下6个方面：

### 1. 安全要素

安全是人的需求层次中除了基础生理需求之外的首选。目前城市的物质生活水平使绝大部分城市居民已无需过多地关注基础生理需要，安全成为现代社会中人们关注的焦点问题。维护公共安全是城市社会、经济、文化、环境协调发展的基础，是居民安居乐业的必要条件和创造宜居环境的保证。因此，宜居城市需要有完善的预防与应急处理机制和有效控制危机的能力，可以将自然灾害和人为灾害等突发公共事件造成的损失减少到最低程度，使居住在这个城市的居民有较高的安全感。

### 2. 生态环境要素

城市宜居继而体现在环境宜居上。城市化进程中产生的空气质量恶化、水源安全性降低、环境退化等环境问题使公众对良好环境的追求更为迫切。宜居城市应该拥有良好的自然生态环境和人工建筑环境，实现二者的相互协调和有机融合，从而创造出怡人的城市景观，满足居民生理和心理舒适的需求。

### 3. 历史文化要素

在宜居城市里，政治清明、政局稳定、社会风气良好、公众有归

---

① 李丽萍、郭宝华：《关于宜居城市的理论探讨》，《城市发展研究》2006年第2期。

属感,并且为身为城市的一分子感到骄傲。城市能够接纳外来种族、文化和事物,但不盲目改变自身的文化特色,社会各阶层相处融洽,城市历史文脉与城市社区有机融合,这一切都是城市宜居性的体现。所以,社会文化要素是城市宜居性的基础要素之一。在宜居城市建设过程中必须维护城市文脉的延续性以传承历史、延续文明,兼收并蓄,营造高品位的文化环境。

4. 经济要素

经济要素是宜居城市建设的物质基础。只有经济得到发展,才能解决城市贫困、环境污染、就业不足等一系列城市问题,从而为城市发展提供强有力的物质支持,促进城市人居软环境的改善。同时,一个城市的宜居性应该是可持续的、不断发展的,能够保证居民的物质生活和精神生活水平不断地提高,为居民及其子孙后代营造一个良好的居住、生活和工作的环境。而持续发展的动力和前提是城市经济的可持续发展。所以,要使一个城市宜居,城市的经济系统应该运转良好,在取得明显效益的同时又不会危及城市的生态环境和社会环境,可以为将来的发展预留足够的能动空间。

5. 交通、通信要素

城市的宜居性还体现在其便利程度上。城市生活便利度最明显的体现就是交通、通信的便捷程度。同时,现代化城市基础设施不仅包括完善的生产性基础设施,也包括完善的生活性基础设施,以及以"数字城市"工程为标志的城市信息化基础设施,它是宜居城市的"数字基础",在资讯高度发展的今天,其地位日益重要。

6. 人文要素

宜居城市对居民素质也提出了很高的要求。居民素质涉及公众的道德素养、文化程度、精神面貌等各个方面。

宜居的城市应该是一个学习型的城市,公众各阶层不断学习、进步,形成健康向上的社会氛围。同时,宜居城市是一个社会运行有序、财富分配公正、治安状况良好、居民安居乐业的城市,应该使每一个居住在该城市的居民能够维持最基本的生活水平。所以,一个宜居城市必须建立、健全包括社会保险、社会救济、社会福利、优抚安置和社会互助等在内的多层次社会保障体系。宜居城市的建设涉及城市建设的每一个具体的细节,不是单独考虑几个简单的要素就能够做到的。一切和城市建设相关的要素都要被包容到这个体系中来。宜居城市的6大组成要素并不是孤立存在的，它们相互交织、相互影响，构成了宜居城市建设的核心理念。宜居城市是以人为本、充满人文关怀的城市，在此基本原则上实现人与经济、人与社会、人与文化、人与环境在城市内的和谐共生，以及城市经济、社会、文化和环境的协调发展。①

## 第四节 宜居城市的发展规律

### 一、宜居城市是城市发展到后工业化阶段的产物

城市发展是一个经济与社会共同发展的过程，具有阶段性。在城市发展的初级阶段，城市的功能主要是为城市居民的生存提供最基本的物质保障。受经济条件的制约，这个阶段的城市居住环境相对较差。

进入中期阶段，城市的生产性功能更加突出，重工业得到快速发展，而重工业由于能源和物耗高、环境污染严重，使得城市居住环境恶化。同时，农村剩余劳动力不断涌入城市，城市失业人口增加、基础设施不足、住房紧张、治安下降等问题，加剧了城市人居环境的恶化。

进入高级阶段，城市的服务功能逐渐突出，高新技术产业和现代服务业逐步占据主导地位，城市经济增长方式逐渐走向集约化，人居环境不断优化，最终实现宜居城市的发展目标。

在城市经济发展过程中，城市的社会意识也不断发生变化。在初、中级阶段"征服自然"的意识占主导地位，人们不惜一切代价发展经济，对城市生态环境、贫富差距、文化保护等不够重视。到高级阶段"人与自然的和谐发展"成为主流社会意识，人们开始重视这些问题，也有一定的经济基础去解决这些问题，宜居城市建设成为人们关注的焦点。

---

① 游志远、董晓峰、王莉：《宜居城市的构成要素和发展模式分析》，《城市》2007年第12期。

## 二、宜居城市是城市社会、经济、环境协调发展的结果

宜居城市包括社会、经济、环境等多方面的内涵，只有城市经济、社会、环境协调发展，才能推动城市和谐社会的创建，确保宜居城市建设目标的实现。和谐社会具有层次性，其核心层是人与人之间关系的和谐，其保证层是城市的社会、经济、环境协调发展。城市协调发展包括3层含义：

（1）经济与环境的协调发展。它要求城市在发展模式和战略选择上要考虑城市资源的约束力和环境的承载力，城市经济增长注重资源有序利用和环境保护，着力发展高新技术产业和现代服务业，以确保城市资源永续利用和生态环境质量，实现城市的可持续发展。

（2）社会与环境的协调发展。它要求城市人口增长和社会生活方式的选择要考虑城市资源的约束和环境的承载力，保持适度的人口增长，提倡资源节约和环境保护型的生活方式。

（3）经济与社会的协调发展。它要求在经济发展的基础上，实现社会的全面进步，增进全体居民的社会福利。一方面，通过增加城市科学技术、文化教育、公共卫生和医疗等方面的投入，来创造稳定的城市社会环境和舒适的生活环境，使人与人之间和谐共处，实现居民安居乐业和社会的全面进步。另一方面，通过完善教育培训体系、就业服务网络、社会保障制度及公共支出制度，为城市经济发展创造稳定的社会环境，促进经济进一步繁荣。

## 三、宜居城市是在城乡统筹和区域协调发展过程中形成的

统筹城乡发展的实质，就是通过提高郊区城市化和工业化水平，促进城乡二元化经济结构向现代社会经济结构的转变，从根本上化解城市发展中的资源制约矛盾，有效扩大城市承载能力，最终实现城乡一体化。城乡统筹发展主要包括以下几项内容：

（1）统筹市区与郊区的规划和建设，市区重点提高现代化水平，郊区重点提高城市化水平，从而实现市区和郊区的功能互补、产业互补、协调发展。

（2）统筹新城建设与旧城改造，郊区应加强新城、卫星城和中心镇的建设，培育一批功能完善、结构合理、优势突出、集聚效应明显的反磁力中心，吸引中心城市的产业与人口向郊区转移，加快旧城改造，促进中心城与郊区及周边地区的协调发展。

（3）统筹市区与郊区的产业发展，加快郊区工业化和城市化进程，扩大郊区经济总量，以产业集聚带动人口集聚和城镇发展，市区重点发展高新技术产业和现代服务业，郊区重点发展现代制造业及休闲、观光、旅游业。

（4）统筹市区与郊区教育、就业、人口流动、社会保障制度的发展与管理，减少社会安全隐患，为城市发展提供一个稳定的社会环境。

发挥城市的比较优势，加强区域内各城市之间的合作，有利于宜居城市的建设。产业合作，可以将原料耗费大、缺乏成本优势的产业适时转移给其他城市，加强现代制造业和高新技术产业的分工与合作，避免城市间的重复建设。市场合作，建立区域统一市场，整合土地、资本、人才、技术等要素市场，积极开发和共享文化、旅游、信息等战略优势资源，形成整体竞争优势，避免城市之间的恶性竞争。基础设施和环境整治合作，通过基础设施的统一规划和建设，实现区域交通一体化和其他公共设施的共享，通过环境整治的统一规划，实现跨地区环境问题的有效治理。

## 四、宜居城市建设需要市场和政府的双重导向

随着城市居民生活水平的提高，人们对从住宅、社区到城市各个层面的高质量生活环境产生了很大的需求。他们不再仅满足于有房子住，更重视社区环境的生态化、安全性、舒适性、便捷性和邻里关系的和谐性，以及城市宏观环境的宜人性等。在供求机制下，各种经济要素和资源开始向与宜居城市建设有关的行业转移，房地产开发商开始注重生态型住宅的设计和良好社区人居环境的创建，以满足居民的高层次生活需求。由于市场存在缺陷，政府又是城市发展与管理的主体，所以，宜居城市建设还需政府的导向作用。上级政府主要通过政策工具，实施宏观调控，协调区域关系和城乡关系，协调城市化和工业化战略，协调城市经济、社会和环境发展目标，从而对宜居城市建设产生影响。当地政府对宜居城市建设的作用更加直接：

(1) 通过制定城市发展战略、城市规划和政策法规,确保城市的正常运行;

(2) 干预资源要素的空间流动,形成合理的产业结构和城市地域结构;

(3) 向公众提供公共产品和公共服务,优化投资环境和生活居住环境;

(4) 改革投融资体制,完善城市基础设施,解决城市交通和住房等问题;

(5) 完善社会保障制度和收入分配制度,解决城市失业和贫困等问题;

(6) 建立城市自然灾害和突发性社会事件的应急系统,提供安全的城市生活环境;

(7) 加强城市废物处理能力,改善城市生态环境;

(8) 保护城市文化古迹,塑造浓郁文化氛围。[①]

## 第五节 宜居城市管理主要环节

### 一、宜居城市管理的起始环节——构建宜居城市的评价指标体系

不同的学者与评价机构采用的评价方法和指标不完全相同,宜居城市的评价结果会有很大的差异。因此,针对宜居城市评价与评价指标体系的建立,也尚未形成统一的意见,仍处于探索发展阶段。

1. 与居住环境结合的宜居评价指标体系

WHO 提出了安全性(safety)、健康性(health)、便利性(convenience)、舒适性(amenity)的居住环境基本理念,成为宜居城市评价的重要依据。Asami 进一步完善并提出了安全性、健康性、便利性、舒适性、可持续性(sustainability)等 5 大指标,由此建立了评价体系。张文忠等从城市的安全性、环境的健康性、生活的方便性、

---

① 李丽萍、郭宝华:《关于宜居城市的理论探讨》,《城市发展研究》2006 年第 2 期。

出行的便利性、居住的舒适性等 5 个方面评价了北京宜居水平，实证表明是一套可行的指标体系。① 住房与城乡建设部的中国人居环境奖和人居环境范例奖也提出了人居环境的定量指标和定性指标。

2. 与城市设计结合的宜居评价指标体系

也有许多学者从城市设计的角度探讨了评价城市环境"宜人性"的标准。凯文·林奇提出了 5 项"执行尺度"作为城市"宜人性"评价标准。哈米德·席瓦尼（Hamid Shirvani）总结了城市设计专业对城市宜人性的评价标准，提出一套"新"的综合标准：易接近性、和谐一致、视景、可识别性、感觉、适于居住性。《美国城市文化》曾对"城市宜人性"问题列出了 23 个项目对全球 16 个城市进行打分评比，吴良镛把这些评价要素归纳为良好的自然条件、良好的人工环境、丰富的文化传统及设施 3 类。②

3. 与经济、社会、文化等综合要素结合的宜居评价指标体系

国际上针对全球宜居城市排名的研究机构也提出了宜居城市评价指标体系，以英国经济学家智囊团（Economist Intelligent Unit，简称 EIU）和美国 Money 杂志最为权威。EIU 的全球城市宜居性评价指标体系（2004 年）包括了健康与安全、文化与环境、基础设施 3 组 12 个指标。③ Money 的 "Annual Awards of Best Places to Live in USA" 分为财务状况、住房、教育水平、社会质量、文化娱乐设施、气候状况等 6 大指标 20 个分指标。④ 德国某杂志提出了须拥有国际机场、低犯罪率、社会容忍度高、好的城市规划等当选"世界宜居城市"的 11 个基本准则。⑤

国内有学者从城市环境系统的角度，建立了经济发展度、社会和谐度、文化丰厚度、生活便捷度、景观怡人度、公共安全度 6 个一级

---

① 张文忠：《城市内部居住环境评价的指标体系和方法》，《地理科学》2007 年第 1 期。

② 田银生、陶伟：《城市环境的"宜人性"创造》，《清华大学学报》（自然科学版）2000 年第 1 期。

③ Peter Evans. *Political Strategies for more livable cities*: *lessons from six cases of development and political transition*, City Review, June 2001.

④ George Lipton. *Livable cities? The politics of urban livelihood and sustainability*. The Built Environment, 2000.

⑤ 盖明：《世界宜居城市排行榜揭晓，亚洲仅有三城市上榜》，《北京晚报》2007 年 1 月 22 日。

指标的宜居城市判别标准体系。①《商务周刊》与零点研究咨询集团开展了一系列年度的中国宜居城市指数的调查研究。《宜居城市科学评价标准》的提出，进一步引发了更多学者的关注。从评价效果来看，有学者指出不同的评价机构采用的评价方法和指标不完全相同，宜居城市的评价结果也会有很大的差异。但同一机构进行评价，也容易出现难以置信的结果。②

4. 与规划相结合的评价指标体系

从规划的角度，宜居性的评价指标体系在大温哥华地区得到尝试，其《宜居区域战略规划》提出了检验地区宜居性的4大项指标：③

（1）保护绿色区域指标，包括绿地面积、农地保护面积；

（2）建设完整社区指标，包括全部和新建的数量和所占比例、城市和区域范围的市镇中心内的办公房屋面积的比例；

（3）紧凑大都市区指标，包括增长集中区和整个温哥华地区的每年人口增长比例对比；

（4）增加交通机会指标，包括每户交通工具拥有量、使用公共交通工具人数、运输容量的增长总数。

《大温哥华地区100年远景规划》则进一步提出了宜居城市关键性原则：公平、尊严、易接近性、欢愉性、参与性和权力赋予性。④

## 二、宜居城市管理的核心环节——科学确立宜居城市管理的关键点

（1）因地制宜地拟定城市宜居性建设的总体定位和阶段目标，科学合理地逐步推进。宜居城市建设的总体定位要符合城市自身发展的实际情况，不要盲目跟风、求新求远。

（2）以人为本，注重公众参与。市民既是宜居城市的建设者，又

---

① 李丽萍、郭宝华：《关于宜居城市的理论探讨》，《城市发展研究》2006年第2期。
② 楚建群、董黎明：《创造良好的城市宜居环境》，《北京规划建设》2007年第1期。
③ GVRD. Annual Report: *Livable Region Strategic Plan*, Vancouver, Canada: GVRD, 2002.
④ 李业锦等：《宜居城市的理论基础和评价研究进展》，《地理科学进展》2008年第3期。

是宜居城市的管理者和维护者。公众参与体现了城市的文明程度、教育水平、居民素质以及城市管理者的组织能力。在城市规划设计过程中可尝试应用参与式规划、倡导性规划、适应性城市设计等新型的规划设计方法，建设大众的宜居城市。

（3）以生态城市建设为突破口，实现自然环境与人工环境的有机融合与协调发展，创造健康、优美、和谐的城市人居环境。

（4）积极引入弹性城市规划和管治模式，适时调整城市基础设施建设及城市空间布局，以有效管理不确定性、应对紧急事件和适应日趋激烈的变化状况。

（5）寻求高效、良性运行的经济发展模式，为宜居城市的永续发展提供长效支持。城市经济从粗放型转向集约型增长，降低能耗，综合利用各类资源，发展循环经济。

（6）立足本土、保护历史文化遗产，兼容并蓄、发展新时期城市特色文化，为人居环境注入个性化的精神内涵。

## 三、宜居城市管理的理想目标——构建集安全、生态、网络、文化为一体的综合型城市

城市的发展似乎并不存在某种终极形态，从底比斯到巴比伦，从君士坦丁堡到圣迭戈，那些备受人们称赞的城市给居民提供了最佳的生活体验。根据不同的实际情况，城市可以选择发展自身特色，扬长避短，以获取理想的发展速度和效果。本书认为，作为未来城市的主流形态，宜居城市将是一种集安全城市、生态城市、网络城市、文化城市等特点于一身的综合型城市。

1. 安全城市

在安全城市里，生态环境、经济和社会、医疗健康、资源供给以及相关的各方面得以维持一种动态稳定与平衡协调的状态，能够及时有效地应对自然灾害、社会异常变动和突发事件干扰。安全城市能给市民提供多方面全方位的安全保障——城市生态环境安全、城市食品安全、城市社会安全、城市生产安全、城市经济安全等，使生活在其中的人们拥有安全感和归属感。

2. 生态城市

"如果城市就业和住房发展等规划和管理政策的实施都是以牺牲

城市环境为代价的话，它只会使城市及其周边区域的环境不断退化，城市宜居性的问题无法得到根本的解决"。于是，人们开始寻求一种既符合城市发展的实际需要，又满足人们亲近自然的心理要求的城市发展模式——城市的生态化、自然化。优美宜人的生态环境是宜居城市追求的目标之一，宜居城市应该是人与自然和谐共处的生态城市。

生态城市是社会和谐、经济高效、生态良性循环的人类聚居的地方，其实质是实现人与人、人与自然的和谐，倡导生态价值观、生态伦理观和自觉的生态意识，建立自觉保护环境、促进人类自身发展的机制；生态城市空间结构布局合理、基础设施完善、生态建筑广泛应用、人造环境与自然环境融合、城市景观优美。

### 3. 网络城市

随着科学技术的发展，人们的生活形态在逐渐发生改变。信息网络的出现和普及给人们带来了更为便利的工作、学习、购物和交流的途径。信息网络已成为城市的重要基础设施，也是人们衡量生活、工作、生产等是否便利的标准之一。宜居城市的信息网络高度发达，城市内部的交通通信网络、对外联系网络等都是完善、高效的。

从广义上讲，网络城市应该包括有形网络和无形网络两个方面，一方面是物质空间的基础设施即有形的网络框架；另一方面是虚拟空间，信息高速公路等通信基础设施即隐形设施的网络框架。二者综合即形成了基于快速通道网（基础设施＋通信设施）的宜居城市大框架。在网络城市中，全面信息化的网络可以打破时空限制，使城市居民的工作、教育、生活、娱乐更为高效和多样化。网络城市是在信息文明时代形成的城市空间结构的重组，也是宜居城市建设的追求目标之一。

### 4. 文化城市

宜居城市没有固定的模式，不能搞千城一面，每个宜居城市都会有自己的个性特点。21世纪的城市竞争，不再只是经济、科技的竞争，更是文化的、人文特色的竞争。独具个性特色的城市因其凝聚着地域文化传统的精华而具有强劲的竞争力，其发展才会有动力和后劲，才有可能朝着宜居城市的方向发展。"宜居城市是连接过去和未来的枢纽，是保存历史标记（遗址、建筑和纪念物）的地方……"。

宜居城市的个性是地域文化的缩影，这种个性因包含值得人类尊重和捍卫的普遍价值而成为人类共同享有的文化遗产，它不只属于一个城市所有，而是属于全世界。宜居城市的文化特色满足了人类日益增长的个性心理需求，给生活中的人们带来领域感、归属感、认同感和自豪感。同时，宜居城市的文化特色绝不是摈弃外来文化和拒绝外来事物的自我崇拜，它包含的是多元化、兼容并蓄的文化理念，外来人口在感受到城市浓郁文化特色的同时，更能够感觉到这种文化所拥有的博大胸怀。

一个城市的长久魅力并不在于它的新建筑和摩天大楼，而在于它是否具备文化底蕴。这种底蕴不是一朝一夕形成的，也不是急功近利可以打造的，而是用短至百年、长则千年的时间，在人文素质培养和城市文化氛围锻造的基础上逐渐积淀而成的。在连续发展与变化的历史长河中，每个城市都会孕育和发展出独特的历史传统、建筑风格、风土民俗、文化氛围等，而这一切都会反映在城市的文化中。宜居城市建设不是要破坏这些文化，而是要保持其完整性并在此基础上不断创新，不断丰富，完善原有的文化内涵，最终达到文化城市的目标。①

---

① 游志远、董晓峰、王莉：《宜居城市的构成要素和发展模式分析》，《城市》2007年第12期。

# 第十八章　城市外交管理[1]

英国学者欧内斯特·萨道义曾指出："外交是运用智力和机智处理各独立国家的政府之间的官方关系，有时也推广到独立国家和附属国家之间的关系。"我国学者鲁毅认为："外交是以主权国家为主体，通过正式代表国家的机构与人员的官方行为，使用交涉、谈判和其他和平方式对外行使主权，以处理国家关系和参与国际事务，是一国维护本国利益及实施其对外政策的重要手段。"可见，国际关系中涉及到的外交界定大多被认为是以主权国家政府为主体的官方对外活动。

然而在国际相互依存的关系中，国家关系已呈现出多层次拓展的趋势。原本属于国家的权力通过向上和向下移交权力，将之前与国际关系无缘的地方行为者——次国家政府推向了国际政治舞台。从20世纪60年代中期开始，各国的次国家政府逐渐涉及对外事务。在外国设立代表处或办事处、签定国际协定、建立友好城市、少数国家的次国家政府还是重要国际组织的成员。

## 第一节　城市外交的产生及其内涵界定

随着全球化的不断深入，作为主要的次国家政府的城市成为跨国公司、非政府组织、网络信息的中心。在"高级政治"方面，国家的主权原则仍是国际关系中的基本准则。但是在经济、社会、文化等"低级政治"方面，城市正在承接主权国家下放的更多权力自主地开展国际交往，城市外交开始显示其雏形并将逐步完备其形式。

在参与经济全球化的过程中，城市是一个地区竞争中的核心区，

---

[1] 杨勇：《论广州城市外交》，《云南行政学院学报》2008年第1期；徐琨琳：《回顾国内外城市外交理论研究成果》，《才智》2008年第21期。

城市当局管辖着一个区域内的公共事务，同时又是当地居民的利益的代表，因此，城市的行政管理体制须与国际接轨，在与外界交流学习的过程中，丰富和增进当地的各种利益。另一方面，全球化的负面影响也不容忽视，全球性问题如环境污染、人口爆炸、资源短缺等，这些昔日个别城市出现的问题，现在已成为各国城市面临的公害。城市发展不再是个别国家的问题，而是全球共同面对的问题。

换言之，从21世纪开始，城市作为经济发展的节点，正在经历自身结构与环境的重大转变。地方政府不断调整经济发展目标和方向，充实自身实力；另一方面，通过制定不同的国际交往战略，塑造着自身的特色与竞争优势。20世纪90年代中后期，随着我国市场经济体制的逐步建立，各地纷纷制定了结合自身特点的发展战略，区域研究日益兴起。与此同时，中央政府部分"下放"权力，地方经济日趋繁荣，各地地方政府的对外交往也得到了蓬勃发展，地方经济外交、友好城市交往等理论纷纷涌现，地方政府对外交往研究逐渐兴起。

城市的确在行动，例如在经济方面，城市当局的经济职能越来越受到来自地方利益集团的重视，强调在对外交往过程中争取和实现自己的利益。城市当局也认识到，一方面中央政府无法全力以赴地服务各地的国际利益，另一方面，它们相互之间在吸引外资方面存在着激烈的竞争关系。它们通过各种双边或多边的协商、签订协议等形式，使城市间的经济合作得到确认和制度化，以便充分利用全球化所蕴含的宝贵机遇，同时规避国际化所带来的种种经济挑战。例如：我国黑龙江省与俄罗斯的远东地区有着长达3000多公里的边境线。利用这一地缘优势，黑河市在1988年率先开通与对岸布拉格维申斯克市的一日游活动。目前周边已有15对口岸城市互相开通一日游活动。对俄贸易也由此掀开了一个新的时期，绥芬河、黑河等昔日鲜为人知的边陲小镇，现在变成了令人瞩目的新兴城市。

在社会文化事务方面，是各地城市开展国际交往加强影响推动互信的重要领域。例如日本福冈市与首都东京先后于2006年提出申请主办2016年奥运会。与财大气粗并且有中央政府的支持的东京相比，作为地方政府的福冈市有着自己的申办特色。在该市申奥推进委员会的主要官员专门与中、韩驻日记者举行座谈中，他们强调要创办一届具有21世纪特色的"福冈模式"奥运会。福冈市申奥计划制作总指挥、建筑家矶崎新表示，至今举办夏季奥运会的城市基本都选择在各主办国的首都。到 2008 年，东亚主要国家的首都东京、首尔和北京就都相继主办过奥运会。因此，21 世纪的新一轮奥运会不应再局限于首都城市，而要强调"地方都市特色"。矶崎新指出，福冈的申奥理念注重"亚洲意识"，因此希望得到中国、韩国等亚洲国家的大力支援。① 可见，当今外交的舞台上，越来越多地出现了城市等次国家政府的身影，他们在中央政府难以发挥作用的领域中起着越来越大的作用，日益成为国家主体外交不可忽视的一支重要力量。

外国学者 Rogier vanderPluijm 将城市外交定义为"城市或者本地政府在国际政治舞台上以代表它们本身以及它们利益为目标与其他行为体互动的过程与制度。"该学者将城市外交定义为一种专业的、实用的不断改变现今外交过程的外交活动，认为城市外交是代表着城市的最大利益。国际城市联盟和地方政府的工作会议报告中将城市外交定义为"是用于地方政府及其他联合以帮助在冲突和战争中的地方政府通过具体的可操作的城市间合作，目的是便于市民可以生活在和平、民主和繁荣的稳定的环境中。"此界定着眼于国际政治中的冲突与战争，强调城市间的合作，带有明显的高级政治意味，和主流的对城市外交的理解不同。

国内人民对外友好协会会长陈昊苏在其《民间外交论》中用民间外交的角度重新解读城市外交，认为"它是一种半官方外交，相对于纯民间外交而言，它带有官方色彩；而相对于由中央政府推行的官方外交而言，它又带有接近民间的非官方色彩"。

此外，龚铁鹰提出的"城市外交"颇具有新意。他认为，由于城市不同于民族国家，在国际关系中它们不是主权型国际行为体，而且，由于城市中的跨国公司和非政府组织常常把城市政府作为影响该国中央政府政策的中介、推动地区对外交往的中介，因此，城市外交也具有从属性、中介性等特点。城市外交主要有 3 种形式：一是国际友好城市；二是城市间国际组织；三是各国城市对外直接交往，如对外经济交往、与国际组织合作、对外文化交流、在海外设立常驻代表处、虚拟空间的交流等。这种城市的直接对外交往，不仅仅是着眼于为城市获取利益，对国家的总体外交也有影响。总而言之，城市外交

---

① 《人民日报》（海外版）1997 年 11 月 25 日。

的作用是：配合国家的总体外交；关注并参与全球问题的治理；促进地方的经济与社会发展。①

## 第二节 当前我国城市外交发展面临的问题

跨入新世纪，我国城市的对外交往活动已经广泛地在城市之间、企业之间、个人之间展开，国际化已深入人民的生活当中，对外交往取得了蓬勃发展。但是，随着国内国外的发展，我国城市的对外交往活动也面临着一些新的挑战，尽管这些挑战的成因不尽相同，但能否应付这些挑战，对我国各级地方政府能否保持对外交往的良好发展势头，至关重要。

### 一、缺乏宪法依据

宪法是一个国家生存和发展的基石。根据我国宪法，国家处理对外事务的所有权力都归属于中央人民政府，地方政府的权力仅限于"管理本行政区划内的经济、教育、文化、科学、卫生、体育事业……"，但目前我国地方政府出现了众多的对外事务活动，地方政府不仅要管理"本行政区划内"上述事务，而且还要管理上述事务中的对外事务部分，而我国的现行宪法丝毫未能体现这一方面的内容，这无疑是城市的对外交往面对的来自宪政意义上的难题。

目前，我国地方政府处理对外事务只能按照党和国家的对外政策，这些政策条文成为地方贯彻中央领导的依据。随着地方政府对外交往的发展，我国应将这些对外政策中的成熟经验上升到法律高度，在我国的宪法中得以体现，这应该是走以法治国之路的一项重要内容。

### 二、中央政府支持力度的问题

当今发达国家依靠其"次国家政府"积极开展对外战略，这一趋势已十分明显。在我国，中央政府同样意识到发挥本国地方政府在对外事务方面的有益作用，但从整体而言还需要进一步提高。

---

① 龚铁鹰：《国际关系视野中的城市——地位、功能及政治走向》，《世界经济与政治》2004年第8期。

我国外交在当今时代必须借助中央和地方的所有资源，并尽最大努力发挥民间外交的积极作用，通过"官民并举"的方针，加强我国地方政府与国外次国家政府一级的影响力，为我国与西方国家建立长期稳定的政治经济关系打下更加坚实的地方基础。同时，这一努力还将削弱以至消除台湾当局在西方次国家政府一级的影响，包括由它培植的民间亲台势力，为祖国早日统一创造更加良好的国际环境。

### 三、对地方政府自身的挑战

目前，从我国中央政府到各级地方政府职能的转变还远没有结束，从各地从事对外经济贸易、对外交流的各个部门来看，基本情况是：人员减少，机构兼并，预算受制。在这种新形势下，地方政府如何改变自己的角色，在转变职能上提高自己的能力成为当务之急。如在对外联系上，可由直接参与者、主导者，转变为推动者、组织者和协助者，可大力发挥公司、学校、民间团体等非政府部门的积极性。这项工作将具有重要意义。

当前，鉴于非政府部门尚处于发展阶段，它们的国际行为能力还有待进一步提高，地方政府一方面将在地方发展国际交往中继续发挥中心作用，另一方面是政府职能转变应该开始付诸行动，如提高地方政府对外事务的办事效率、为非政府组织开展对外交流创造良好活动环境，积极培植非政府部门的自主性国际行为能力等方面都应该行动起来。

目前，我国正处于快速发展时期，对外开放呈现多元化发展的态势。在这一整体态势下，需要重视城市对外交往，通过扩大交往增进城市的国际利益，拓展和优化城市可持续发展的国际空间，更有效地解决地方管理中存在的问题。这也将会推动国际关系朝着多元化参与、国际公共事务共同治理的方向发生新的变化。

## 第三节 未来我国城市外交管理的策略

### 一、强化中央和地方政府对外交往的意识

我国中央集权历史久远，增强中央和地方政府对外交往的意识是

当前迫切需要重视的工作。现今国际关系虽然保持着以各国中央政府为单位进行的传统，但是城市成为国际关系的重要影响者、推动者和参与者，这种现象越来越普遍。许多在过去看来只能由中央政府处理的对外公共事务，现在通过中央授权或者在中央默许下开始可以在地方上进行，于是，城市对外交往呈逐渐增多的态势。

多个层级的地方真正行动起来，可以为地方社会经济发展注入新的活力，有助于在国际关系框架下，形成多元化的合作交流网络，增加国际关系的弹性和发展渠道，进一步密切国际间的关系，造福本国人民。

## 二、成立我国地方政府国际化关系协会，专门负责推动我国城市国际化的发展

这方面，日本和韩国的经验值得借鉴。日韩两国都是国际化程度比较高的国家，不仅国家对外交往广泛，而且地方对外交往也比较频繁。目前，两国均成立了专门负责推动城市走向国际化的机构，日本称作自治体国际化协会，韩国称为地方政府国际化协会。这两个协会在推动本国各地方走向国际化方面发挥了重要的作用。

我国虽然成立了中国人民对外友好协会，对外友协在促进地方政府建立与外国地方政府间关系方面，的确发挥了十分积极的作用，但是由于对外友协的功能具有多元化的特点，在城市对外关系发展方面存在着比较大的局限性。如果成立独立的城市国际化协会，或者在原来对外友协所属的中国国际城市友好联合会的基础上组建城市国际合作与交流联合会，它将集中为我国包括城市政府国际化提供指导和服务，其宗旨将会更加明确，工作也更具有专业性，服务的成效也将会更高。

## 三、促进跨国地方关系朝多角化、网络化演变

城市之间的交流，不仅仅在一对一的基础上进行，还可以在两个以上城市间进行交流，甚至把两个以上的城市间的交流发展为多极的、多国城市之间的相互交流。发展城市间多角化、网络化关系，可以使我国地方政府广泛接触其他国家的一些地方政府，传播本地方经济社会发展的相关信息，及时了解他国地方的相关情况，寻找合作的

共同基础，促进多元化关系的形成，获得多样化的交流成果。

### 四、建立多领域合作的广泛基础

城市是与各国广大公众密切相关的中层或基层政权机关，因此，开展城市对外交往应当建立在与公众息息相关的领域，这包括保障居民有良好生活条件的规划、环境管理、消防和医疗急救等方面，还包括信息情报、学术研究、技术开发、新闻出版、教育等软性事业。以多领域为基础构建城市间关系，可以深化彼此之间的交流与合作，不断强化彼此关系。①

---

① 杨勇：《论广州城市外交》，《云南行政学院学报》2008年第1期；徐琨琳：《回顾国内外城市外交理论研究成果》，《才智》2008年第21期。

# 第十九章 现代城市管理的最终目标：和谐城市

## 第一节 和谐城市的内涵及其评价指标体系[①]

### 一、和谐城市的内涵

和谐城市，指城市系统中的各个部分、各种要素处于相互协调的状态，整个城市处在良性运行和协调发展中。系统论认为，城市是以人为中心、以自然环境和公共设施为依托、以经济活动为基础的、复杂的社会系统。整个城市包括经济、自然环境、公共设施、社会4个大的子系统。根据和谐城市的概念，只有这4个子系统互相配合、协调发展，城市才能达到和谐。

### 二、我国和谐城市的评价指标体系

构建和谐城市评估指标体系，首先要对构成城市的各个子系统进行深入、细致的分析，探究各子系统与城市和谐整体的关系，然后找出影响城市和谐的关键因素，最后构建出系统、科学的指标体系。

1. 经济子系统：经济发展与生活质量

经济发展是城市和谐的基础。原因如下：

（1）人类历史反复证明，经济落后就会导致生活资料匮乏，匮乏就会导致人与人之间为了争取生活资料进行斗争，斗争就会导致社会动荡不安，一个连稳定的秩序都难以维持的城市，是无法奢谈和

---

① 赵景华、李代民：《和谐城市评估指标体系构建》，《中国行政管理》2007年第12期。

谐的。

（2）只有经济发展，才能为和谐城市建设提供必要的物质基础。建设和谐城市，就要消灭贫困、增加就业、健全社会保障、增加文化科普设施、完善公共卫生体系、提高环保水平等，而这些都需要城市以雄厚的财力加以支撑。

（3）发展必须是在科学发展观指导下的坚持以人为本，全面、协调、可持续的发展。传统的城市发展模式，在带来经济增长的同时，也造成了诸如经济结构不合理、效益低下、自主创新能力差、环境污染与资源消耗严重、居民收入差距过大等一系列问题。这些问题正是建设和谐城市需要解决的重要问题。因此，建设和谐城市，必须坚持科学发展观的指导。

在经济发展的同时，还要注重提高城市居民的生活质量。以前，在"先生产，后生活"的指导思想下，我国城市建设过于片面重视工业和经济的发展，忽视了城市基础设施建设和人民生活质量的提高。城市的发展要以人为本，经济发展最终要落实到城市居民生活质量的提高上。

在以上分析的基础上，我们选取人均GDP、人均消费支出、恩格尔系数、人均生活用电、人均住宅使用面积等作为衡量城市经济发展和生活质量的指标。

2. 设施子系统：基础设施与公共服务

我国城市设施建设在突飞猛进、取得巨大成绩的同时，仍然存在大量的历史欠账与现实不足，严重地影响了城市的和谐运行，突出表现在以下几个方面。

（1）基础设施。城市公共卫生基础设施建设滞后，垃圾处理措施建设不能满足日益增长的需要。2006年，全国49%的城市生活垃圾没有经过科学处理，直接或简易处理后填埋堆放，成为威胁居民健康的隐患。

排水和污水处理能力不强。目前全国城市污水处理率仅有45.6%。经济发达的广东省污水处理率只有30%，饮用水源地水质达标率只有67.8%；而兰州污水管网普及率只有12.2%。

交通问题突出。交通拥堵已成为我国各城市尤其是大中城市比较突出的问题。目前我国城市道路设施水平与实际需要有较大的差距，公共交通建设滞后，私人交通工具迅猛增长，交通结构严重失衡。拥堵的交通给城市居民生活带来极大的不便，而且交通拥堵引发的交通噪声和振动、严重排放的汽车尾气，对城市环境质量和居民身心健康极为不利。

（2）公共服务。城市公共服务的不足已成为社会关注的焦点，其中最为突出的是教育和医疗问题。我国教育投入明显不足，公共教育经费投入不足国民生产总值的4%，远远低于世界平均水平，结果是办学条件得不到改善，办学水平得不到提高，造成了"上学难"、"难上学"的局面。医疗卫生设施严重不足，布局不合理，大病统筹和医疗保险措施不到位，人民群众有病不敢看、看不起，造成"看病难"、"难看病"的局面。

在以上分析的基础上，我们选取市区主要交通干道机动车平均时速、人均受教育年限、每万人拥有医生数、平均预期寿命、每10万人意外死伤人数、犯罪率等作为衡量城市基础设施和公共服务的指标。

### 3. 自然子系统：资源与环境

自然资源是城市生活资料、生产材料的源泉和经济布局的场所，对城市的可持续发展至关重要。自然资源有很多种，其中能源、土地资源和水资源是支撑城市经济社会发展的3大核心资源。随着我国工业化和城市化的加速，3大核心资源的供需矛盾日益突出，影响甚至制约了城市的可持续发展。

我国城市环境问题也令人堪忧。改革开放以来粗放型经济发展模式让我国城市在环境方面付出了高昂的代价。根据2006年国家环保总局公布的数据：全国600个城市有2/3供水不足，1/6严重缺水，河流开发利用率超过国际警戒线；饮用水安全受到威胁，某省11个饮用水源中测出468种污染物，有机毒物210种；空气质量远远低于国际水平，人们生活在相当严重的空气污染中，每年空气污染引起1500万例支气管炎，2.3万人死于呼吸道疾病，1.3万人死于心脏病；噪声扰民，21%的城市道路噪声超标，近1/2的区域环境噪声超标。

在以上分析的基础上，我们选取每万元GDP综合能耗、每万元GDP耗水、建成区绿化覆盖率、环境质量综合指数等作为衡量城市自然资源和环境和谐的指标。

### 4. 社会子系统：公平正义

公平正义，从本质上说属于社会、道德范畴，它是衡量社会制度、系统、重要活动是否合理的一个重要尺度。社会公正是社会主义的本质要求，是衡量社会全面进步的重要尺度，是社会主义的核心价值之一，也是构建社会主义和谐社会的深厚基础。

公平指的是社会成员之间在社会地位、经济收入、消费水平等方面比较接近，没有悬殊差距；正义则意味着权利的平等、分配的合理、机会的均等和司法的公正等。我们将从基本权利保障、分配平等、机会平等3个方面分析我国城市社会公正现状。

（1）基本权利保障。基本权利保障是社会公正的底线。不同国家、地区、城市由于经济社会发展程度不同，其基本权利的内涵和外延也有所不同，权利层次也不能用一个标准来衡量。但根据国际公认标准，生存权、就业权、受教育权、社会保障权应是每个公民拥有的基本权利。改革开放以来，我国在人民的基本权利建设方面取得了巨大成就。但与发达国家相比，我们还存在较大差距。城市新贫困人口的增加、失业率上升、上学难、社会保障制度不健全等问题仍然困扰着城市的发展，影响着城市的和谐。

（2）分配平等。分配不平等、收入差距过大已经成为影响我国城市和谐的首位因素，同时也是其他一系列不和谐因素的总根源。国际上衡量社会分配平等的两个常用指标是基尼系数和最富裕人口与最贫困人口的收入比。这两个指标在我国都呈现出比较危急的状态。目前我国城市整体基尼系数在 0.47 左右，已突破 0.4 的国际警戒线。根据中国社会科学院当代中国社会变迁研究课题组的全国抽样调查，目前我国收入最高 10% 的被调查者占有的收入份额，是收入最低 10% 的被调查者所占份额的 160 倍，远远高于国际平均水平。

（3）机会平等。在社会主义市场经济条件下，由于历史条件、先天禀赋、政策倾斜、制度不健全等方面的原因，城市居民在发展机会方面存在着一些不平等的因素。这就要求政府立足于整体利益，对一次分配后的利益格局进行调整，使全体城市居民普遍享受到经济社会发展带来的收益。通过政府调节，可以缓解收入差距过大带来的矛盾冲突，改善低层城市居民的生活环境，增强其自我发展能力，创造一个相对公平的发展环境。政府在基本民生方面（社会保障与福利、教育、卫生、保健）的投入状况，是城市再分配当中最为重要的部分，可用来评估其社会调节能力，作为衡量城市机会均等程度的指标。

在以上分析的基础上，我们选取贫困率、失业率、社会保障覆盖率、基尼系数、最富裕人口与最贫困人口的收入比、基本民生的公共投入状况等作为衡量城市社会公正的指标。

## 第二节　当前我国城市发展中的不和谐现象①

**1. 城乡发展不协调**

一是城乡结合部规划管理薄弱，服务差，问题多；二是城市规划建设中对农民、农村问题如何解决关注不够，预见性差。城乡结合部，现状是非城非乡，亦工亦农。无论大城市还是小县城，近年城区迅速外延，湮盖了大面积乡村，这里常常成为规划管理的薄弱区，成为社会不和谐的敏感区。由于要拆迁，为争取更多补偿，居民（主要是农民）大量违章建房，建筑虽多，设施不配套，垃圾污水遍地。房主通过出租房屋暂时获取一些利益，却不得不在恶劣的环境下生活。这里租住的大部分是外来人口，农民打工者，素质低，收入没保障，犯罪率高。城市管理体制不能适应，规划失控，管理不到位，投资也不到位。城乡结合部以外，更有广大的农村地区，由于产业结构、产业规模、土地流转等原因，城乡差别更大。

**2. 城市发展重经济指标，轻社会和环境建设，城市内部贫富差距加大**

主要表现在：重主要街区形象工程，轻街巷角落地区建设；重高档豪华建设，轻基层服务设施。此外，城市发展轻社会事业，一是医疗、卫生，二是教育，三是群众健康事业。三甲高级医院全部集中在城区中间，人满为患；社区医院却寥寥无几；高档体育场所耗资几十亿元，但社区的体育活动却无场地，甚至占人行便道；房价居高不下，高档房闲置，而大量危房待改造，广大职工迫切需要的低廉租房却无着落。

---

① 顾文选、孙玉文：《构建和谐城市是城市科学研究的重要课题》，《城市发展研究》2005 年第 3 期。

**3. 许多城市存在着两个人数众多的弱势群体，影响社会和谐**

一个是城镇下岗职工群体，一个是进城的农民工群体。下岗职工一般年龄偏大，在国有企业工作十几年或几十年，工资低、学历低，缺乏适应新工作的技能。靠最低生活保障金生活，处于没有希望的无奈之中；农民工是城市建筑业和服务业中不可少的人员，甚至构成我国城市化最具特色、最具活力的大军。建筑业的80%~90%，制造业的50%均来自农民工，但他们中的大多数干最累的和被社会瞧不起的工作，社会地位低，工资少，住工棚、住地下室或住郊区。他们往来于城市与乡村，每年1亿人口的大流动，造成交通紧张，引发社会的不稳定。

**4. 城市新区盲目扩张，开发无序，造成土地资源的浪费，加剧城乡不和谐**

有的地方，在城市规划区以外，开发商与乡镇政府直接合作，绕过城市规划部门，建高级别墅、高级娱乐休闲宾馆。有的地方竟建成连片数百栋别墅，可在规划图上没有一点反映。例如，京郊一些地方，形成"画家村"、"雕塑村"、"明星村"等富人别墅聚落，占用大量农田，又与广大普通群众形成日益巨大的贫富反差。城市与乡村比，城市本来就是较富裕的地区，城市还要建那么多富人区，这是扩大差别，加剧不和谐。这样的城市化，没有强有力的规划管理会自乱阵脚。

**5. 城市拆迁，官商结合，严重损害城市居民和农民的切身利益**

一些城市政府迁就开发商利益，打着建设需要的旗号，动用国家权力强制拆迁，野蛮拆迁；对群众的利益漠然视之，在补偿标准已经很低的情况下，中间盘剥，少给补偿或拖欠补偿款。失地失房的群众被迫群体上访，有的自焚、投水，形成恶性案件。在中央三令五申保护被拆迁人利益的情况下，仍然不能得到彻底解决。一些城市采取拖延、敷衍等"不作为"办法，使上访人员至今不断。

**6. 城市规划缺乏透明性和公众的参与**

城市发展普遍存在规模过大，不能与经济社会发展相适应，不能与环境、资源相适应。有的城市片面追求城市人口快增长，以此作为规划用地的依据，却不考虑产业发展尤其是就业岗位的增长；有的小城镇或城镇新区图形象建得很漂亮，却缺乏支撑的产业；有的城镇体系规划只重空间结构与规模结构，与经济产业结合不够，劳而无功；一些城市规划屈从于开发商的利益，决策过程暗箱操作，缺乏公众参与，不能很好协调政府及各行业各企业与公众之间的利益，或者在实施过程中任意更改，使规划缺乏权威。

7. 城市发展中重物质建设，缺乏人文精神，忽视文化建设，忽视人的素质提高

比如在城市建设中大拆大建，破坏历史文化遗产、破坏街区历史风貌和文脉；又如精神空虚，大建庙宇，放纵封建迷信活动，有的市委书记竟请风水先生为该市建风水宝塔；另外社会诚信缺失，假冒伪劣产品和欺诈行为时有发生。

此外，城市政府管理体制和管理行为不和谐，政出多门，争权争利，对同一地域同一事项，不同部门重复规划，多头管理，造成混乱。

## 第三节　未来我国和谐城市的管理策略[①]

上述问题都是建立和谐城市社会必须克服和解决的问题。这些问题在我国大规模城市化、城市快速发展中出现，既有难以避免的一面，又暴露城市化中诸多体制机制不顺的矛盾。加快深化改革，解决城市管理和经济体制深层次的问题，日益迫切。

（1）要联系城市工作，加强科学发展观，特别是以人为本、5个统筹的宣传力度。加强城市科学普及活动，让城市科学在城市领导和基层百姓中开花结果。

（2）在全社会加大力度，进行诚信理念的宣传，城市政府在构建信用制度上有不可推卸的责任，要采取多种手段，创造一个普遍诚信的社会。

（3）要强化社会公共政策，完善有关财政法规。为堵住城市靠圈地卖地获取建设资金，应积极研究发行市政债券，向全社会筹集资金的办法，要加强村民自治和社区居民自治，打开禁区，保护和发挥广大公众生气勃勃的参与社会事务的主动性和积极性。

---

① 顾文选、孙玉文：《构建和谐城市是城市科学研究的重要课题》，《城市发展研究》2005年第3期。

（4）提高社会包容性，提倡多元价值观，加强社会公平性，关注弱势群体，从政策上、财力上、教育上多方面对下岗职工和进城务工农民给予实际帮助。

（5）应对我国城市化过程中的土地流转制度改革进行研究。

# 后 记

自 20 世纪 80 年代以来，随着我国城市化进程的加速推进，在我国城市发展中出现了许多前所未遇的困惑与难题，国内学者也从多个不同的角度对这些问题进行了探究和分析，从而造就了我国城市科学和城市管理科学研究的繁荣景象。

综观近年来国内学者的相关研究，其研究的时间向度涉及到城市的过去、现在和未来；其研究的领域范围涉及城市和城市发展的方方面面。这些卓有成效的研究，为本教材的编写提供了丰富的素材，本教材正是在参考学者们相关研究成果的基础上编写而成的，在此向他们表达诚挚的谢意！

本教材在借鉴国内外相关成果基础上，其新颖性大致有以下几个方面：一是对城市管理学的学科定位和研究方法进行了专门阐述，从而有助于城市管理学学科的独立、健康发展；二是在国际化的大视野下，研究我国的城市问题，教材的多个章节都有对当前我国城市发展或城市管理存在的问题进行了探讨，力求凸显问题，引导思考；三是对以往教材中很少出现的新的城市管理领域进行了阐述，如城市更新管理、网络化城市管理、城市外交管理、宜居城市管理、和谐城市管理等等。

在本教材的编写过程中，我国著名行政学家夏书章教授从资料收集、体例安排、框架设计、文字表述等许多方面都提出了很多极具创见的建议，给予极大的帮助，同时也得到了中山大学出版社施国胜老师的大力支持，在此一并表示深深的谢意！

由于编著者水平有限，书中难免有疏漏和错误之处，敬请有关领域的专家、学者和广大读者批评指正。

王枫云
2010 年 4 月 8 日

# 主要参考文献

## (一) 中文图书类

1. 高义. 中外城市化比较研究（增订版）. 天津：南开大学出版社，2004
2. 朱力. 社会问题概论. 北京：社会科学文献出版社，2002
3. 姚士谋. 中国城市群. 合肥：中国科学技术大学出版社，2005
4. 苗长虹. 中国城市群发育与中原城市群发展研究. 北京：中国社会科学出版社，2007
5. 丁晓宇. 中国崛起方略——八大城市集群规划. 北京：中国文联出版社，2007
6. 萧鸣政. 中国政府人力资源开发概论. 北京：北京大学出版社，2004
7. 李文良. 公共部门与人力资源管理. 长春：吉林人民出版社，2003
8. 刘俊生. 公共人事管理比较分析. 北京：人民出版社，2001
9. 姚先国，柴效武. 公共部门人力资源管理. 北京：科学出版社，2004
10. 董树藩. 都市管理概论. 台北：台湾商务印书馆，1987
11. 秦志华. 人力资源总监. 北京：北京大学出版社，2003
12. 夏建中. 文化人类学. 北京：中国人民大学出版社，1997
13. 陈立旭. 都市文化与都市精神——中外城市文化比较. 南京：东南大学出版社，2002
14. 付晓东. 中国城市化与可持续发展. 北京：新华出版社，2005
15. 项光勤. 城市社会运行：理论、实践、范例. 北京：中国工商出版社，2005
16. 吴琅高. 城市教育论. 北京：人民教育出版社，2001
17. 钱振明. 善治城市. 北京：中国计划出版社，2005
18. 张康之. 公共行政学. 北京：经济科学出版社，2002
19. 俞可平. 全球化：全球治理. 北京：社会科学文献出版社，2003
20. 鞠美庭等. 生态城市建设的理论与实践. 北京：化学工业出版社，2007
21. 滕藤. 中国可持续发展研究. 北京：经济管理出版社，2001
22. 肖剑鸣等. 比较环境法专论. 北京：中国环境科学出版社，2004
23. 叶南客，李芸著. 战略与目标——城市管理系统与操作新论. 南京：东南大学出版社，2000
24. 顾平安. 政府发展论. 北京：中国社会科学出版社，2005

25. 李京文. 知识经济概论. 北京：社会科学文献出版社, 1999
26. 朱传耿等. 区域经济学. 北京：中国社会科学出版社, 1998
27. 尚勇等. 区域创新系统的理论与实践. 北京：中国经济出版社, 1999
28. 熊永根等. 城市发展中的科技动力. 贵阳：贵州人民出版社, 2003
29. 中华人民共和国科学技术部专题研究组. 我国区域自主创新能力调研报告. 北京：科学出版社, 2006
30. 杜群. 环境法融合论：环境·资源·生态法律保护一体化. 北京：科学出版社, 2003
31. 鲁毅. 外交学概论. 上海：复旦大学出版社, 2000
32. 陈志敏. 次国家政府与对外事务. 武汉：长江出版社, 2001
33. 李君如. 社会主义和谐社会论. 北京：人民出版社, 2005
34. 郑功成. 科学发展与共享和谐. 北京：人民出版社, 2005
35. 邵益生, 石楠. 中国城市发展问题观察. 北京：中国建筑工业出版社, 2006
36. 连玉明. 中国国策报告（2004；2005；2006；2007）. 北京：中国时代经济出版社, 2007
37. 国家统计局. 中国统计年鉴（2003；2004；2005；2006）. 北京：中国统计出版社, 2006
38. 国家统计局. 中国统计年鉴2007. 北京：中国统计出版社, 2007
39. 赛迪顾问信息产业研究中心：2007～2008年中国信息产业发展研究年度总报告. 2009
40. 国家统计局城市社会经济调查总队. 中国城市统计年鉴（1993～1994）. 北京：中国统计出版社, 1994
41. 国家统计局城市社会经济调查总队. 中国城市统计年鉴2002. 北京：中国统计出版社, 2002
42. 联合国. 21世纪议程. 北京：中国环境科学出版社, 1993
43. [美] 戴维·奥斯本, 特德·盖布勒. 改革政府：企业精神如何改革着公营部门. 上海：上海译文出版社, 1996
44. [美] 盖伊·彼得斯. 政府未来的治理模式. 北京：中国人民大学出版社, 2001
45. [荷] 布瑞汉特, [荷] 弗兰科. 城市环境管理与可持续发展. 张明顺等译. 北京：中国环境科学出版社, 2003
46. [美] 理查德·瑞吉斯特. 生态城市——建设与自然平衡的人居环境. 王如松, 胡聃译. 北京：社会科学文献出版社, 2002

47. [法]亚历山大·基斯. 国际环境法. 张若思编译. 北京：法律出版社，2000
48. [英]Joy. A. Palmer. 21世纪的环境教育——理论、实践、进展与前景. 田青，刘丰译. 北京：中国轻工业出版社，2002
49. [美]雷蒙德. A. 诺伊等. 人力资源管理：赢得竞争优势. 北京：中国人民大学出版社，2001
50. [日]浅见泰司编著. 居住环境：评价方法与理论. 高晓路，张文忠等译. 北京：清华大学出版社，2006

## （二）中文论文类

1. 纪晓岚. 试论认识城市本质定义的重要意义. 现代城市研究，2003（2）
2. 杨京英等. 长江三角洲与珠江三角洲经济发展的比较. 城市经济，区域经济（人大复印资料），2004（9）
3. 宋俊岭. 城市的定义和本质. 北京社会科学，1994（2）
4. 路小昆. 市场一体化：城乡协调发展的体制基础. 理论界，2006（1）
5. 路小昆. 新中国城乡关系60年——历程、特征与启示. 中共成都市委党校学报，2009（5）
6. 张晖明. 爆发性交通堵塞：具有中国特点的城市病. 上海城市管理职业技术学院学报，2004（5）
7. 熊祖辕，喻东. 中国失业问题的简便测量. 统计研究，2004（7）
8. 梁臣，王志远. 低城市化的问题及我国城市化发展对策思考. 市场论坛，2004（6）
9. 梅振宇，王炜，陈峻. 我国发展大城市轨道交通问题初探. 城市公共交通，2004（3）
10. 徐康宁，赵波，王绮. 长三角城市群：形成、竞争与合作. 南京社会科学，2005（5）
11. 张超. 城市管理主体多元化模式探讨. 学海，2006（6）
12. 刘文俭. 现代城市管理论纲. 现代城市研究，2008（3）
13. 郝俊芳. 对城市管理的研究与思考. 科技情报开发与经济，2005（24）
14. 黄科宏. 我国现代城市管理基本理念探讨. 广西城镇建设，2008（10）
15. 踪家峰，王志峰，郭鸿懋. 论城市治理模式. 上海社会科学院学术季刊，2002（2）
16. 踪家峰，郝寿义，黄楠. 城市治理分析. 河北学刊，2001（11）

17. 袁兴龙. 建管分开——城市管理体制初探. 城市问题, 1994 (6)
18. 汪孝宗. 行政审批改革: 离"大部门体制"有多远. 中国经济周刊, 2007 (47)
19. 王志锋. 新时期我国城市管理模式创新取向及路径选择. 经济体制改革, 2005 (6)
20. 黄科宏. 我国现代城市管理基本理念探讨. 广西城镇建设, 2008 (10)
21. 张梦中. 美国公共行政学百年回顾. 中国行政管理, 2000 (6)
22. 袁兴龙. 建管分开——城市管理体制初探. 城市问题, 1994 (6)
23. 吴健. 城市规划管理问题分析. 今日科苑, 2008 (24)
24. 冯家驹. 城市规划管理工作研究分析. 黑龙江科技信息, 2009 (17)
25. 翟文华. 城市基础设施的特点及其效益特性. 城乡建设, 2000 (12)
26. 王中亮. 治理城市交通拥堵的对策思考. 上海经济研究, 2006 (4)
27. 倪巍. 现代城市交通管理与发展浅析. 黑龙江交通科技, 2003 (10)
28. 原新, 唐晓平. 都市圈化: 一种新型的中国城市化战略. 中国人口·资源与环境, 2006, 16 (4)
29. 王关义. 1980~2000 中国五大经济特区投入产出配比价值系数分析. 特区经济, 2002 (12)
30. 付晓东, 余婧, 李耀辉. 30 年中国城市经济改革与发展模式转换. 兰州商学院学报, 2009 (1)
31. 祈欣. 不求为我所有, 但求为我所用——中国经济发展与外资30年. 中国外资, 2008 (8)
32. 付晓东, 余婧, 李耀辉. 中国城市经济快速发展的30 年. 青岛科技大学学报 (社会科学版), 2009 (2)
33. 刘瑞霞. 实现我国城市经济可持续发展的对策探讨. 经济问题, 2008 (6)
34. 陆云飞. 城市社区管理及其问题与对策. 唯实, 2003 (8~9)
35. 刘勇. 对我国城市社区管理的若干思考. 沈阳工程学院学报 (社会科学版), 2006 (1)
36. 苏彬等. 城市社区管理问题探析. 西安石油大学学报 (社会科学版), 2007 (3)
37. 佟景宸. 劳动力市场: 繁荣背后隐忧多. 劳动经济与人力资源管理, 1998 (5)
38. 张健卫, 刘玉新. 绩效管理——绩效考核的生命线. 中国人力资源开发, 2004 (1)

39. 乐伟中. 新形式下上海外来流动人口管理的新思路. 上海公安高等专科学校学报, 2004 (4)
40. 王义. 流动人口自组织问题及政府对策探究. 甘肃社会科学, 2003 (6)
41. 石钟. 关于外来流动人口管理的对策思考. 天津市政法管理干部学院学报, 2002 (2)
42. 陈颐. 对外来人口管理体制的思考. 江苏社会科学, 2006 (5)
43. 张彤军. 城市文化与城市可持续发展. 北京行政学院学报, 2008 (2)
44. 匡纯清. 论城市文化"软实力". 湖南工业大学学报（社会科学版）, 2008 (4)
45. 王强. 中国城市文化的基本走向. 沈阳干部学刊, 2007 (6)
46. 张丽萍. 论城市文化结构与品位提升. 怀化学院学报, 2009 (7)
47. 宋宏. 文化发展：区域综合竞争力的必要支撑. 经济师, 2002 (8)
48. 谭纵波. 论城市规划基础课程中的学科知识结构构建. 城市规划, 2005 (6)
49. 符太浩. 城市旅游的特征分析. 科技和产业, 2007 (9)
50. 李经龙等. 城市旅游与旅游城市的深化发展. 地理与地理信息科学, 2007 (6)
51. 唐恩富, 罗能. 城市旅游刍议. 旅游经济, 2005 (7)
52. 保继刚, 甘萌雨. 改革开放以来中国城市旅游目的地地位变化及因素分析. 地理科学, 2004 (3)
53. 姜爱林. 论城市环境治理的涵义、特性与原则. 五邑大学学报（社会科学版）, 2009 (2)
54. 冯东方. 中国城市环境现状及主要城市环境管理措施可持续发展. 城市发展研究, 2001 (4)
55. 姜爱林, 陈海秋. 发达国家城市环境治理的若干政策措施. 钦州学院学报, 2009 (2)
56. 俞可平. 治理和善治分析的比较优势. 中国行政管理, 2001 (9)
57. 张军扩, 刘锋, 高世楫. 我国城市治理的成就及改进的思路与目标. 中国发展观察, 2008 (6)
58. 吴茜, 韩忠勇. 国外城市规划管理中的"公众参与". 城乡建设, 2001 (1)
59. 王延华. 我国城市经营理念的内涵及其发展. 辽宁行政学院学报, 2006 (3)
60. 朱传耿. 知识经济背景下的城市创新. 经济论坛, 2001 (21)
61. 杜辉. 创新型城市的内涵与特征. 大连干部学刊, 2006 (2)
62. 杨冬梅, 赵黎明, 闫凌州. 创新型城市：概念模型与发展模式. 科学学与科

学技术管理, 2006 (8)
63. 张士运, 刘好, 王军. 北京创新型城市建设的进程如何. 科技智囊, 2007 (9)
64. 李春成, 孙加臣. 大力推进创新型城市建设"实施自主创新战略, 建设创新型城市理论与实践研讨会"综述. 科学学与科学技术管理, 2006 (10)
65. 代明. 自主创新城市的四大功能标志. 特区经济, 2005 (12)
66. 文晓灵. 国内创新型城市建设的探索. 前线, 2006 (2)
67. 邹德慈. 构建创新型城市的要素分析. 中国科技产业, 2005 (10)
68. 姜爱林, 任志儒. 论网络化城市管理模式的成效、问题与对策. 特区经济, 2007 (6)
69. 王延华. 我国城市经营理念的内涵及其发展. 辽宁行政学院学报, 2006 (3)
70. 文宗川等. 生态城市的发展路径. 城市问题, 2009 (2)
71. 李莉等. 我国生态城市建设的关键和对策. 环境科学导刊, 2009 (1)
72. 蔡守秋. 建设生态区的法制保障. 河南省政法管理干部学院学报, 2003 (1)
73. 张松. 《城市规划法》修改的理论问题初探. 城市规划, 2000 (3)
74. 马世俊, 王如松. 社会—经济—自然复合生态系统. 生态学报, 1984, 4 (1)
75. 金津. 天津加快生态城市建设步伐. 城市规划通讯, 2007 (3)
76. 赵清等. 生态城市理论研究述评. 生态经济, 2007 (5)
77. 陈为邦. 宜居城市断想. 规划师, 2007, 23 (3)
78. 罗守贵, 曾尊固. 可持续发展指标体系研究述评. 人文地理, 1999 (4)
79. 董晓峰, 杨保军. 宜居城市研究进展. 地球科学进展, 2008 (3)
80. 黄丽玲. 宜居城市新议程与海峡两岸城市发展. 北京规划建设, 2007 (1)
81. 柴清玉. 建设"宜居城市"关键在政府. 人大建设, 2006 (9)
82. 张文忠. 宜居城市的内涵及评价指标体系探讨. 城市规划学刊, 2007 (3)
83. 叶立梅. 和谐社会事业中的宜居城市建设. 北京规划建设, 2007 (1)
84. 吴良镛. 芒福德的学术思想及其对人居环境学建设的启示. 城市规划, 1996 (1)
85. 顾问选, 罗亚蒙. 宜居城市科学评价标准. 北京规划建设, 2007 (1)
88. 韩俊. 工业反哺农业, 城市支持农村. 人民日报, 2005-11-18
87. 王梦奎. 现代化进程两难题: 城乡差距和区域差距. 中国经济时报, 2004-03-16
88. 张玉玲. 经济文化产业: 国民经济新的增长点. 光明日报, 2006-05-15

89. 夏小林.一季度非国有经济发展报告——医教"私营化"惹争议.中华工商时报,2008-04-22
90. 任胜利.让城市更繁华也更安全.人民日报,2008-01-15
91. 蔡志军,黄娜.市民抑郁百有三,患者求治百无一.深圳晚报,2005-06-21
92. 张轩.青少年违法犯罪现状及原因.21世纪经济报,2004-09-30
93. 郝铁川.从"统治"到"治理":一种新的社会管理理论评介.文汇报,2002-06-07
94. 魏杰.简论我国城市化战略的新选择.光明日报,2005-11-15
95. 李成刚,孙东辉.中国城市化:坎坷前行"路线图".中国经济时报,2005-09-13
96. 熊春菊.怀化城市制度文化建设探析.怀化日报,2008-01-29
97. 北京国际城市发展研究院中国领导决策信息系统数据库.文化与城市文化.文化发展论坛,2005-12-08
98. 丁凯.宜居:城市透支的救赎.经济观察报,2005-10-12
99. 汪国良.创新型城市建设要处理好四个关系.无锡日报,2006-05-01
100. 李鸿忠.实施自主创新战略建设创新型城市.人民日报,2005-08-05
101. 赵峥.中国城市化进程中的城乡关系问题研究.http://www.chinavalue.net/Article
102. 陈立旭.城市文化与城市文化的结构.http://PPwww.zisi.net
103. 李增坡.以文化品位提升城市品位的思考.http://PPwww.zcinfo.net
104. 1999年度劳动和社会保障事业发展统计公报;2007年度劳动和社会保障事业发展统计公报.http://www.cnss.cn
105. 2007~2008年度房地产宏观形势研究报告.http://www.mysteel.com
106. 陈俊.良好的企业文化对城市形象塑造的影响.人民网,2003-11-23
107. 银行业30年:从金融大一统到百舸争流.华夏经纬网,2008-09-04
108. 董晓峰.宜居城市理论与实践研究.中国科学院地理科学与资源研究所博士后出站报告,2007
109. [日]黑田由彦.日本的社区组织.城市导报,1999-02-02
110. [美]彼德·斯拉茨.关于为非营利和慈善组织创造有利实施环境的思考.中国青年科技,1999(10)

## (三) 英文文献类

1. World Bank. *World Development Report 1998/1999: Knowledge for Development* [M]. Oxford University Press, 1999
2. IsabelMaria Madaleno, Alberto Gurovich. *"Urban versus rural" no longermatches reality: an early public agro-residential development in periurban Santiago, Chile* [J]. Cities, 2004 (6)